D1383391

UN EXIL PARTAGÉ

ELENA BONNER

UN EXIL PARTAGÉ

TRADUIT DU RUSSE
PAR WLADIMIR BERELOWITCH

ÉDITIONS DU SEUIL
27, rue Jacob, Paris VI

Cet ouvrage a été édité
aux Éditions du Seuil
sous la direction de Jean-Pierre Barou.

ISBN 2-02-009394-4

Note liminaire

Pour la bonne compréhension des événements dont il est question dans ce livre, il nous paraît utile de rappeler brièvement la biographie d'Andréi Sakharov.

Né en 1921, Sakharov est sans conteste celui à qui l'URSS doit de posséder la bombe thermonucléaire. Au moment de la création de cette super-arme, il pense contribuer à l'équilibre des forces dans le monde.

Les travaux de ce physicien hors pair vont des particules élémentaires aux théories sur les origines de l'univers. Il est l'un des premiers au monde à avoir entrepris des recherches sur la fusion thermonucléaire contrôlée, l'énergie pacifique de demain. Ses pairs le saluent comme le premier d'entre eux. Il devient, à trente-deux ans, membre de l'Académie des sciences d'URSS — le plus jeune académicien qu'on ait jamais vu dans ce pays.

Il accède aux privilèges de la Nomenklatura, reçoit l'Ordre de Lénine et plusieurs prix d'État, est fait trois fois Héros du travail socialiste. Toutefois, Sakharov a toujours refusé d'être membre du parti communiste d'URSS.

Dès 1953, année de la première explosion de la bombe thermonucléaire soviétique, il s'inquiète des conséquences de cette découverte. Une guerre nucléaire serait un désastre pour l'humanité. Par ailleurs, les seules retombées radioactives consécutives aux essais nucléaires peuvent provoquer, aujourd'hui et pour de très nombreuses générations à venir, une diminution des défenses immunitaires, favoriser l'apparition de maladies cancéreuses, de leucémies... C'est une menace sans précédent qui pèse sur l'humanité.

Sakharov émet l'idée qui sera à l'origine du traité de Moscou signé en 1962 par Nikita Khrouchtchev et John Kennedy interdisant les essais nucléaires dans l'atmosphère, l'eau et le cosmos.

En 1964, il participe en première ligne à la démystification des travaux pseudo-scientifiques sur l'hérédité du biologiste soviétique Lyssenko.

En 1968, année du Printemps de Prague, il sent la nécessité d'une prise de position « ouverte et honnête » et rédige *Réflexions sur le progrès, la coexistence pacifique et la liberté individuelle*. Largement diffusé en *samizdat* à l'intérieur de l'URSS, ce document fait l'objet la même année d'une quarantaine d'éditions à l'étranger, soit en tout plus de 18 millions d'exemplaires. Sakharov y défend l'idée d'un rapprochement des systèmes capitaliste et socialiste, débouchant sur la démocratisation, la démilitarisation et le progrès.

Il participe en 1970 à la fondation du Comité des droits de l'homme en URSS. Il ne cessera plus désormais de jouer un rôle majeur sur ce terrain et d'intervenir contre toutes les formes de persécution dont sont l'objet aussi bien des personnes privées, des minorités religieuses que des ethnies comme les Tatars. Il formule toute une série de propositions pour lutter contre la dégénérescence de la société soviétique.

Plus que jamais, il affirme la responsabilité de tous face à la menace universelle de la « catastrophe écologique », plaide pour que l'humanité conquière une nouvelle unité.

En 1971, il épouse Elena Bonner, dont il n'est pas indifférent de savoir qu'elle est d'origine à la fois juive et arménienne.

Mais toutes ces prises de position irritent les autorités. On écarte Sakharov des travaux de caractère secret et on le coupe des privilèges de la Nomenklatura. La presse soviétique commence une violente campagne contre lui. Les premières menaces, y compris physiques, se font jour.

1975 est l'année où Andréï Sakharov reçoit le prix Nobel de la paix. 1980, celle où il prend position contre l'occupation de l'Afghanistan par les troupes soviétiques, celle aussi où il est arrêté et exilé à Gorki, ville interdite aux étrangers, située à 400 kilomètres de Moscou ; cet exil n'a jamais fait l'objet d'une décision de justice.

J.-P. B.

Elena Bonner a écrit ce livre pendant les six mois qu'elle a passés hors de Gorki. Durant cette période, elle a subi plusieurs interventions chirurgicales.

Depuis son retour en URSS, le 2 juin 1986, sa famille n'a pu la joindre que par des lettres et des communications téléphoniques censurées, et elle-même n'a pas eu la possibilité de relire les épreuves de ce livre.

Des modifications mineures ont été apportées au manuscrit par le traducteur.

Avant-propos

Pourquoi ai-je écrit ce livre ? La réponse peut être brève :
« J'en ai eu envie. » L'envie de raconter tout ce qui s'est passé
au cours de ces trois dernières années. Je n'ai pas réussi à
suivre l'exemple, si fréquent depuis quelque temps, de ceux
qui se font enregistrer au magnétophone : une chose est de
bavarder avec des amis, autre chose est d'écrire un livre.
Force m'a été de me mettre à ma machine à écrire et de
réfléchir. Et c'est là que j'ai réalisé qu'il ne suffisait pas
d'avoir « envie », mais que je devais me rappeler et décrire les
faits, non des approximations. Ce sera un secours pour
Andréï, c'est là mon devoir. Je n'avais personne à côté de
moi, et quant à Andréï, il est si efficacement muré dans sa
solitude à Gorki qu'il ne peut rien raconter. Je devais écrire
un livre sur lui, et j'ai fini par faire un livre sur moi-même.
Mais, en écrivant chaque mot, je pensais à lui et travaillais
pour lui.

Dans deux jours, un avion Transworld Airlines me trans-
portera du Nouveau Monde au Vieux Monde et, une semaine
après, je retournerai dans ce monde sans joie, réellement
vieux pour moi, de la non-liberté, heureuse du moins de
laisser ces pages en liberté.

21 mai 1986
Newton, Massachusetts.

Mon avion survole quelque région centrale des États-Unis ; en bas, tout bouge si lentement que j'en retire une impression d'immobilité. Tout aussi immobile est le ciel parfaitement bleu : l'illusion de paix émane de l'absence totale de nuages. Je crois bien n'avoir jamais pris l'avion par si beau temps, avec une visibilité si absolue. Le centre de l'Amérique, ce sont les montagnes, les langues de neige et de glace, les sombres éboulis des forêts, les routes tirées au cordeau, les soucoupes brillantes des lacs, les maisons qui pourraient abriter les poupées de Poucette. Parfois, de grands espaces vides : l'Amérique non plus, sans doute, n'est pas habitée partout.

Je suis à mi-chemin entre San Francisco et Boston, sur le chemin du retour. Quand les gens rentrent, c'est chez eux ; mais moi, où vais-je ? A mi-chemin aussi dans le temps, cette fois : Moscou m'avait accordé quatre-vingt-dix jours, et on vient, générosité remarquable, de me donner trois mois supplémentaires. Cent quatre-vingts jours de liberté en tout ; je me trouve donc à mi-parcours. Je ne crois pas avoir jamais rencontré quelqu'un qui puisse dire la dose et le temps de liberté qui lui sont impartis, tandis que dans mon cas, tout figure dans mon passeport, tout est certifié par un cachet. Il est vrai qu'en même temps j'ignore mon statut et, par conséquent, ce que je recevrai à mon retour (où ? chez moi ?) en échange de mon passeport international : une attestation d'exil ou bien un passeport intérieur. Si j'étais toujours une exilée, j'aurais dû recevoir une feuille de route pour mon voyage, spécifiant qu'on m'autorisait à recevoir des soins et qu'on suspendait provisoirement ma peine : notre législation comporte une telle disposition. Mais peut-être aussi ai-je été graciée : après tout, j'ai déposé un recours en ce sens, adressé, comme on disait jadis, à « son Auguste Nom ». De tous côtés, je suis donc à mi-course.

En Occident, quand une personne se met en route, elle monte dans sa voiture, dans un train, elle marche à pied (mais arrive-t-il qu'on marche ici ? J'ai surtout rencontré quant à moi une Amérique qui *courait* : tout ce pays m'apparaît comme un adolescent qui court à son collège). Tandis que, chez nous, le voyage commence par l'OVIR — c'est-à-dire, pour les non-initiés, le Bureau des visas et de l'enregistrement : il y en a un à l'échelon de l'arrondissement, de la ville, de la région, de la république, de l'URSS enfin ; l'OVIR dépend du ministère de l'Intérieur. Je crois que cette institution est aussi vieille que l'État soviétique, et je viens d'ailleurs de rencontrer une de ses anciennes clientes à San Francisco. Elle est née aux États-Unis, est venue en URSS avec ses parents dans les années 1920 pour construire le communisme. Elle a déposé une demande de départ en 1937 et reçu l'autorisation en 1941, juste avant la guerre soviéto-allemande. Actuellement, elle enseigne à Berkeley.

Ainsi donc, je me rendis à l'OVIR d'arrondissement le 25 septembre 1982. Une date liée à un homme au sujet duquel mon voisin d'avion lit en ce moment même un article dans son journal : ce n'est pas un procédé littéraire de ma part, mais la pure vérité — actuellement, tout le monde parle de Tolia Chtcharanski[1]. J'étais allée spécialement à Moscou pour que la mère de Tolia, Ida Petrovna Milgrom, pût rencontrer chez moi des journalistes étrangers. Nous devions leur annoncer

---

1. Dissident et détenu célèbre, « échangé » en février 1986, vit depuis en Israël *(NdT)*.

que, le 27 septembre, Tolia entamerait une grève de la faim. A l'époque, la famille de Tolia ne trouvait pas d'endroit à Moscou pour le faire. J'étais venue à l'avance et j'avais deux jours libres devant moi : juste ce qu'il fallait pour me procurer et remplir des imprimés, en deux exemplaires, sur ma machine à écrire, sans ratures ni corrections. J'avais déjà préparé des photos d'identité depuis longtemps (Dieu ! que je suis devenue affreuse !). Quant au voyage, j'en éprouvais le besoin depuis le printemps de la même année, car, à la suite d'une grippe, l'uvéite de mon œil gauche s'était aggravée, tandis que la tension s'était mise à monter dans mon œil droit. A l'OVIR, tout se déroula sans trop de difficultés, car j'avais apporté une copie de l'acte de décès de mon père[1]. Je savais déjà d'expérience que le simple trait figurant à la case « Lieu du décès » avait toujours éveillé l'inquiétude de l'employé du ministère qui recevait mes demandes [A 1*]. Il n'avait pas remarqué d'autres bizarreries ; or, la date de décès indiquée était 1939, alors que l'acte avait été établi en 1954. J'étais contente d'avoir déposé cette demande : c'était malgré tout le semblant d'une action. Pourtant, même en imaginant toutes les difficultés que je rencontrerais avant d'être autorisée à me rendre à l'étranger, je ne pouvais supposer ce qui allait arriver en réalité. Maintenant que je survole l'Amérique en avion, je vois, sur le journal de mon voisin de droite, la photographie de Tolia Chtcharanski qui sourit, sa femme Avital contre son épaule (Tolia n'a pas mauvaise mine : on l'a suralimenté avant l'échange). Mon voisin de gauche somnole avec sur ses genoux le *US News and World Report,* dont la couverture représente un portrait : les paupières mi-closes, le visage

---

1. Pour tout voyage à l'étranger, l'autorisation des parents est nécessaire *(NdT).*
   * Les références entre crochets renvoient aux annexes, en fin de volume *(NdE).*

13

amaigri, épuisé, d'Andrioucha[1], c'est cela aussi mon voyage en Amérique. Sa lettre au président de l'Académie des sciences, sa plainte à la Cour suprême au sujet de mon affaire, tout cela n'est qu'une partie de ce qui nous est arrivé depuis le dépôt de ma demande à l'OVIR. Tout ce qu'il n'a pu raconter, je dois le faire à présent.

J'ai très peu de temps. Peu de forces. Je n'ai pas envie de réveiller les souvenirs, je préférerais oublier, tant la vie que nous vivons là-bas diffère de la vie normale et de la vie occidentale. Ce récit ne sera guère joyeux, il est difficile de le rendre distrayant. Ce ne sont pas encore des Mémoires : tout est encore trop proche et trop douloureux pour que cela soit possible. C'est un journal qu'il faudrait ici, mais notre existence à Gorki rend la chose impossible, car tout journal intime tomberait immanquablement dans d'autres mains. Il s'agit plutôt d'une chronique, et c'est comme telle que devront la prendre les lecteurs, puisque je n'ai pas le temps d'en faire ce qu'on appelle un livre. Quant à moi, je m'efforcerai d'être aussi exacte que possible dans mon exposé. Pour moi, c'est aussi un « après-Mémoires », un *post-scriptum* : les Mémoires, c'est Andreï qui les a écrits, je lui en avais donné l'idée, puis j'ai été sa dactylo, sa rédactrice et la nurse qui a pris soin du manuscrit. Tout ce que j'ai fait dans ce rôle de nurse pour que ces Mémoires survivent, deviennent un livre et trouvent leurs lecteurs ferait presque un autre récit ou peut-être un roman policier (changerons-nous de genre ?) ; mais le moment n'est pas encore venu.

Le 15 février 1983, nous fêtions tous les deux mon anniversaire : nous nous étions endimanchés, il y avait des fleurs, Andrioucha avait dessiné des affiches, j'avais fait de la

---

1. Diminutif affectueux d'Andreï — en l'occurrence, Sakharov *(NdT)*.

cuisine comme si toute ma famille devait venir. Nous reçûmes beaucoup de télégrammes de Moscou, de Leningrad, de mes enfants et de ma mère. Par la suite, nous mîmes trois jours à manger tout ce que j'avais préparé. Le moment vint pourtant où il fallut nous réapprovisionner, et j'allai au marché ; c'était, pour Gorki, une journée claire et douce. A mon retour, je vis qu'Andréï était rasé de frais, qu'il avait mis son costume gris, une chemise rose, une cravate grise, et même une épingle ornée d'une perle que je lui avais offerte à notre premier hiver à Gorki pour fêter notre dixième anniversaire de vie commune. « Que s'est-il passé ? » lui demandai-je. Pour toute réponse, il me tendit un télégramme qui venait de Newton : « C'est une fille, Sacha. Lisa va bien. Baisers. » Quand j'eus fini de lire le télégramme, Andréï me dit : « Ce n'est pas une fille, c'est une grévinette [1]. » Depuis, quand nous recevons de nouvelles photographies venant de Newton, il dit toujours « notre grévinette » en parlant de Sacha.

En automne 1982, je découvris que j'avais un cœur ; bien sûr, j'avais déjà ressenti des douleurs auparavant, mais elles avaient toujours été passagères. Cette « découverte » pourtant ne me fit pas réfléchir ; du reste, je n'en avais pas le loisir. En automne 1982, j'avais déjà effectué plus de cent voyages Gorki-Moscou et Moscou-Gorki en train ; Vladimir Tolts [2] était déjà parti, Youra Chikhanovitch [3] avait subi une perquisition, Aliocha Smirnov [4] et Vania Kovalev [5] avaient été

---

1. En automne 1979, A. Sakharov et E. Bonner avaient fait une grève de la faim de dix-sept jours pour que l'on autorisât Lisa Alekséïéva, épouse d'Alekseï Semenov, fils d'Elena Bonner, à rejoindre son mari aux États-Unis *(NdT)*.

2. Membre du Mouvement pour la défense des droits de l'homme *(NdT)*.

3. Mathématicien dissident, actuellement détenu dans un camp *(NdT)*.

4. Rédacteur de la *Chronique des événements courants*. E. Bonner revient plus loin sur son procès *(NdT)*.

5. Membre du Groupe de surveillance des Accords d'Helsinki. Il en sera question plus loin *(NdT)*.

arrêtés ; j'apportais chaque fois à Gorki deux cabas de provisions et d'autres choses indispensables ou non. Andrioucha travaillait à ses Mémoires et en récrivait régulièrement certaines parties : ce n'était pas là une excessive sévérité de l'auteur ni le mécontentement de sa première lectrice, sa première rédactrice et dactylo (c'est-à-dire moi). Non ! C'était à cause d'une volonté étrangère. Les manuscrits disparaissaient, tantôt dans notre appartement (c'était encore à Moscou), tantôt dans une clinique de chirurgie dentaire, à Gorki, quand la sacoche d'Andréï avait été volée, tantôt, ce même automne, dans notre voiture, qui fut cambriolée tandis qu'Andréï avait été drogué. Donc, à chaque fois, il reconstituait les parties qui lui avaient été volées ; le résultat était quelque chose de nouveau, en meilleur ou en pire, mais différent.

Le lendemain du jour où Andréï fut dépossédé de sa sacoche, il vint m'accueillir à la gare de Gorki ; il avait les traits tirés, comme cela arrive après une insomnie, une grave maladie ou une longue souffrance. Ses lèvres tremblaient et il parlait d'une voix entrecoupée : « Lioussia, ils me l'ont volée. Je compris tout de suite qu'il parlait de sa sacoche dans laquelle il transportait son manuscrit avec lui, mais il le dit avec une telle douleur que je crus que l'événement venait juste de se produire, à la gare. Plus tard, lorsqu'on lui prit une autre sacoche dans notre voiture, Andréï vint à ma rencontre avec une expression telle que l'on aurait pu croire qu'il venait de perdre un proche. Mais plusieurs jours passaient — il fallait seulement que nous fussions ensemble — et il se remettait à sa table de travail. Andréï possède un don — que j'appelle son « don principal » —, celui de tout mener à son terme. Quant à moi, il me restait seulement à développer en moi le don de « sauver », et je faisais tout, Dieu m'est témoin, pour que réellement « les manuscrits ne brûlent jamais », selon le mot de Boulgakov[1]. Et aussi pour que les écrits

1. Dans *Le Maître et Marguerite*.

d'Andréï ne se perdent pas dans les caves de la Loubianka[1] ou leurs pareilles, plus récentes (puisque la Loubianka est déjà ancienne).

En septembre 1982, nous annonçâmes, sa mère et moi, la grève de la faim de Tolia Chtcharanski aux journalistes étrangers ; en octobre, je commémorai toute seule la journée du détenu, en organisant une conférence de presse le 30. En novembre, je ne me contentais plus de sentir mon cœur, il me brûlait. Je restai couchée presque une semaine à Gorki, je ne pouvais rien manger, je n'avais envie de rien, pas même de lire ; je ne parle pas de dactylographier. Le 8 décembre, j'allai à Moscou. Je subis une fouille dans le train, qu'on avait conduit en dehors de la ville, sur une voie de garage. Tandis que le train sortait de Moscou et que je regardais par la fenêtre, le juge d'instruction me lisait le mandat de perquisition, et une réminiscence d'une chanson soviétique passait et repassait dans mon esprit : « Nous sommes des gens pacifiques, mais notre train blindé est sur une voie de garage » ; je m'efforçai de retrouver l'auteur de ces lignes. Andréï raconte en détail cette fouille dans ses Mémoires, et il cite même le procès-verbal ; c'est pourquoi je ne m'étendrai pas là-dessus. On me confisqua en particulier un gros morceau de manuscrit : nouvelle disparition !

Mon cœur. Après la fouille, je me traînai le long de la voie ferrée pour rejoindre la gare. L'escalier qui menait au pont enjambant la voie me parut insurmontable. Sur le pont, j'eus un malaise, et lorsque la conscience me revint, je me rappelai un nouveau vers de la chanson : « Et notre jeune fille passe vêtue d'une capote, elle marche dans la rue Kakhovka en flammes. » Mon Dieu ! mais bien sûr, c'est de Svetlov[2] ! C'est aux sons de cette chanson que nous dansions jadis le fox-trot dans la cour de l'immeuble : c'était encore l'époque où il

---

1. Immeuble du KGB à Moscou *(NdT)*.
2. Poète soviétique *(NdT)*.

fallait tourner la manivelle du phonographe. Mikhaïl Arka-
dievitch Svetlov passait par là et nous disait : « Voyons, les
enfants, choisissez donc une autre chanson, même Altauzen[1],
ça irait mieux, au moins il a un prénom américain : Jack ! »
Nous dansions le fox-trot, et à l'époque cela représentait
vraiment l'Amérique. Sans doute, quand on parlait alors d'un
« prénom américain », c'était dit sur un ton désapprobateur :
c'était la mauvaise influence occidentale. Moi, je ne sais pas :
pour ce qui est de danser, je dansais, mais, ignorante, je
m'intéressais très peu aux « influences » de toutes sortes.

La confiscation du manuscrit dans le train, c'était déjà notre
quatrième perte. Il y en eut d'autres depuis. Mais le livre
d'Andréï existera malgré tout. Que dis-je ? Il existe déjà.

Après la fouille, je réussis à regagner la ville et envoyai un
télégramme à Andréï pour l'informer de ce qui s'était passé.
Puis je rejoignis notre appartement de la rue Tchkalov. Je me
hâtais, car Ida Petrovna devait venir, je lui avais promis de
convoquer des journalistes étrangers afin qu'elle puisse les
informer sur l'état de son fils. Juste le temps de me laver et
j'entends du bruit dans l'escalier. J'ouvre la porte et j'aperçois
deux miliciens qui tentent de pousser Lionia Chtcharanski[2]
dans l'ascenseur. Je lui crie : « Attendez-moi dehors, je vais
vous rejoindre ! », mais j'ignore moi-même si je pourrai
descendre. Peut-être ne me laisseront-ils pas sortir ? Pourtant
si, je pus sortir, et nous décidâmes que le rendez-vous avec les
journalistes aurait lieu dans la rue. Nous nous dirigeâmes vers
la gare ; or, il y avait une côte à monter. Je sens que je ne peux
plus continuer, j'ai des nausées et les jambes en coton, j'ai
honte devant la mère et le frère d'Anatoli Chtcharanski. Nous
prenons le trolleybus et descendons au boulevard Tsvétnoï.
Là, nous allons au foyer du théâtre des marionnettes et nous
téléphonons aux journalistes ; nous les attendons, et nous leur

1. Poète soviétique *(NdT)*.
2. Il s'agit du frère d'Anatoli Chtcharanski *(NdT)*.

parlons d'Anatoli, de la fouille que j'ai subie et de bien d'autres choses, tout cela sur le boulevard.

Le lendemain, je me dis qu'il faudrait s'occuper de mon cœur. Je fis venir un médecin en utilisant le téléphone public qui se trouvait près de l'entrée de notre immeuble et qui, à l'époque, fonctionnait encore. Le médecin, une inconnue pour moi, me prescrivit des examens. Polyclinique de l'Académie des sciences. Électrocardiogramme. On me dit : aucun changement. Je les crus et pensai que tout cela, c'étaient les « nerfs » et qu'il fallait continuer à vivre comme avant, c'est-à-dire ne pas trop penser à mon cœur, même s'il se rappelait de temps en temps à mon bon souvenir.

Le 15 février, je fêtai mon anniversaire deux fois, une fois à Moscou, une fois à Gorki. Pour le « premier », Chikhanovitch m'apporta le livre de Yakovlev, *la CIA contre l'URSS*[1]. Bella Koval[2] fut désolée : elle avait déjà lu ce livre mais ne m'en avait rien dit, car elle ne veut jamais me faire de peine. J'emportai le livre. Pendant longtemps, je ne pus me résoudre à le lire : c'était trop désagréable, et je ne pouvais vaincre un sentiment de dégoût. Andréï, lui, le lut immédiatement, me dit qu'il écrirait obligatoirement quelque chose à ce sujet, mais pas dans l'immédiat. Au début du mois de février, il avait achevé son article « Le danger de la guerre thermonucléaire » et était encore tout remué par la tension qu'il lui avait causée, à la fois pour l'écrire et pour qu'il puisse voir le jour : sur ce dernier point, je peux dire que j'avais eu ma part aussi. Andréï me gronda encore pour l'avoir empêché de porter plainte contre un journal en langue russe publié aux États-Unis, *la Voix russe*[3], qui dès 1976 avait commencé une

1. Nicolaï Yakovlev, spécialisé dans les questions américaines. Le livre cité attaque A. Sakharov et E. Bonner dans sa troisième édition, en 1983. Il a été traduit dans plusieurs langues par les Éditions du Progrès de Moscou *(NdT)*.

2. Dissidente, première épouse d'Edouard Kouznetsov *(NdT)*.

3. Feuille d'extrême droite, fortement soupçonnée d'être financée par l'URSS *(NdT)*.

campagne contre moi, relayé ensuite par le journal sicilien *Sette Giorno*. Yakovlev n'avait fait que développer et mettre en forme tout cela.

Au début, ce fut plutôt Andréï, puis moi aussi j'en fus « malade » ; or, il est mauvais sur le plan psychologique et même physique de vivre dans l'aura d'une pareille littérature. Sur ce plan, Andréï put décharger sa tension. Yakovlev vint le trouver à Gorki en mon absence ; peut-être voulait-il une interview ou autre chose. Toujours est-il qu'il reçut une gifle. Après avoir giflé Yakovlev, Andréï se calma et fut très content de lui. En tant que médecin, je crois que ce geste lui permit d'éliminer son stress. En tant qu'épouse, je l'admire, tout en comprenant que cela ne correspond pas à sa nature.

En gros, nous vivions de la même façon et au même rythme qu'auparavant, bien que mes douleurs cardiaques fussent devenues très fréquentes. Je passais un tiers de mon temps à Moscou, où j'étais submergée par une foule de gens et de choses à faire : je devais pousser les gens et ils se vexaient, bien que, pour l'essentiel, il se fût agi de leurs problèmes et non des miens. C'est la même chose ici, aux États-Unis, où j'ai déjà vexé une foule de gens qui me reprochent de ne pas les fréquenter, d'éviter autant que possible les conversations et les discussions au sujet d'Untel ou Untel, de ce qu'ils sont devenus depuis qu'ils ont émigré, et à quel point ils ont changé. Je n'ai ni l'envie ni le pouvoir de leur expliquer qu'ici aussi j'ai beaucoup à faire, qu'il y a des dîners et des lunchs (pourquoi, mais pourquoi faut-il toujours manger ?) qui sont obligatoires, que j'ai envie de voir un peu mes petits-enfants et mes enfants. Je ne parle même pas des vingt dragées de trinitrine par jour que je dus absorber pendant les six semaines qui précédèrent l'opération ni des six semaines qui la suivirent et qui n'étaient pas une partie de plaisir. Mais les gens ne comprennent pas et se vexent. Et moi alors ? J'ai tellement envie de pousser un cri typique de « bonne femme » : « Vous êtes beaucoup, moi je suis toute seule ! »

Et je manque de temps et de forces non seulement pour écrire ces lignes, mais pour voir mes amis, dont j'ai pourtant rapidement fait le tour. J'attends toujours le jour ou l'heure où je pourrai être seule avec chacun de mes enfants. Et où lui, cet enfant, sera prêt, même pour ce bref moment, à s'ouvrir, à être avec moi. Et qui, parmi ceux qui liront ces lignes, devine ce qui m'attend « là-bas », de l'autre côté, par-delà la frontière, et la peur qui me pétrifie déjà l'âme ? Croyez-vous que je sois de pierre ? En écrivant : « là-bas », j'ai conscience d'inverser la perspective : pour moi, *l'étranger, c'est là-bas !* Mais j'y reviendrai à la fin de ce livre.

Lorsque je rentrai à Gorki après le 10 avril, j'étais fatiguée, démolie en quelque sorte ; à Moscou tout allait mal : le 7, Serge Khodorovitch[1] avait été arrêté, on attendait un procès absurde pour Vera Lachkova[2], on ne comprenait pas pourquoi ni comment on pourrait (question idiote) la bannir de Moscou. A Gorki, on était en plein printemps. J'aime le printemps, et Andréï aussi. Et bien que tout allât mal, on sentait peu à peu un soulagement qui gagnait l'âme. Nous éprouvions de la joie à voir les jours s'allonger et à pouvoir nous promener quelque part au bord d'une route. A l'époque, nous pouvions encore nous rendre à la ville de Zeleny, dans le district de Gorki, où il y a une forêt, plusieurs maisons de repos, des camps de pionniers et des datchas. On pouvait aussi écouter la radio. A présent, cette région nous est interdite. Pendant tout ce temps, je m'étais sentie mal.

Le 25 avril au matin, après le petit déjeuner, je rangeais quelque chose dans notre chambre à coucher. Andréï était dans sa pièce de travail. Soudain, je me sentis transpercée de part en part par quelque chose de pointu, de sorte que je ne pouvais ni parler, ni bouger, ni crier. Je m'arrêtai sur une inspiration et attendis ainsi quelque temps, puis lentement,

---

1. Responsable du « Fonds Soljenitsyne » en URSS, interné depuis 1983 *(NdT)*.
2. Dissidente actuellement interdite de séjour à Moscou *(NdT)*.

presque en rampant, je gagnai le côté du lit où dort Andréï et réussis à atteindre sa trinitrine ; à l'époque, je n'en utilisais pas encore. Au bout d'un certain temps, la douleur me lâcha quelque peu et je pus appeler Andréï, me coucher, puis ce fut une suite ininterrompue de trinitrine, de pommades, de validole, d'analgésiques, de papavérine, d'injections d'atropine... Ma tension était basse. Je faisais tout moi-même : j'étais à la fois le médecin et la patiente. Très effrayé, Andréï m'aidait comme il le pouvait. C'était comme si je sombrais dans le non-être. Le troisième jour, j'eus un peu de fièvre, qui se maintint pendant deux jours. J'avais déjà compris que c'était un infarctus. Pourtant, même après l'avoir compris, je cherchai encore à fuir cette vérité dans mon inconscient. Pendant la première semaine, je me levai seulement pour aller au cabinet de toilette. La deuxième semaine, je m'aventurai plus loin et commençai à me sentir mieux.

Tout cela venait par vagues, tantôt ça allait un petit peu mieux, tantôt je croyais mourir ; c'est alors que nous reçûmes un télégramme nous informant du début du procès d'Alekseï Smirnov et, le 12 mai, je partis pour Moscou. Youra Chikhanovitch vint m'attendre à la gare. Je me traînai péniblement jusqu'au taxi. Le soir, j'eus la visite de Macha Podyapolskaïa [1], de Lena Kosterina et de Liouba (respectivement la mère et l'épouse d'Alekseï Smirnov) ; elles me dirent que le procès commencerait le lendemain à dix heures du matin à Lioublino. Je me représentai l'escalier et le pont de chemin de fer qu'il fallait traverser pour accéder au bâtiment du tribunal, que je connaissais parce que Boukovski, Krasnov-Lévitine, Tverdokhlebov, Orlov, Tania Velikanova [2] y avaient déjà été jugés. Alors je me sentis mal, non pas au sens figuré mais au sens propre, avec vertiges, le cœur qui se serre, les ongles qui bleuissent. Macha me demanda : « Qu'as-tu ?

---

1. Maria Podyapolskaïa : participe à la défense des droits de l'homme ; épouse du dissident Grigori Podyapolski, décédé en 1976 *(NdT)*.
2. Dissidents connus *(NdT)*.

— Je me sens mal », puis : « Vous m'excuserez, je n'irai pas au tribunal. Que quelqu'un profite d'une interruption de séance dans la matinée de demain pour venir me raconter. Moi, je me chargerai des journalistes. Le soir, on procédera de même. » J'étais très gênée devant Lena : son fils comparaissait le lendemain, et moi... Mais je sentais que je ne tiendrais pas le coup. Or, depuis le jour où j'avais subi une fouille dans le train, il y avait en permanence des miliciens devant ma porte, une voiture de miliciens stationnait devant l'entrée de l'immeuble, donc les journalistes n'auraient aucune chance d'arriver jusqu'à moi : on ne les laisserait pas entrer. Pour leur téléphoner, je ne pouvais plus me servir de la cabine téléphonique qui était devant l'entrée, car le téléphone avait été coupé. Je devais maintenant aller du côté de la gare de Koursk ou bien au-delà du pont. Mais enfin, tout cela je comptais le régler toute seule, discrètement. De même que me mettre à ma machine et taper tout ce qu'on me raconterait : taper aussi me causait des douleurs cardiaques. Je ne sais pas être malade devant d'autres gens, il m'est difficile de supporter des souffrances et de susciter de la compassion, même de recevoir de l'aide. Je suis comme une bête, je dois être seule, me terrer dans ma tanière.

Le procès dura deux jours. Verdict : six ans de camp, quatre ans de relégation, soit dix ans en tout, dix ! Quel gaillard, Alekseï ! Comment a-t-il fait pour supporter les passages à tabac, les pressions du juge d'instruction, et comme je le plains, ainsi que Lena et Liouba !

Le lendemain, c'était un samedi, je reçus la visite d'amis de Leningrad, Ira et Lessik [1] Galperine. Je les évoquerai encore à propos de la façon « miraculeuse » dont je les fis sortir du pays. Nous bûmes du café longuement, avec délices. Comme toujours, quand il y a des amis qui viennent, le café matinal devient chez nous une sorte de rituel, peut-être ce qui existe

1. Diminutif de Leonid *(NdT)*.

23

de mieux dans nos relations. Ensuite, j'allai à la polyclinique de l'Académie des sciences — mon cœur continuait à me faire très mal, sans relâche depuis le 25 avril. On me fit un électrocardiogramme. Les médecins s'affolèrent. On m'installa dans un bureau. La directrice de l'établissement vint me dire alors qu'elle ne pouvait pas me laisser repartir chez moi, mais qu'elle devait m'hospitaliser immédiatement, parce qu'on m'avait découvert un foyer de nécrose, un infarctus. L'anamnèse montrait qu'il était déjà vieux de plus de trois semaines. J'étais un peu abasourdie, ce qui prouve que, bien que j'aie su dès le 25 avril que j'avais eu un infarctus, je n'avais pas voulu y croire. Ou peut-être avais-je eu peur d'y croire, ce qui est naturel, surtout dans nos conditions d'existence ! La directrice était très agitée et, pendant ce temps-là, je réfléchissais et il en sortit ceci. Je lui dis que j'acceptais d'être hospitalisée à condition qu'on fasse venir mon mari de Gorki et qu'on l'hospitalise également : pour lui aussi il était grand temps.

Ici il faut sans doute expliquer aux non-initiés pourquoi ma demande était fondée. Les académiciens jouissent toujours du privilège de pouvoir être hospitalisés à la polyclinique de l'Académie avec leurs épouses, ils y subissent des examens de santé avec hospitalisation de deux ou trois semaines en moyenne une fois par an, toujours habituellement accompagnés de leurs femmes. Depuis qu'il avait été exilé, Andréï n'avait reçu aucune aide de cette sorte. C'est pourquoi ma demande était pleinement fondée, du moins si l'on s'en tient aux affirmations des fonctionnaires de l'Académie, selon lesquels pour Sakharov tout se passe normalement, il vit comme tous les autres académiciens. Si, à l'inverse, on considère que Sakharov est un exilé, ma demande demeure fondée, car le Code prévoit que l'exilé puisse quitter provisoirement son lieu de relégation au cas où l'un de ses proches serait malade. Cet épisode démontra on ne peut mieux toute l'illégalité de la situation où était Sakharov et l'impossibilité où il était de faire appel à la loi.

Marina Petrovna, la directrice, me répondit que tout cela ne dépendait pas d'elle, qu'elle transmettrait ma demande aux autorités, mais qu'elle ne pouvait pas me laisser repartir seule, car elle était responsable de ma vie : on me ramena donc chez moi en ambulance, avec une infirmière. Mon arrivée avec une pareille escorte fit un choc à Lessik et à Ira : je crois qu'ils eurent très peur. Quant à moi, j'entamai une correspondance télégraphique avec Andréï. Les physiciens collègues d'Andréï s'y mirent aussi : ils lui rendirent visite à Gorki le 19 mai et ils s'efforcèrent de tranquilliser Andréï, sans doute parce qu'ils étaient quelque peu induits en erreur par les médecins de l'Académie. Ceux-ci avaient paru très soucieux de mon état le jour de ma visite à la polyclinique ; ensuite, sans doute non sans une pression extérieure (encore un exemple de cette médecine qu'Andréï qualifie de « dirigée »), leur intérêt pour ma personne tomba brusquement. Andréï et moi, nous eûmes l'impression qu'on avait dit aux académiciens que je grossissais la gravité de mon mal ; l'académicien Scriabine[1], comme le dit à Andréï un de ses collègues, déclara carrément : « Nous ne la laisserons pas nous faire du chantage avec son infarctus. » Sans doute à ce moment-là s'identifiait-il au KGB, sinon on ne voit pas ce que signifierait ce « nous », car ce n'est tout de même pas le praesidium de l'Académie qui retenait Sakharov à Gorki ! Quant à moi, Scriabine me parla au téléphone (lui dans son bureau, moi avec mon infarctus dans une cabine publique) avec un respect appuyé et n'oublia pas de me dire que nous étions tous deux de la même génération et avions fait la guerre. C'est pourquoi j'appris avec beaucoup d'intérêt que le même Scriabine, en recevant une délégation scientifique américaine, parla de moi en des termes qu'on entendrait rarement dans la cuisine d'un appartement communautaire ou dans la bouche de harengères, dont le langage au moins est devenu plus civilisé de nos jours.

1. Secrétaire scientifique de l'Académie des sciences *(NdT)*.

Le 19 mai, ayant compris que, sans une pression et une aide extérieures, je n'obtiendrais jamais que nous soyons tous deux hospitalisés, je décidai de faire une conférence de presse. Ma porte était surveillée par des miliciens. Une voiture de la milice montait la garde dehors. Je n'en sortis pas moins de l'immeuble et allai téléphoner à plusieurs agences de presse étrangères, leur demandant d'envoyer des journalistes. Il en vint un assez grand nombre.

Ma trinitrine à la main, dont je ne me séparais plus, je me plantai non loin d'une librairie et leur racontai notre situation. La presse occidentale mentionna cette entrevue. Malgré tout, il semble qu'on ait sous-estimé la gravité de mon état, sans doute parce que j'avais pu sortir dans la rue. Un journal écrivit que j'avais un « micro-infarctus », d'autres craignirent même de donner des définitions. Je me dis parfois que si la presse (l'opinion publique est la seule protection des défenseurs des droits de l'homme) avait pris notre appel plus au sérieux, si nos amis dans le monde avaient compris eux aussi à quel point notre situation était tragique, peut-être la suite des événements aurait-elle été différente.

Le 26 mai, un conseil médical eut lieu chez moi. Il y avait là le chef de la section qui soigne les académiciens et les membres de leurs familles, le docteur Bormotova, le chef de notre section à Andréï et à moi, la Marina Petrovna déjà évoquée ; et deux hommes présentés comme cardiologues consultants de l'Académie, mais l'un d'eux n'avait pas l'air d'être un médecin. D'après la description que me fit Andréï, il s'agissait des docteurs Grigoriev et Pylaev, qui lui rendirent visite par la suite.

Ils me proposèrent derechef de m'hospitaliser seule, car tant que le processus cardiaque ne se régulariserait pas (l'électrocardiogramme du 24 mai avait montré une aggravation), ma vie serait tout simplement en danger si je restais chez moi. Je refusai, réitérant mes conditions. Ils voulurent mentionner seulement mon refus dans mon dossier, mais je les en empêchai et écrivis moi-même : « Non seulement je ne refuse pas l'hospitalisation, je la réclame instamment, mais seulement avec mon mari l'académicien Andréï Dmitrievitch Sakharov et seulement à la polyclinique de l'Académie des sciences de l'URSS. » Après quoi Bormotova se mit à pleurer, non pas parce qu'elle craignait pour ma vie (selon l'interprétation d'Evguéni Lvovitch Feinberg[1]), mais parce qu'elle n'avait pas rempli sa mission qui était de m'hospitaliser seule. Par la suite, elle allait encore venir chez moi et me proposer une ambulance avec médecin et infirmière qui m'emmèneraient à Gorki où je serais soignée. Mais là, c'était déjà un plan entièrement mis au point par le KGB : nous enfermer à Gorki tous les deux.

A la fin du mois de mai, Scriabine m'annonça que des médecins de l'Académie iraient examiner Andréï pour décider s'il faudrait l'hospitaliser. De fait, ils se rendirent à Gorki le 2 juin et conclurent qu'il y avait nécessité d'une hospitalisation, d'examens et de soins. Le problème paraissait résolu. Quoi de plus simple en vérité : hospitaliser deux malades dans l'établissement hospitalier qui relève de l'institution à laquelle ils appartiennent. Chez nous, la médecine est organisée par branches : mariniers, cheminots, ministère de l'Intérieur, ministère des Constructions mécaniques moyennes, Kremlin, Académie... Mais il en alla tout autrement.

Au cours des premiers jours qui suivirent cette visite, nous (Andrioucha à Gorki, moi à Moscou) attendîmes une hospitalisation, mais le temps passait et je me sentis un peu mieux. On ne cessait de me proposer une hospitalisation, puis une place dans une maison de repos, mais seule, sans mon mari. Je rédigeai des appels à des savants américains et européens et je les communiquai à des journalistes en leur donnant rendez-vous dans la rue :

---

1. Membre correspondant de l'Académie des sciences *(NdT)*.

Aux scientifiques américains et européens

Le 12 juin 1983.

Je fais appel à votre aide. Actuellement, notre situation, déjà hautement tragique, s'est encore aggravée du fait de ma maladie et des changements croissants qui affectent la santé de mon mari. Le 25 avril, j'ai été frappée d'un infarctus à Gorki. Je me suis soignée toute seule. Ma lettre à Alexandrov, président de l'Académie des sciences de l'URSS, et ma déclaration à la presse du 20 mai (dont mes enfants ont la copie aux États-Unis) vous feront comprendre pourquoi nous ne pouvons pas nous faire soigner à Gorki. Le 11 mai, j'ai pu venir à Moscou et, depuis, j'essaie d'obtenir que nous ayons tous deux la possibilité de nous faire soigner à l'hôpital de l'Académie des sciences à Moscou. La seule chose que j'ai pu obtenir jusqu'à présent, c'est que, pour la première fois depuis trois ans et demi, des spécialistes de la section médicale de l'Académie ont été envoyés à Gorki pour examiner mon mari. Ils ont conclu que son état nécessitait une hospitalisation, des examens et des soins. Je crains que, sans votre aide, même cette exigence minimale — nous faire soigner par des médecins en lesquels nous avons au moins un peu confiance — ne puisse être satisfaite. Dans ce cas, nous ne pourrions recevoir les soins indispensables pour la conservation de notre vie : le problème Sakharov serait résolu par la mort de l'un de nous deux, ou des deux.

Concernant notre avenir : même si nous recevons des soins, il est possible qu'après cet infarctus du myocarde je ne puisse plus supporter la charge qui est devenue la mienne depuis l'exil illégal et l'isolement de Sakharov. Cela signifierait que Sakharov perdrait complètement toute liaison avec le monde extérieur. Ce qui serait tragique non seulement sur le plan de notre sécurité et de notre destin personnels, mais aussi sur un plan général. Le monde perdrait la voix de Sakharov, unique voix compétente et indépendante parmi les savants soviétiques ; cette perte serait ressentie au premier chef par ceux qui recherchent une solution aux problèmes les plus graves du monde contemporain : le désarmement et la sauvegarde de la paix. Aujourd'hui, les dirigeants soviétiques et des savants soviétiques vous appellent à des actions communes pour la sauvegarde de l'avenir de l'humanité. A vous de juger si cet appel est sincère, alors que Sakharov au même moment est tenu dans l'isolement, privé de son droit à une activité publique, et même de toute activité intellectuelle, alors qu'on lui vole ses papiers et qu'on le tue en le laissant sans les soins médicaux que son état nécessite. La vie de Sakharov, la défense de son droit à une activité scientifique et publique, le droit de vivre librement dans le lieu de son choix, tout cela dépend surtout de l'action de la communauté scientifique mondiale.

J'écris cette lettre en espérant rencontrer votre profonde compréhension et je vous prie d'agir et d'user de votre autorité pour la défense d'Andréï Sakharov, celle de sa vie et de sa libre parole.

Elena Bonner.

Le 20 juin, *Newsweek* publia un entretien avec Anatoli Alexandrov, président de l'Académie des sciences. Je cite la partie de l'interview qui concerne mon mari (il s'agit du numéro du 20 juin 1983) :

Question. — Vous avez manifesté le désir d'une plus grande collaboration dans le domaine scientifique. Les scientifiques américains disent qu'un des obstacles dans ce domaine est la persécution d'Andréï Sakharov par le KGB. Que pouvez-vous nous en dire ?

Réponse. — Il a travaillé aux mêmes problèmes qu'Edward Teller (la bombe H). Je crois que si nos gens organisaient tout un système de contacts permanents autour de Teller, le gouvernement américain ne verrait pas la chose d'un très bon œil, et les savants américains non plus. Il est probable qu'ils essaieraient de mettre fin à cette situation d'une façon ou d'une autre. Je crois que notre gouvernement a agi d'une façon très humaine à l'égard de Sakharov, car Gorki, où il habite, est une belle ville, une grande ville qui compte un nombre important d'instituts de recherche académiques. Les académiciens qui y vivent n'ont nulle envie de déménager.

Q. — Quinze ans ont passé depuis que Sakharov a cessé de se consacrer à des recherches soumises au secret. Pourquoi ne peut-il quitter la Russie ?

R. — Dans ce domaine, quinze ans ne sont pas une période tellement longue. Les systèmes à l'élaboration desquels il a pris part existent et continueront d'exister. Si, par malheur, il se produisait un conflit militaire, les Américains apprendraient jusqu'à quel point ces systèmes sont bons ou mauvais.

Q. — Pourquoi reste-t-il toujours académicien si, comme l'écrit la Pravda, *vous le considérez comme un complice de l'impérialisme américain ?*

R. — Nous espérons que Sakharov changera d'opinion et de comportement. Malheureusement, je crois qu'au cours de la dernière période, son comportement était surtout conditionné par un sérieux trouble psychique.

Je pense que cette interview fut une première réponse à l'article de Sakharov : « Le danger de la guerre thermonucléaire », bien qu'elle ait été donnée avant que l'article fût publié dans la presse. Mais des écrits de ce genre sont connus de qui de droit à l'avance, et parfois longtemps avant leur publication — un fait qui mérite réflexion ! Je crois, quant à moi, que l'absence de décision concernant notre hospitalisation fut précisément provoquée par le fait que les hautes sphères eurent vent de cet article, publié dans *Foreign Affairs* le 22 juin [A 2].

Pendant toute l'interview, Alexandrov avait adopté une attitude si rogue, presque agressive, qu'on comprend mal comment elle a pu passer quasi inaperçue de la presse et des scientifiques occidentaux qui mènent des pourparlers sur le désarmement. Mais peut-être leurs réactions sont-elles tout simplement restées inconnues pour moi ? Il m'est désagréable de penser aussi que je n'ai entendu parler d'aucune réaction des collègues d'Andréï. Quant à moi, je ne pouvais me taire et j'envoyai cette lettre à Alexandrov dès que j'eus reçu le magazine avec l'interview :

*Au président de l'Académie des sciences de l'URSS,
l'académicien A. P. Alexandrov*

Le 14 juin 1983.

Anatoli Petrovitch,
Je m'adresse à vous, à propos de l'interview que vous avez accordée au magazine *Newsweek* (n° 25, 20 juin 1983). Vous y avez déclaré que (je cite), « au cours de la dernière période, il y a eu un sérieux trouble psychique dans la vie de Sakharov ». Qu'est-ce qui vous a donné le droit de prononcer ces paroles : les positions de principe de Sakharov sur les problèmes actuels, qui ne coïncident pas toujours avec celles du gouvernement soviétique, ou bien son honnêteté et sa rectitude, que vous connaissez personnellement ?
Vous savez que l'exil de Sakharov à Gorki est un acte franchement illégal et que l'Académie des sciences n'a rien fait pour s'y opposer. Vous savez qu'actuellement l'état de santé de Sakharov nécessite une hospitalisation, car son cœur est malade, et que tout atermoiement pourrait tourner au tragique. Cependant, pour toute aide, vous venez de faire cette déclaration sans précédent.
A ma connaissance, c'est la première fois dans l'histoire de l'Académie des sciences de Russie et de l'URSS que son président accuse un de ses membres de déficience mentale.
Votre déclaration, Anatoli Petrovitch, entrera réellement dans l'histoire.

Elena Bonner-Sakharov.

P.-S. : J'adresse une copie de cette lettre à toutes les académies et sociétés scientifiques étrangères dont l'académicien Andréï Dmitrievitch Sakharov est membre.

Au début de notre séjour à Gorki, Evguéni Lvovitch Feinberg d'un côté et Lydia Korneevna Tchoukovskaïa [1] de l'autre s'inquiétèrent beaucoup de l'état de santé d'Andrioucha et me recommandèrent un médecin de Gorki dont ils avaient entendu parler, le docteur Matoussova. Je crois que tous deux m'en voulaient de ne pas en tenir compte et de leur répondre qu'on ne nous laisserait jamais approcher des médecins qui ne soient pas nommés par les « organes » du KGB. Je comprends la réaction d'Evguéni Lvovitch : selon ses critères d'académicien, je suis une maximaliste. Et puis, Yakovlev a beau me calomnier, il y a quand même du vrai ! Mais Lydia Korneevna ? Sans doute y a-t-il là une incompréhension de notre situation. Quant à nous, lorsque nous nous sentîmes le couteau sous la gorge avec mon infarctus, nous tentâmes par l'intermédiaire de Maïa [2] (à l'époque, nous pouvions encore recevoir la visite de trois habitants de Gorki : Kovner [3] et parfois Felix Krassavine et sa femme Maïa) de recourir à l'aide du docteur Matoussova ; nous reçûmes sa réponse écrite (pour qu'il n'y ait pas un mot de dit) : elle ne pouvait rien faire, si ce n'est, par l'intermédiaire de Maïa et à

1. Écrivain et dissidente connue, auteur notamment de *la Maison déserte* (Paris, Calmann-Lévy, 1975) et de mémoires sur Akhmatova *(NdT)*.
2. Médecin de la ville de Gorki *(NdT)*.
3. Mark Kovner, physicien et *refuznik (NdT)*.

condition que personne n'en sache rien, examiner mes électrocardiogrammes. Ensuite, nous perdîmes tout contact avec elle. A Moscou, Chikhanovitch montra secrètement nos électrocardiogrammes à un médecin que Lydia Korneevna et lui connaissaient. Lydia Korneevna jugea possible de demander à ce médecin de venir m'examiner. C'était encore le « bon temps », quand la milice ne gardait notre porte à Moscou que de huit heures du matin à onze heures ou minuit, et non vingt-quatre heures sur vingt-quatre. Youra Chikhanovitch me prévint donc de la visite de ce médecin. Il arriva à minuit vingt, mais les miliciens étaient encore là, sans doute l'attendaient-ils. Ils le laissèrent passer. Je vis qu'il était très ému parce qu'on avait vérifié son identité. Après un examen et un bref entretien, il me dit d'un air gêné que si j'avais encore besoin de lui, je devrais m'adresser à l'Académie et qu'ensuite, si on le convoquait officiellement pour une consultation, il serait heureux de m'aider.

Nos relations n'allèrent pas plus loin, même concernant l'examen des électrocardiogrammes. Or, personne ne l'avait menacé. C'était la peur. Ce médecin soignait librement Lydia Korneevna Tchoukovskaïa, ce qui ne lui avait pas causé d'ennuis, qu'il ne craignait d'ailleurs pas. Mais pour nous, c'était une autre affaire ! Lorsque ce médecin cessa d'examiner mes électrocardiogrammes, un autre s'en chargea, à la demande d'un de nos amis. Celui-ci alla un peu plus loin : il m'examina par deux fois chez l'ami en question. Je ne l'ai jamais nommé, à sa demande. Alors, l'agence Tass s'en chargea.

Le problème des médecins s'était posé immédiatement dans ma famille sitôt que Sakharov en fit partie. Cela commença par un psychiatre que personne n'avait demandé et qui vint trouver ma mère, prétendument pour l'examiner et, en réalité, pour lui faire peur. Puis ce fut mon tour. En 1974, il devint nécessaire de m'opérer de ma thyréotoxicose. Nous nous adressâmes au docteur B. sur la recommandation de

Natacha Hesse[1], qui le connaissait. Il fixa la date de l'opération en nous demandant d'officialiser mon ordre d'hospitalisation. Andréï s'adressa à la direction de la Santé de Leningrad et au ministère de la Santé, et tous les papiers furent faits en temps voulu. Mais lorsque je me rendis à l'hôpital pour mon opération, le médecin me fit transmettre par Natacha qu'il ne pourrait pas m'opérer, car dans ce cas on lui refuserait son doctorat d'État. Nous en voulûmes beaucoup à Natacha, parce que, quand elle témoigna sur notre situation devant le Congrès des États-Unis, elle omit d'évoquer cette histoire dont elle avait été le témoin principal. Après mon opération de la thyréotoxicose, j'eus des ennuis avec mes yeux. Andréï et moi, nous allâmes trouver le professeur Krasnov. C'est chez lui que j'avais subi ma première opération des yeux en 1965, alors que je n'étais pas encore la femme de Sakharov. L'opération avait été réussie. Avant lui, j'avais d'ailleurs eu son père comme médecin pendant de longues années. Mais, cette fois, il refusa de m'opérer. Je me fis hospitaliser à l'hôpital ophtalmologique de Moscou et j'attendais que l'on m'opérât quand des amis médecins me conseillèrent de quitter l'hôpital, car ils ne savaient pas « ce qu'on me ferait ni qui le ferait ». C'est alors que nous avons eu l'idée d'une opération en Italie, où vivaient mes amies Maria Olsoufieva et le docteur Nina Kharkevitch.

J'ai toujours été surprise et affligée des réactions de nos amis qui, bien que nous leur eussions raconté tout cela plus d'une fois, s'empressaient de l'oublier. Par la suite, ils étaient souvent les premiers à s'étonner de me voir aller si loin pour me faire soigner. Quant à moi, j'ai toujours dit que, si je n'étais pas la femme de l'académicien Sakharov, je pourrais me faire soigner dans un hôpital soviétique. Bien sûr, je ne songeais pas alors aux six pontages que j'ai

1. Amie d'E. Bonner, émigrée depuis 1984 *(NdT)*.

34

maintenant, c'est un record même en Occident : je n'ai encore jamais vu personne en avoir eu autant.

Le 3 juillet, les *Izvestia* publièrent une lettre de quatre académiciens, Dorodnitsyne, Prokhorov, Scriabine, Tikhonov (il paraît que Prokhorov regrette son geste : il est désormais mal reçu à l'étranger ; Scriabine, lui, doit être indifférent à la façon dont on le reçoit, pourvu qu'il puisse continuer à voyager ; quant aux deux autres savants personnages, j'ignore ce qu'il en est). Cette lettre provoqua une tempête. Les Soviétiques croient ce que disent les académiciens, d'autant que l'un d'eux (Prokhorov) est un prix Nobel. Mais que ces académiciens n'aient même pas osé citer le titre de l'article de Sakharov dans leur texte, cela, les Soviétiques ne l'ont pas remarqué. Nous reçûmes une avalanche de lettres, 20, 50, 70, 100 par jour (cela monta une fois jusqu'à 132), puis le flot diminua quelque peu, sans toutefois se tarir complètement. Sakharov était injurié et stigmatisé de toutes les façons ; ces lettres étaient individuelles ou collectives. Lorsque des amis me disent qu'elles sont téléguidées, je ne peux rien leur opposer, hormis mon absolue conviction que non, que c'est bien le peuple soviétique qui les écrit, car il lui arrive aussi de s'éveiller à une « action sociale ». Parmi ces lettres, je peux citer celle de Volodia Tchavtchanidzé. Je le nomme ainsi familièrement[1] parce qu'il a fait son troisième cycle en même temps qu'Andréï, et celui-ci l'évoque toujours de cette manière dans ses récits. Il y eut aussi la lettre d'un camarade de classe de ma fille. D'une collaboratrice d'Andréï qu'il évoquait toujours en termes très chaleureux. Beaucoup de prêtres, de retraités et surtout d'anciens combattants : pour tous, Sakharov faisait l'apologie de la guerre thermonucléaire, c'est ce qu'ils ont retenu de la lettre des académiciens. En juillet, les académiciens furent relayés par le magazine *Smena*, qui tire à des millions d'exemplaires, où Yakovlev

---

1. Volodia : diminutif familier et affectueux de Vladimir *(NdT)*.

répétait et développait ce qu'il avait déjà écrit dans son livre. Dès lors, les lettres changèrent de caractère, beaucoup devinrent ouvertement antisémites, et les menaces se firent plus fréquentes, surtout envers moi.

En août, ce n'était plus le président de l'Académie, mais le chef de l'État (Andropov à l'époque) qui déclarait à des sénateurs américains que Sakharov était fou.

Nous entendions des menaces au marché, quand nous nous mettions sur le balcon, il y eut des scandales dans la rue, tout y passa, hormis les agressions physiques. L'apothéose de tout cela fut cette sorte de « pogrom » que je dus subir dans le train Gorki-Moscou le 4 septembre.

C'était un train de jour. Il quittait Gorki à 6 h 20 et devait arriver à Moscou à 13 h 40. Il y avait dans mon compartiment deux femmes d'âge moyen et un homme. L'une d'elles me demanda : « Où habitez-vous à Gorki ? — Avenue Gagarine. — Au 214 ? — Oui. — Vous êtes la femme de Sakharov ? — Oui, je suis la femme de l'académicien Andreï Dmitrievitch Sakharov. » Alors l'homme intervint dans la conversation : « Un académicien, lui ? On aurait dû le chasser depuis longtemps. Quant à vous, n'en parlons pas, on devrait... » Ce qu'on « devrait », il ne le précisa pas. Puis une des femmes déclara qu'elle était une enseignante soviétique et qu'elle ne pouvait pas rester dans le même compartiment que moi. Les deux autres passagers lui emboîtèrent immédiatement le pas. L'un d'eux appela l'employée du wagon. Déjà tout le monde criait. L'employée leur répondit que j'avais mon billet et qu'elle ne pouvait me chasser. Les cris redoublèrent, des passagers d'autres compartiments s'en mêlèrent, s'attroupèrent dans le couloir, exigèrent l'arrêt du train, afin qu'on me jetât dehors. On criait quelque chose à propos de la guerre et des juifs. J'étais parfaitement calme, comme la vitre de la fenêtre sur laquelle j'avais posé Dieu sait pourquoi ma main gauche. Puis l'employée disparut je ne sais où. Les gens se bousculaient dans le couloir, regardaient dans mon comparti-

36

ment, criaient. Leur colère devait égaler leur curiosité. Puis l'employée réapparut, me fit sortir dans le couloir. Nous nous frayâmes un chemin dans cette foule, et je sentais littéralement, physiquement, les fluides de leur haine. Elle m'installa dans le compartiment réservé au service. C'est ainsi que j'arrivai jusqu'à Moscou.

Je cite à présent un extrait du journal d'Andréï Sakharov :
« Il est difficile pour Lioussia qui est si sensible (pour moi aussi d'ailleurs) de se heurter quotidiennement à l'antipathie et à la haine des autres (une vieille qui l'a menacée du poing et autres choses du même genre). Bien sûr, l'incident du 4 septembre dans le train avait été provoqué par plusieurs guébistes[1], mais la majorité des passagers par goût ou par crainte a pris part au vacarme général... Lioussia m'a écrit dans son télégramme : " C'était très effrayant et c'est pourquoi j'étais parfaitement calme... " Chikhanovitch et Bella qui étaient venus l'accueillir à la gare ont vu tout de suite à son visage qu'il s'était passé quelque chose de terrible. Après le récit de Lioussia, Bella a pleuré. »

La foule, le pogrom, le fascisme, comme tout converge dans notre monde. Pendant que les gens criaient, me menaçaient, et tant que je n'ai pas aperçu Chikhanovitch et Bella sur le quai, j'ai regretté de ne pas avoir d'étoile jaune cousue sur ma robe.

Encore un extrait du journal d'Andréï Sakharov :
« Lioussia est retournée à Moscou le 22 septembre par le train n° 37. Nous craignions que le " pogrom " ne se reproduise, mais le train de nuit convient moins pour ce genre de choses et, en outre, Lioussia, pour la première fois depuis trois ans et demi, a réussi à échanger son billet de train pour un wagon-lit. Elle était dans un wagon à moitié vide. Elle a eu pour compagnon de voyage l'acteur Jjonov (une célébrité,

1. Agent du KGB *(NdT).*

paraît-il) ; je crains seulement qu'il n'ait été un peu éméché. Une bande assez bruyante était venue l'accompagner. Quelqu'un a crié : " Tu vas voyager avec une femme très jolie (ou sympathique). " Lioussia m'a dit : " Si seulement ils savaient... " »

Je quittai donc Gorki le 22 septembre. La soirée était douce pour la saison, Andrioucha et moi nous restâmes longtemps sur le quai et, lorsque nous montâmes dans le wagon, nous aperçûmes des gens très gais avec du champagne et qui n'étaient manifestement pas du KGB. Ces gens nous laissèrent passer, Andréï déposa mes bagages et nous sortîmes dans le couloir. L'un d'eux nous demanda qui de nous deux partait. Je lui répondis. Alors un autre cria à son compagnon cette remarque sur la « femme sympathique » qui me parut étrange après le « pogrom » du dernier voyage. Nous restâmes quelque temps au bout du wagon ; toute séparation nous attriste, même pour quelques jours. Nous nous rappelons toujours ces vers de Mandelstam :

> Qui peut savoir lorsqu'on se quitte
> Quelle sera notre séparation
> Ou ce qu'annonce le chant du coq
> Quand le feu brûle en l'Acropole[1].

Andréï descendit sur le quai, le train s'ébranla, comme dans la chanson *Le petit wagon s'est mis en route* (dans le film *l'Ironie du sort*) et c'est vrai que c'est là notre vie, à Andrioucha et à moi, une ironie du sort. Par quelque association d'idées, je me souvins du début de l'année 1971. J'étais chez Andréï Dmitrievitch, je faisais quelque chose pour lui et la conversation tourna autour de la gloire. Andréï Dmitrievitch me dit : « Oh ! chez moi, toutes les variantes sont déjà jouées depuis longtemps. » Je suppose que cela voulait dire : « Je ne jouirai pas d'une gloire plus grande, et

---

1. Extrait du poème « Tristia » (1918) *(NdT).*

Dieu m'en préserve, je n'en ai pas besoin. » Et voilà que nous recevions ces milliers de lettres qui remplissaient notre appartement et que nous n'avions pas le temps de lire. Il faudrait des archives nationales pour les classer et les conserver. Cette gloire-ci, c'était sa femme qu'on reconnaissait dans la rue, dans le train, et qu'on était prêt à lyncher.

Je retournai dans mon compartiment. Tout le monde était parti, sauf mon vis-à-vis qui était un peu plus âgé que moi ou qu'Andréï ; il avait un regard et des yeux agréables, un bon et large sourire non sans une certaine nuance professionnelle, il est vrai : un visage ouvert, en un mot. J'avais l'impression de l'avoir déjà vu quelque part. Il parlait en homme habitué à commander, mais sur un ton amical : « Faisons connaissance : Guéorgui Jjonov. » Puis il attendit une réaction de ma part, soit à ce nom, soit à son amabilité. Je ne compris que par la suite qu'il était habitué à être reconnu partout, à ce que son nom soulevât des tempêtes, c'est un acteur émérite, peut-être même plus, mais je ne le reconnus pas. Du reste, j'ignore les noms des acteurs, sauf cinq ou six d'entre eux. Je lui répondis aussi aimablement que possible, car au début je n'avais nulle envie de lui parler : « Elena Bonner. » Alors je le vois qui tend sa main, non pas vers moi mais vers la poignée de la porte ; il la ferme, puis, à voix basse : « La vraie ? — La vraie. — Je n'aurais jamais imaginé une chose pareille. — Moins épouvantable que ce qu'on a écrit d'elle, c'est ça ? — Sans doute. — Vous supporterez mon voisinage, ou bien voulez-vous que je demande à l'employé qu'il me donne une place dans un autre compartiment ? » Silence. « Bon, puisque vous ne dites rien, je reste et vous ferez ce que vous voudrez. » Il y avait sur la table une demi-bouteille de vodka et une bouteille de champagne déjà débouchée. Il remplit deux verres et m'en proposa un. « Je ne bois pas. — Pas du tout ? — Pas du tout. — Bizarre ! — Pourquoi ? On vous a raconté qu'en plus du reste je suis une ivrogne ? C'est peut-être chez Yakovlev que vous l'avez lu ? — Je l'ai entendu dire. Et du thé ? — Le thé, j'en bois. » Il sortit de sa serviette une boîte métallique contenant du thé. Apparemment, il aimait ses aises. Puis il partit chercher l'employée, qui apporta tout ce qu'il fallait pour le thé. Alors nous eûmes une très longue conversation, jusqu'à quatre heures du matin, il alternait le thé et la vodka, et, à la fin, il était sérieusement gris, pour employer une litote. L'essentiel de la conversation se ramenait à ma question : « Comment les gens nous considèrent-ils, et moi en particulier, croient-ils ce qu'a écrit Yakovlev ? » Par exemple, lorsque je lui demandai comment il pouvait croire les écrits de Yakovlev, il me répondit par une question. « Pourquoi ne pas le croire, au nom de quoi ? — Au nom de votre expérience de la vie. Vous avez quel âge ? — Soixante-sept ans. — Vous vous souvenez de l'affaire des " blouses blanches " ? De la revue *Zvezda,* et d'Akhmatova et de Zochtchenko, de la campagne contre le cosmopolitisme [1] ? » Il ne répondit rien, puis, après un autre petit verre de vodka, il se mit à me parler de sa propre expérience. Voici son récit. Il avait fait des études à l'Institut théâtral de Leningrad, puis ses débuts sur les planches, avec beaucoup de succès. Il fut incarcéré dans les années 1930. C'est seulement dans les années 1950 qu'il revint à la vie normale. Il reprit sa carrière, cette fois en province. Par hasard, il décrocha un rôle au cinéma, celui du soldat déjà un peu âgé. Il put alors revenir dans la capitale. Et ce fut le succès, tardif mais d'autant plus précieux. Voilà l'expérience ! Et c'est moi qui devais lui démontrer quelque chose ! Il me dit qu'à son avis, le pays avait complètement changé, mais en même temps je voyais que ce n'était pas moi qu'il voulait convaincre, mais lui. Pendant toute cette conversation, j'eus l'impression qu'encore un petit peu, un tout petit peu, et

---

1. Allusions au « jdanovisme » (campagne contre toute littérature et tout art indépendants : les écrivains Akhmatova et Zochtchenko en furent les premières cibles). La « campagne contre le cosmopolitisme » fut une vaste opération antisémite qui culmina avec l'affaire des « blouses blanches », en 1953 *(NdT)*.

quelque chose allait se débloquer en lui, il cesserait de se bercer d'illusions. Mais le déblocage n'eut pas lieu. J'essayai même de le convaincre de venir prendre un café chez moi afin qu'il puisse connaître de visu ce logement d'où, selon Yakovlev, j'aurais prétendument chassé les enfants de Sakharov[1]. Je voulais lui montrer mon livret de quittances de loyer où il aurait pu lire que ma mère avait obtenu cet appartement en 1955. Je lui dis que les miliciens ne commençaient leur garde qu'à partir de neuf heures du matin (ce qui était vrai à l'époque), qu'il boirait son café et repartirait sans que quiconque y trouvât à redire. « Non. — Mais pourquoi non ? — J'ai peur. — De quoi ? — J'ai peur, c'est tout. » Vers quatre heures du matin, il avait terminé sa bouteille de vodka, il me baisa la main, me dit qu'il éprouvait le plus grand respect pour Andréï et pour moi. Mais « J'ai peur. J'-ai p-eu-r. » Le matin venu, il évita de me regarder, me serra la main à la sauvette et sortit en me jetant sèchement un « Au revoir ».

Sur le quai Youra Chikhanovitch m'attendait. Il me dit : « Jjonov a voyagé dans le même wagon que toi, c'est un bon acteur, je l'aime bien. » Youra est un vrai cinéphile et théâtrophile, ce n'est pas comme nous, il l'a reconnu tout de suite. Alors je lui raconte toute l'histoire. Chikhanovitch me reproche de n'avoir pas été assez éloquente : j'aurais pu convaincre Jjonov et à plus forte raison le traîner jusqu'à une tasse de café. Mais il se trompe, notre Youra. On ne peut « convaincre » la peur de l'extérieur, ni par la parole ni par l'acte. La peur ne peut être vaincue que par celui qui a peur.

---

1. Il s'agit des enfants du premier mariage de Sakharov, Tatiana (née en 1945), Lioubov (née en 1949) et Dmitri (né en 1957). Tatiana Semenov, épouse Yankélévitch (née en 1950), et Alekseï Semenov (né en 1956) sont les enfants du premier mariage d'Elena Bonner ; ils vivent actuellement aux États-Unis *(NdT)*.

Nous décidâmes de porter plainte contre Yakovlev. L'idée n'était pas de moi. Andréï estimait que c'était indispensable, et beaucoup d'amis étaient d'accord avec lui sur ce point. Moi, je savais que cela me demanderait encore un gros travail. Il fallait rédiger la plainte, donc se procurer un dossier. Puis il faudrait porter plainte, c'est-à-dire à coup sûr me rendre plusieurs fois au tribunal, fournir toutes sortes d'explications. Où prendrais-je les forces, si même cent mètres à pied m'étaient pénibles ? Si même, lorsque je tapais à la machine, je me couvrais de sueur froide de faiblesse ? En outre, il faudrait certifier les témoignages d'Andréï ; le notaire l'accepterait-il ? Et puis, il faudrait me procurer l'adresse de Yakovlev et le lire attentivement, ce que je n'avais toujours pas fait, car d'abord cela me dégoûtait, et ensuite, dès que je me rappelais ce qu'il avait écrit sur Vsevolod Bagritski (j'y reviendrai), je risquais le malaise cardiaque.

Mais voilà qu'enfin tous les obstacles sont levés. J'ai même l'adresse de Yakovlev qu'une amie a réussi à me procurer, car elle habite non loin de chez lui ; elle y a joint d'ailleurs un long récit sur la personnalité et la vie privée — passée et présente — du défendeur. De sorte que, si je voulais donner dans le genre qu'affectionne Yakovlev, je pourrais ajouter ici une bonne vingtaine de pages sur ce personnage.

Après deux ou trois semaines d'écriture, alternant avec des

malaises cardiaques et sans jamais me séparer de ma trinitrine, je m'estimai enfin prête.

Voici trois documents :
1° ma demande en justice ;
2° mes dépositions avec mon autobiographie ;
3° le témoignage d'Andréï Dmitrievitch Sakharov.
A quoi s'ajoute l'article de Yakovlev dans la revue *Smena*,
n° 14, juillet 1983.

*Au tribunal populaire d'arrondissement, de l'arrondissement
Kievski de Moscou*
*Elena Guéorguiévna Bonner, habitant Moscou, B-120, rue
Tchkalov n° 48b, appart. 68*
*Concernant l'action contre Yakovlev Nicolas Nicolaevitch,
habitant Moscou, quai de Smolensk, n° 5/13, appart. 135*
Codéfendeur : revue Smena, *101457, Moscou, Passage Bou-
majny, 14*

Le 26 septembre 1983.

Défense de l'honneur et de la dignité (par référence à l'article
7 du Code civil de la RSFSR).

DEMANDE EN JUSTICE

La revue *Smena* (n° 14, juillet 1983) a publié l'article de
N. N. Yakovlev intitulé « La chute ». Cet article me calomnie. Dans cette demande, je n'évoque pas l'orientation
générale de l'article, les informations déformées et calomnieuses concernant mon époux, mes enfants et d'autres
personnes qui m'ont été proches. J'attire seulement l'attention
du tribunal sur plusieurs assertions de l'auteur. Je cite (toutes
les citations sont empruntées à l'article de *Smena*) :
1° « [...] Tout cela est vieux comme le monde : une marâtre
est arrivée dans la maison de Sakharov après la mort de sa

femme et elle a jeté les enfants à la rue [...]. Bonner jura amour éternel à l'académicien et commença par expulser du foyer familial Tania, Liouba et Dima, pour les remplacer par ses propres enfants, Tatiana et Alexis [1][...]. »

2° « Bonner a mis la main depuis longtemps sur tout l'argent que Sakharov possédait en URSS [...]. »

3° « [...] armée de fausses attestations, elle réussit à entrer à l'Institut de médecine de Moscou [...] ; [...] en menant une vie des plus joyeuses [...]. »

4° « Dans sa jeunesse, cette demoiselle dissolue a presque atteint un niveau professionnel dans la séduction puis l'art de plumer les hommes âgés, donc pourvus d'une situation. Le procédé est suffisamment connu, mais il se complique par le fait qu'en règle générale tout homme âgé a déjà une femme proche, habituellement une épouse. Donc il faut l'éliminer. Comment ? L' " héroïne " de notre récit agissait très simplement — elle arracha à une amie malade son mari, l'acculant à la mort par le chantage et des appels téléphoniques contenant des détails répugnants. Elle obtint ce qu'elle cherchait et devint presque l'épouse du poète Vsevolod Bagritski. Mais déception : il est mort à la guerre. La demoiselle, pourtant, mettait toujours plusieurs fers au feu, elle était fort entreprenante. Simultanément, elle avait un roman avec un ingénieur important, du nom de Mikhaïl Zlotnik. Mais là encore il y avait un obstacle fâcheux en la personne de son épouse ! L'ingénieur l'élimina, tout simplement en l'assassinant, et partit en détention pour de longues années. Cette grosse affaire incita Lev Cheïnine, criminaliste et publiciste bien connu à l'époque, à écrire une nouvelle, *la Disparition*, dans laquelle la concubine de Zlotnik figurait sous le nom de " Lioussia B. ". On était en pleine guerre et, naturellement, l'entreprenante " Lioussia B. ", en l'occurrence effrayée, se cacha comme infirmière dans un train sanitaire. »

5° « Pour persuader son mari d'agir de telle ou telle façon, Bonner a adopté la méthode qui consiste à le battre avec tout ce qui lui tombe sous la main. »

L'ensemble des phrases citées offense mon honneur et ma dignité, et tombe de la sorte sous le coup de l'article 7 du Code

---

1. Yakovlev désigne les trois enfants d'A. Sakharov par leurs diminutifs affectueux et ceux d'E. Bonner par leurs prénoms « officiels », comme il sera signalé plus loin *(NdT)*.

civil de la RSFSR. Toutes ces assertions sont des inventions de l'auteur de l'article et ne correspondent pas à la réalité.

Je demande au tribunal d'élucider les circonstances de cette affaire — conformément à la loi, tout le poids des preuves repose sur le défendeur — et de prononcer un jugement qui obligera le citoyen N. N. Yakovlev et la revue *Smena* à publier les démentis qui s'imposeront.

E. G. Bonner.

Dans son article, Yakovlev expose ma biographie de façon tendancieuse. C'est pourquoi je juge utile de faire ici une brève autobiographie.

Je suis née en 1923. Mon père, Guevork Alikhanov, chef de la section des cadres du Komintern, membre du parti bolchevik depuis 1917, fut arrêté en mai 1937, comme « traître à la patrie », et réhabilité à titre posthume en 1954. Ma mère, Ruth Grigorievna Bonner, membre du PCUS depuis 1924, fut également arrêtée en 1937 comme membre de la famille d'un traître à la patrie et réhabilitée en 1954; elle est retraitée.

J'ai achevé sept classes dans une école de Moscou, et, après l'arrestation de mes parents, je partis avec mon petit frère rejoindre ma grand-mère et mon oncle à Leningrad. Mon oncle fut arrêté en octobre 1937, sa femme fut exilée et ma grand-mère dut donc élever la fille de mon oncle, âgée de deux ans, mon petit frère et moi-même. A Leningrad, mon frère et moi n'avions aucun papier d'identité, et la section d'arrondissement de l'Éducation nationale nous envoya à une commission médicale où mon âge fut évalué à seize ans, au lieu de quinze, en février 1938; la commission me délivra donc un passeport[1] où ma date de naissance était 1922. A Leningrad, je terminai mes études secondaires en 1940; pendant ma scolarité, je travaillai comme femme de ménage dans des immeubles et, pendant les vacances d'été, en

---

1. Il s'agit du passeport « intérieur », ne donnant pas le droit d'aller à l'étranger (*NdT*).

huitième et en neuvième, comme archiviste à l'usine Thäl-
mann de Moscou. En 1940, je m'inscrivis aux cours du soir de
la faculté de langue et de littérature russes de l'Institut
pédagogique Herzen de Leningrad et travaillai comme chef-
taine de pionniers à l'école. Je n'ai jamais cru, à aucun
moment, que mes parents eussent pu être des ennemis de la
patrie ; leurs idéaux et leur internationalisme étaient pour moi
un modèle suprême, et lorsque la guerre commença, je
m'enrôlai dans l'armée (comme infirmière formée par la
Croix-Rouge) de mon propre gré et en suivant ce que me
dictait mon cœur, si l'on veut bien prendre ces mots au
sérieux. Le 26 octobre 1941, je fus grièvement blessée et
commotionnée près de la gare de Valia (sur le front du
Volkhov), puis hospitalisée à Vologda et à Sverdlovsk. A la
fin de l'année 1941, je fus mise à la disposition d'un centre
d'évacuation et envoyée de là comme infirmière dans le train
d'infirmerie militaire n° 122. En 1943, je devins infirmière en
chef et je reçus le grade de sous-lieutenant, puis, en 1945,
celui de lieutenant des services de la santé [A 3]. En mai 1945,
je fus à la disposition de la région militaire de la mer Blanche
avec la fonction de commandant adjoint d'un bataillon de
sapeurs, à la suite de quoi je fus démobilisée en août 1945
avec une invalidité de deuxième catégorie, à cause d'une perte
presque complète de la vision de mon œil droit et d'une cécité
qui progressait dans mon œil gauche (par suite de la commotion). Pendant les deux années qui suivirent, je luttai pour
conserver la vue et j'énumère ici avec gratitude les médecins
qui m'y ont aidée : le docteur Fridlianskaïa (hôpital de la
place du Travail, Académie de médecine) ; le professeur
Tchirnovski (Premier Institut de médecine de Leningrad), le
docteur Soukonchtchikova (Institut des maladies des yeux) :
voilà pour Leningrad. Puis j'ai été hospitalisée deux fois à
l'Institut des maladies des yeux, à Odessa, où mes médecins
traitants furent le professeur Vladimir Petrovitch Filatov et sa
femme, le docteur Skorodinskaïa. En 1947, mon état se

stabilisa, bien que par la suite j'aie toujours été invalide de deuxième ou troisième catégorie, selon les périodes ; en 1970, je fus reconnue à vie invalide de deuxième catégorie de la Grande Guerre patriotique. En 1947, je m'inscrivis au Premier Institut de médecine de Leningrad (six années d'études), d'où je sortis en 1953. Depuis ce temps-là et jusqu'à la retraite, j'ai toujours travaillé, hormis une brève interruption (un peu plus d'un an) en 1961-1962, quand mon fils tomba gravement malade. J'ai été médecin de quartier, pédiatre dans une clinique d'accouchement, j'ai enseigné les maladies d'enfants dans une école de médecine, j'ai travaillé en Irak, envoyée par le ministère de la Santé d'URSS. J'ai souvent cumulé ce travail avec une activité littéraire : j'ai été publiée dans les revues *Neva, Younost,* j'ai écrit pour la radio, publié dans la *Gazette littéraire,* dans le journal *le Travailleur de la santé (Medrabotnik),* participé au recueil *les Acteurs qui ont péri sur les fronts de la Grande Guerre patriotique,* j'ai été l'un des maîtres d'œuvre du livre *Vsevolod Bagritski. Journaux intimes, correspondance, poèmes,* collaboré comme consultant littéraire extérieur à l'Union des écrivains et comme rédacteur de la section léningradoise des Éditions médicales. « Travailleur d'élite » de la santé. Depuis 1938, membre du Komsomol, pendant tout mon service dans le train sanitaire, responsable du Komsomol, à l'Institut responsable syndical. Ni à l'armée ni par la suite je n'ai envisagé d'adhérer au Parti, tant que mes parents passaient pour traîtres à la patrie ou, comme on disait plus souvent alors, « ennemis du peuple ». Après le XXe et surtout le XXIIe Congrès, je décidai d'entrer au PCUS, ce qui fut fait en 1964 (membre stagiaire) et en 1965. Après l'automne 1968, je décidai que c'était une erreur et, en 1972, mes opinions me poussèrent à quitter le Parti.

J'ai deux enfants, une fille, Tatiana (née en 1950), et un fils, Alekseï (né en 1956). Leur père Ivan Vassilievitch Semenov avait été mon camarade d'études au Premier Institut de médecine de Leningrad, où il travaille encore. Nous nous séparâmes de fait en 1965. En 1967, Tatiana s'inscrivit à l'université de Moscou, fut exclue en automne 1972 pour avoir manifesté devant l'ambassade du Liban contre l'attentat anti-israélien aux jeux Olympiques de Munich. En 1974, elle fut de nouveau autorisée à s'inscrire et acheva ses études en 1975, avec mention « très bien ». Alekseï termina ses études secondaires avec la mention « très bien » et fit également d'excellentes études à la faculté de mathématiques de l'Institut pédagogique Lénine de Moscou ; il en fut exclu la dernière année, officiellement pour avoir échoué à l'examen de la préparation militaire (matière qui n'entre pas dans le programme d'études de l'Institut). Mon gendre, Efrem Yankélévitch, a fait ses études à l'Institut des communications électroniques de Moscou.

Ma plainte contient cinq points. Trois d'entre eux sont commentés par mon mari. Je m'arrête sur les deux autres, les points 3 et 4.

3° Yakovlev m'accuse d'avoir utilisé de fausses attestations pour m'inscrire dans un institut à Moscou. Je ne me suis jamais inscrite dans un quelconque institut de Moscou. J'ai fait mes études dans un institut de Leningrad et j'ai pu m'y inscrire avec mon attestation de fin d'études de l'école secondaire n° 11 (actuellement n° 239) de Leningrad. Je ne veux pas commenter l'insinuation sur la « vie joyeuse » que j'aurais prétendument menée alors ; il me suffit de renvoyer à mon autobiographie.

4° Ce point fait allusion à plusieurs événements. D'abord, une tragédie : l'assassinat de ma camarade de classe Elena Dolenko par son mari Moïse Zlotnik (cousin de mon autre camarade de classe Regina Etinger) se produisit en octobre 1944. J'avais vu Elena Dolenko pour la dernière fois à la fin de l'année 1942, quand elle revint à Moscou après son évacuation à Achkhabad. C'est à la même époque que je rencontrai Moïse Zlotnik chez la sœur aînée de Regina Etinger, Evguénia. Le mariage entre Moïse Zlotnik et Elena Dolenko eut lieu beaucoup plus tard, en automne 1943. Je ne les ai jamais revus. J'appris la mort d'Elena à la fin de l'année 1944, lorsque mon train sanitaire resta quelques jours à Moscou. Fin avril 1945, je fus convoquée par le parquet de Moscou pour une déposition, et c'est alors que j'appris que Zlotnik avait été arrêté et qu'il avait tué Elena Dolenko. Hormis cet interrogatoire unique, au cours duquel on me posa des questions sur la personnalité de la victime et celle de l'assassin ainsi que sur mes relations avec eux (je connaissais Dolenko depuis les premières années de l'école, Zlotnik depuis 1938), je ne fus plus convoquée ni à l'instruction ni au procès. L. Cheïnine a en effet écrit une nouvelle en s'inspirant de cette histoire tragique. « Glotnik » (Zlotnik) y est dépeint comme un maniaque sexuel (officiellement, le motif du meurtre avait été la jalousie de Zlotnik) qui, outre sa femme, avait trois maîtresses, parmi lesquelles « Lioussia B. ». Mais dans cette nouvelle que cite Yakovlev, je ne figure nullement comme l'instigatrice du crime, mais plutôt comme une victime. Si Yakovlev avait voulu se fonder sur cette nouvelle, il aurait pu tout aussi bien accuser les deux autres, « Nelly G. » habitant Leningrad ou « Chourotchka » habitant Moscou.

A présent, je dois m'écarter quelque peu de mon action en justice et évoquer un épisode plus ancien. En 1976, je reçus deux lettres signées Semion Zlotnik, qui se présentait comme le neveu de Moïse Zlotnik et qui me réclamait « 6 000 roubles [1] et une certaine somme à l'étranger », car il avait décidé d'émigrer. Cette « demande » était assortie d'une menace, où l'auteur se faisait fort de « dévoiler » mes « relations » avec son « oncle » et, de façon plus générale, tout mon « passé ténébreux ». Je laissai ces lettres sans réponse. Quelque temps après, à Moscou, à Leningrad et dans beaucoup d'autres pays étrangers, des personnes plus ou moins liées à Andréï Sakharov ou à moi-même (académiciens, écrivains, médecins, responsables politiques, des amis) reçurent des lettres de Vienne (des paquets jaunes tous pareils) contenant la photocopie de la nouvelle de Cheïnine et une lettre signée

---

1. Rappelons que le salaire moyen est en URSS d'environ 180 roubles (NdT).

Semion Zlotnik dans laquelle mon « passé ténébreux » était dévoilé. Nous avons eu vent de plus d'un millier d'envois de cette sorte. L'adresse de l'expéditeur était Adambergergasse 10/8, Vienne, et le nom indiqué : E. H. Sandler. Des journalistes autrichiens ont découvert que ni cette adresse ni cette personne n'existaient à Vienne. Les choses en restèrent là. En 1980, le journal *Sette Giorno* publia un article faisant référence au récit de « Semion Zlotnik, un pauvre émigré de Russie » qui aurait relaté ma « biographie » : il y avait là non seulement l'histoire des deux meurtres et toute la panoplie des calomnies de Yakovlev, mais aussi des citations de mes lettres et de lettres qui m'avaient été adressées par un membre de ma famille vivant en France et mort en 1972 (ces lettres avaient suivi la voie normale, mais par miracle elles se trouvaient à présent à la disposition de Semion Zlotnik). Le même article spécifiait que Zlotnik vivait en France. Tout cela aurait pu être vraisemblable, mais... aucun Zlotnik n'était sorti d'URSS, et dans cette famille ne figurait aucun Semion Zlotnik, prétendument neveu de Moïse Zlotnik. Je ne chercherai pas à élucider qui est à l'origine de ce personnage fantôme.

Je reviens à ma demande en justice.

4° Vsevolod Bagritski, fils du poète Édouard Bagritski[1], n'était ni âgé ni riche ; il est né le 19 avril 1922 à Odessa et il est mort le 26 février 1942 non loin de Liouban. Nous avions été camarades de classe, et même voisins de pupitre ; nous faisions le trajet ensemble, il me lisait ses poèmes. Son père m'avait baptisée pour rire « notre fiancée légitime », et cette expression fut conservée par la mère de Vsevolod, Lydia Gustavovna Bagritski, et par la sœur de celle-ci, Olga Gustavovna Souok-Olecha[2]. Il y eut entre Seva[3] et moi une

1. Poète connu (1895-1934) *(NdT)*.
2. Épouse de l'écrivain Youri Olecha (1899-1960), auteur notamment de *l'Envie (NdT)*.
3. Diminutif de Vsevolod *(NdT)*.

50

amitié d'enfants, puis un premier amour. Par la suite, nos destins furent les mêmes : nous étions ensemble quand mes parents, puis sa mère furent arrêtés, quand mourut son frère ; il accompagna ma tante dans son départ pour l'exil et s'occupa de sa fille, qui avait alors deux ans. Nous connûmes ensemble les attentes nocturnes, une fois par mois, lorsqu'il fallait faire la queue à la prison des Boutyrki pour transmettre des colis à nos mères ; la réception des colis se faisait par ordre alphabétique des détenus : une lettre par jour, et nous eûmes de la chance, car le nom de nos mères commençait par la même lettre. Puis nous fûmes séparés, je vécus chez ma grand-mère à Leningrad. Nous nous voyions lorsque je venais à Moscou ou bien lui en vacances chez nous à Leningrad. Ensuite, ce fut la guerre et la mort de Seva. De son camp de Karaganda, camp de femmes où se trouvait aussi ma mère, Lydia Gustavovna Bagritski m'écrivit alors : « Lioussia chérie, comment ferons-nous pour vivre sans Seva... » Mais les vivants vivent. Réhabilitée, Lydia Gustavovna retourna à Moscou. Jusqu'à sa mort, en 1969, elle fit partie de ma famille, avec ma mère, mes enfants, mon mari Ivan Semenov (jusqu'à notre divorce). Mes enfants savaient qu'ils avaient leur grand-mère et aussi Lydia. Je l'ai soignée quand elle a été malade et c'est avec elle que je travaillai au « livre de Seva », tout d'abord sans penser à le publier. Les poèmes contenus dans ce livre, j'en ai retrouvé beaucoup de mémoire, j'en ai rassemblé d'autres chez des amis de Seva, par exemple Korneli Zelinski [1] qui garda des papiers de Seva après sa mort. Puis on fit parvenir à Lydia Gustavovna la sacoche de Seva trouée par un éclat de bombe et contenant son cahier et ses papiers.

De son vivant, Vsevolod Bagritski publia seulement quelques poèmes (par exemple dans le recueil *le Vers fauché par une balle*, aux éditions Moskovski Rabotchi, 1976, page 82). En 1964, les éditions Sovetski Pisatel publièrent l'ouvrage : *Vsevolod Bagritski. Journaux intimes, correspondance, poèmes*, réunis par L. G. Bagritski et E. G. Bonner. Ce livre reçut le prix du Komsomol et il est devenu une rareté. Les lecteurs de Yakovlev devraient tout de même le lire : c'est un document historique où ils ne trouveront pas une ligne qui ne soit authentique : tout a été écrit par Vsevolod. Yakovlev préfère citer les histoires policières plutôt que ce livre, car il se

1. Critique littéraire connu (1896-1970) *(NdT)*.

sent assez proche du juge d'instruction de l'époque stalinienne. Le livre de Vsevolod est pour lui contre-indiqué : il ne serait pas question de faire pénétrer le lecteur dans le monde complexe et pur d'un jeune homme tragiquement seul durant les années 1937-1942 ; la tâche de Yakovlev est de « mouiller » (pardonnez-moi ce mot d'argot) le lecteur dans les turpitudes de son récit.

Je cite à présent le livre de Vsevolod (page 68 : lettre du 14 octobre 1940 à sa mère, au camp) : « Tandis que nous travaillions au premier acte de *Duel*, j'ai eu le temps de tomber amoureux d'une jeune fille malade (malformation du cœur) et, malgré la résistance de sa famille, de l'épouser. Nous avons vécu un mois ensemble et compris qu'à l'évidence ça ne pourrait pas continuer ainsi. Notre vie commune a raté. Elle est retournée dans sa famille. Me voilà donc à nouveau seul avec ma vieille Macha [sa nourrice]. Je peux de nouveau rester couché sur le lit avec mes chaussures et fumer dans ma chambre. Mais je sens que le plus dur, le plus compliqué reste à faire : aller au bureau d'état civil pour divorcer. Ma femme s'appelle Marina Vladimirovna Filatov[1], une jeune fille très bien. Je reste en excellents termes avec elle. Je n'arrive toujours pas à comprendre pourquoi je me suis marié. Tout le monde m'en dissuadait, même elle. Mais je me suis quand même marié : c'est stupide ! Sans doute suis-je très irréfléchi. » Et voici une autre lettre, de la vieille Macha cette fois (page 71), de décembre 1940 : « Bonjour, ma chère, ma bonne Lydia Gustavovna ! Si seulement je pouvais te voir, mon soleil. Me reste-t-il longtemps à vivre avec Seva ? Ma santé est très faible. Je lui fais sa lessive, je lave, je reprise, j'essaie de préparer quelque chose à manger. J'essaie de l'habiller aussi. Je lui ai acheté trois paires de souliers et trois chemises. Parce que les vôtres, il les a déjà toutes usées, et puis il en a donné à ses amis. Je lui reprise ses chaussettes tant bien que mal, je les fais durer, ce n'est pas bien beau, mais il n'est pas difficile... En automne, Seva a commencé à s'ennuyer beaucoup, et il s'est marié par ennui, mais il a bientôt divorcé. La jeune fille était bien, modeste, mais très maladive. Notre fiancée légitime Lioussia vit à Leningrad. Eh bien ! nous

---

1. On sait, selon les amis de Vsevolod, que le vrai prénom de la jeune fille était Margarita : elle se faisait appeler Marina. Elle est morte à Moscou à la fin de l'année 1941.

attendons toujours votre retour avec une grande impatience.
Je vous embrasse très fort, portez-vous bien. Macha. » Telle
est toute l'histoire du mariage et du divorce de Vsevolod
Bagritski, telle qu'il l'a exposée lui-même. Si son livre n'est
pas un document suffisant pour établir la vérité, je signale que
toutes les archives de Vsevolod se trouvent au TSGALI[1] : il y
a là les originaux de ses lettres, son passeport troué par un
éclat de bombe, qui porte le tampon attestant son mariage et
son divorce à l'automne 1940. Je n'ai jamais rencontré
M. V. Filatov, je ne lui ai jamais parlé au téléphone. En
écrivant à propos de Vsevolod : « Déception : il est mort à la
guerre », Yakovlev offense non pas ma propre personne, mais
tous ceux qui ont perdu des proches à la guerre, il offense la
mémoire de tous les « garçons » qui ne sont pas revenus du
front. En ce qui me concerne, j'ai fait tout ce que j'ai pu pour
la mémoire de « mon » garçon qui n'est pas rentré : j'ai
rassemblé patiemment tout ce qu'il avait laissé, jusqu'à son
dernier jour sa mère a été pour moi ma meilleure amie et
presque une mère, j'ai appris à mes enfants à l'aimer et à
honorer la mémoire de Seva.
J'ai toujours regretté que les amis de Seva, pris comme ils
l'étaient, ne se soient guère occupés d'elle, ne soient même
jamais venus la voir, hormis deux rencontres que j'avais
organisées. Peut-être à présent prendront-ils la défense de
Vsevolod ? Je demande que le tribunal convoque les camarades de Seva avec lesquels il avait travaillé dans son studio
théâtral, ceux qui dirigeaient le studio : Alekseï Nikolaevitch
Arbouzov et Valentin Nikolaevitch Ploutchek, l'écrivain Isaïe
Kouznetsov, etc., ainsi que l'écrivain Alexandre Svobodine ;
le mariage et le divorce de Seva s'étaient passés sous leurs
yeux. Quant à moi, j'étais alors à Leningrad.
Je pourrais clore là-dessus l'exposé factuel de mon « affaire ».
Mais pourquoi Yakovlev a-t-il éprouvé le besoin de fouiller
dans mon passé et surtout de l'exposer comme il l'a fait ?
Parce que, dans cette vie tragique qu'est la nôtre, quelqu'un
espère acculer deux personnes âgées et très malades à la mort
grâce à cette cuisine « littéraire » de bas étage, parce qu'on
peut bourrer le crâne de millions de lecteurs confiants et que,
à ces fins, une propagande du style de Goebbels convient
parfaitement. A preuve les milliers de lettres haineuses que

1. Centre d'archives de la littérature et de l'art à Moscou *(NdT)*.

nous recevons et qui recommandent à Sakharov de « se repentir », de « divorcer d'avec la juive », de « vivre par sa propre intelligence et non par celle de Bonner ». A preuve le « pogrom » dans le train Gorki-Moscou, les scandales que nous subissons dans les rues de Gorki, les innombrables menaces physiques, voire menaces de mort.

En 1983, un des magazines les plus lus en URSS, *l'Homme et la Loi* (tirage : 8 700 000 exemplaires), publia une série d'articles de Yakovlev intitulés « La CIA contre le pays des Soviets ». Dans son livre *la CIA contre l'URSS* et dans *Smena,* le thème juif et sioniste était feutré et apparaissait surtout dans un choix de noms et de références à de fictifs élèves de Sakharov ; dans *l'Homme et la Loi* (n° 10, 1983), ce thème devient évident. Je cite la partie de l'article qui s'intitule « La maison E. Bonner *and children* » (page 105) : « Dans ses tentatives de saper la société soviétique de l'intérieur, la CIA a recouru très largement aux services du sionisme international […]. A cette fin, elle n'utilise pas seulement le réseau d'agents américains, israéliens et sionistes ainsi que l'organe juif et franc-maçon *B'nai Brith* qui est lié à ces services secrets, mais aussi des éléments soumis à la propagande sioniste. L'académicien A. D. Sakharov est tombé victime des agents sionistes de la CIA. Quelles que soient les expressions de courroux (amplement méritées) qui lui sont adressées, on a pitié de lui sur le plan humain […]. Se servant des particularités de sa vie privée au cours des dernières quinze années (j'y reviendrai), les provocateurs des agences spécialisées dans le travail de sape ont poussé et poussent toujours cet homme qui ne jouit pas de son équilibre mental à des actes qui contredisent l'image du savant Sakharov. Tout cela est vieux comme le monde : une marâtre est venue dans la maison de Sakharov après la mort de sa femme […]. Une femme horrible s'est incrustée chez ce veuf. »

Je demande pardon pour cette longue citation qui répète pour une part l'article dans *Smena,* mais cette fois le contexte affirme sans équivoque que je suis précisément le provocateur des services spéciaux de « sape » francs-maçons, sionistes et américains, et que je suis la responsable de toute l'activité de Sakharov pour la défense de la paix et des droits de l'homme ; quant à lui, c'est une victime, un homme qui n'a pas son équilibre. En fait, l'orientation antisémite de l'article de

Yakovlev, publié dans une revue de vulgarisation juridique,

n'est autre chose qu'un appel à la haine nationale. A ce propos, je ne peux qu'évoquer l'affaire antisémite des « blouses blanches » et les dénonciations de Lydia Timachouk [1], une des pages les plus honteuses de l'histoire de notre pays. Peut-être les lecteurs de Yakovlev ont-ils oublié cet épisode, mais Yakovlev, qui est professeur et historien, devrait s'en souvenir.

Que veut donc Yakovlev ? Que je trahisse mon mari ? Je n'ai jamais trahi personne. Me faire peur en brandissant l'article 64 du Code pénal de la RSFSR (condamnation allant jusqu'à la peine de mort [2]) ? Je n'ai jamais fait partie de services secrets, qu'ils soient américains, sionistes ou francs-maçons. Toutes les publications de Yakovlev s'expliquent par le seul fait que je suis la femme de Sakharov et, qui plus est, juive, ce qui lui facilite la tâche. Mais j'espère vivre jusqu'au bout de ma vie en restant digne de la culture et du milieu russes dans lesquels j'ai grandi, digne de mes origines juives et arméniennes, et je suis fière que me soit échu le sort difficile et heureux d'être la femme et l'amie de l'académicien Andréï Dmitrievitch Sakharov.

Elena Bonner.

Gorki, avenue Gagarine, n° 214, appart. 3.
Le 19 novembre 1983.

Témoignage

En liaison avec la plainte déposée par ma femme E. G. Bonner pour atteinte à son honneur et à sa dignité contre les publications de N. N. Yakovlev dans son livre *la CIA contre l'URSS* (3e éd. revue et complétée, Moscou, 1983) et dans son

---

1. Radiologue du Kremlin et agent provocateur de la police secrète qui fut au point de départ de l'affaire (janvier 1953). La mort de Staline mit fin immédiatement à cette vaste provocation antisémite *(NdT)*.
2. Pour haute trahison *(NdT)*.

article « La chute » (revue *Smena*, n° 14, juillet 1983), je veux et dois fournir les témoignages suivants à propos des assertions de Yakovlev :

1° Yakovlev ment lorsqu'il affirme (*Smena*, p. 27) : « A la fin des années 1960, E. Bonner réussit enfin à se marier avec un gros gibier, un veuf, l'académicien A. D. Sakharov. Malheureusement il avait trois enfants : Tatiana, Liouba et Dima. E. Bonner jura amour éternel à l'académicien et pour commencer jeta à la rue Tania, Liouba et Dima pour les remplacer par ses enfants : Tatiana et Alekseï. » Personne n'a le droit d'écrire sur la vie privée d'autrui en des termes aussi vulgaires et aussi mensongers que le fait Yakovlev dans l'extrait cité et dans beaucoup d'autres passages de ses articles et livres. Dans un article récent publié dans *l'Homme et la Loi* (n° 10, 1983), Yakovlev aggrave ses insinuations : « Une femme horrible s'est *incrustée* chez ce veuf. » Elena Guéorguiévna Bonner ne s'est pas « incrustée » et ne m'a jamais « juré amour éternel ». Je lui ai demandé de devenir ma femme. Depuis, elle porte avec abnégation cette lourde charge, ce destin tragique. C'est *notre* destin — *notre* bonheur et *notre* tragédie. Je vous prie de nous épargner ces intrusions répugnantes et vulgaires de Yakovlev.

En réalité, mes deux plus jeunes enfants de mon premier mariage, Lioubov Andréïévna Sakharov (née en 1949) et Dmitri Andréïévitch Sakharov (né en 1957), qui avaient vécu avec moi jusqu'à mon second mariage dans un trois-pièces à Moscou (rue du Maréchal-Novikov, autrefois rue Chtchoukine, n° 1, appart. 16, 57 mètres carrés), l'habitent toujours sans qu'il y ait eu interruption. Ma femme E. G. Bonner et ses enfants Tatiana (née en 1950) et Alekseï (né en 1956) — Yakovlev donne la date, fausse, de 1955 — n'ont jamais vécu dans cet appartement. Après mon second mariage, je me suis installé dans le deux-pièces de ma belle-mère où, dans cet appartement de 34 mètres carrés, vivaient à l'époque cinq personnes (sans moi). Ma fille aînée Tatiana Andréïévna Sakharov (née en 1945) s'est mariée en 1967, encore du vivant de ma première épouse, K. A. Vikhirev [1], et depuis elle vit dans sa nouvelle famille. J'ai payé sa part à l'organisme des appartements coopératifs de l'Académie des sciences et, en 1972, elle a pu s'installer dans un trois-pièces dans le centre de

1. Décédée en 1969 (*NdT*).

Moscou (quai de Rostov, n° 1, appart. 26), où elle habite toujours avec son mari et sa fille. Tout cela peut être confirmé par les registres d'immeubles ou par des témoignages. Je prie de recueillir les témoignages d'Alexandre Akimovitch Bobylev, Yakov Borissovitch Zeldovitch, Youri Alexandrovitch Romanov, Evguéni Lvovitch Feinberg[1]. L'emploi intentionnel de diminutifs à propos de mes enfants et des prénoms normaux à propos de ceux de ma femme doit faire naître chez le lecteur de Yakovlev l'impression que mes enfants ont été « jetés à la rue ».

2° Il est faux que ma femme ait « mis la main » sur mes économies. En 1969, j'ai fait donation à l'État (à la Croix-Rouge et pour la construction d'un centre de cancérologie) de 139 000 roubles. En 1971-1973, j'ai donné aux enfants de mon premier mariage et à mon frère Guéorgui Dmitrievitch Sakharov plus de 500 roubles par mois. En 1973, j'ai viré sur le compte de mes enfants la moitié des économies qui me restaient, à savoir 14 400 roubles. En 1972, j'ai offert ma voiture ZIM à ma fille aînée, Tatiana. En 1973-1977, j'ai continué à venir régulièrement en aide à mon fils Dmitri, à raison de 150 roubles par mois, et par la suite de façon épisodique. En même temps, j'aidais et continue à aider matériellement mon frère. Tout cela, depuis 1971, s'est passé au su et avec l'approbation de ma seconde femme, parfois à son initiative.

3° Yakovlev ment délibérément lorsqu'il qualifie mon gendre Efrem Yankélévitch de raté et de fainéant. E. Yankélévitch a terminé avec succès ses études à l'Institut des communications de Moscou en 1972. A l'heure actuelle, je lui ai confié la tâche difficile et lourde de responsabilités de me représenter à l'étranger. Yakovlev qualifie de cancres et de paresseux Aleksei Semenov et Tatiana Semenov-Yankélévitch. Ce sont des calomnies délibérées qu'il est facile de réfuter par des preuves.

4° Yakovlev écrit : « En même temps que sa situation de famille, les intérêts de Sakharov ont changé. Ce théoricien s'est mis à faire de la politique par cumul, à rencontrer des personnes vite baptisées " défenseurs des droits de l'homme ". » C'est un mensonge. J'ai rencontré ma future

1. A. Bobylev, parent de la première épouse d'A. Sakharov. Les trois autres personnes citées sont des physiciens, collègues de celui-ci *(NdT)*.

femme E. Bonner en automne 1970 (c'est sciemment que Yakovlev écrit que c'était à la fin des années 1960). Dès le milieu des années 1950, je me suis senti profondément touché par certains problèmes sociaux et politiques généraux. J'ai joué un certain rôle dans la signature du traité de Moscou de 1963 qui mit fin aux expériences nucléaires dans l'atmosphère, l'eau et le cosmos (les « trois milieux »). Cela peut être confirmé à titre de témoignage par le ministre des Constructions mécaniques moyennes d'URSS et membre du Comité central, E. P. Slavski. En 1968, soit deux ans et demi avant ma rencontre avec E. Bonner, j'ai fait publier mon livre : *Réflexions sur le progrès, la coexistence pacifique et la liberté intellectuelle*[1], qui définissait les lignes principales de ma position politique, développées par la suite dans une série d'interventions publiques. J'avais déjà rencontré de très nombreux défenseurs des droits de l'homme en URSS au cours des six premiers mois de l'année 1970, c'est-à-dire avant d'avoir fait la connaissance d'E. Bonner.

5° Yakovlev expose de façon mensongère les circonstances de la grève de la faim que nous avions déclenchée, ma femme et moi, pour obtenir que ma bru, Élizabeth Alekséïév, devenue un otage aux mains des autorités qui entendaient faire pression sur mes activités publiques, puisse rejoindre son mari aux États-Unis. Je déclare que la décision de notre grève de la faim a été prise d'un commun accord et que chacun d'entre nous était conscient à la fois de la nécessité absolue et de la gravité de cette action. Je n'étais donc pas seul à faire cette grève de la faim, comme l'ont dit les *Izvestia* du 4 décembre 1981. Au treizième jour de cette grève, nous avons été hospitalisés de force et séparés, placés dans des hôpitaux différents. Nous avons mis fin à cette grève le dix-septième jour, quand nous avons reçu des autorités l'assurance que notre revendication serait satisfaite.

6° Yakovlev écrit : « Pour persuader son mari d'agir de telle ou telle façon, E. Bonner a adopté la méthode qui consiste à le battre avec tout ce qui lui tombe sous la main. » Yakovlev cite, en l'approuvant, un article du journal *la Voix russe* édité à New York : « On dirait que Sakharov est devenu un otage des sionistes qui, par l'intermédiaire de E. Bonner, querelleuse et déséquilibrée, lui dictent ses conditions. » Yakovlev

1. Cf. *Sakharov parle*, Paris, Éd. du Seuil, 1974 *(NdT)*.

écrit : « [...] ce satisfecit a été donné à Sakharov par ceux qui ont réussi à le mettre objectivement au service des intérêts impérialistes. Comment ? Pour l'expliquer, force nous sera de nous immiscer dans la vie privée de Sakharov. Tout est vieux comme le monde : une marâtre est entrée dans la maison de Sakharov [...]. » « On observe chez lui des sautes d'humeur régulières. Ses périodes calmes, c'est quand E. Bonner le quitte pour se rendre à Moscou, et ses périodes dépressives, quand elle lui tombe dessus en revenant de la capitale [...]. Suit alors la rédaction par les deux époux de quelque pamphlet, interrompue parfois par des scènes orageuses et des coups [...]. C'est sur ce plan que je replace les sempiternelles révélations de Sakharov, faites *en son nom* et transmises par les radios occidentales. » Je déclare que toutes ces assertions de Yakovlev sont des mensonges provocateurs, délibérés et malintentionnés. Yakovlev ne produit ni ne peut produire aucune preuve à l'appui de sa thèse selon laquelle ma femme E. G. Bonner me battrait et obtiendrait ainsi des déclarations et des actions de ma part. Je déclare que cette assertion de Yakovlev porte atteinte à l'honneur et à la dignité de ma femme, ainsi qu'aux miens, et qu'elle est totalement fausse. Les assertions de Yakovlev concernant mes prétendues sautes d'humeur et dépressions en présence de ma femme sont tout aussi fausses et ne reposent sur rien. Je déclare que tous mes articles, mes livres et mes déclarations publiques, publiés en Occident ou diffusés en URSS, expriment mes convictions intimes, formées au cours de toute mon existence. Yakovlev me représente comme une sorte de simple d'esprit, un grand enfant tombé sous la coupe d'une femme autoritaire, perfide et avide. Il fait allusion également à mon état psychique, qu'il prétend déficient. Récemment, le président de l'Académie des sciences de l'URSS a répété cette insinuation. C'est ainsi qu'on tente de discréditer mes prises de position publiques comme si elles n'étaient pas le fruit d'une pensée indépendante, mais inspirées par une volonté extérieure. Ce faisant, on poursuit également un autre but, peut-être encore plus important : mettre ma femme dans une situation intenable et dangereuse, porter préjudice à sa santé et à sa vie, et tenter ainsi de paralyser mon action. Pour ce faire, on use d'insinuations concernant la vie privée et les prétendus crimes de ma femme dans le passé, de calomnies sur sa personnalité morale.

Mais, surtout, on souligne son origine ethnique et on cherche à exploiter les préjugés nationaux d'une partie de la population du pays. Je suis profondément reconnaissant à ma femme de l'abnégation et de la fermeté dont elle a fait preuve dans notre vie tragique et pour le renforcement de mon orientation humaniste dont je lui suis redevable. Mais je déclare nettement que moi et moi seul porte l'entière responsabilité personnelle de toute mon activité publique, du contenu et de la forme de mes prises de position. Je rejette catégoriquement l'assertion de Yakovlev selon laquelle celles-ci auraient été même partiellement le fruit d'une pression venant de ma femme ou de quiconque. Je considère qu'elles répondent aux objectifs universels que sont la paix dans le monde, le progrès, la liberté et les droits de l'homme, qu'elles répondent aux exigences humanitaires et démocratiques, et je rejette les accusations de Yakovlev selon lesquelles mes prises de position auraient une nature antipopulaire ou pro-impérialiste. Mes prises de position, dont le texte est authentifié par ma femme, E. Bonner, ou par mon représentant en Occident, E. Yankélévitch, sont entièrement de ma main. C'est pourquoi j'affirme que la formule citée, « révélations *au nom de* Sakharov », est un mensonge malintentionné. En même temps, je déclare officiellement que je ne puis porter la responsabilité de déclarations faites en mon nom si leur texte n'est pas authentifié personnellement par moi-même, par ma femme E. Bonner ou par E. Yankélévitch. Ce que je dis se rapporte aux articles, aux livres, aux mémoires, aux déclarations, aux appels, aux interviews et généralement à toutes les publications, y compris scientifiques.

A. D. Sakharov.

Tribunal de l'arrondissement de Kiev de Moscou. Il y a une assez longue file d'attente et aucune indication concernant une priorité pour les invalides de guerre. J'ai recours à ce procédé pour la première fois de ma vie. Tous les gens sont assis dans une pièce qui ressemble à une classe. La porte qui donne sur la pièce voisine s'ouvre. Entre une jeune et jolie femme qui demande à chacun, devant tout le monde, pourquoi il est venu. A la suite de quoi, les uns reçoivent des renseignements, d'autres des formulaires à remplir, d'autres encore apprennent qu'ils doivent payer une taxe, d'autres enfin sont envoyés ailleurs. Il y a tout de suite moins de monde, et ceux qui restent entrent chacun à leur tour dans le bureau du juge (la jeune femme), pour y rester de trois à cinq minutes, parfois plus longtemps. C'est mon tour. J'explique très brièvement la raison de ma démarche, je lui donne toute la liasse de papiers et la revue *Smena*. Elle commence à lire tout cela, mais à ce moment-là arrive sa secrétaire, qui lui montre une note. Le juge me demande pardon et sort, me laissant en tête à tête avec sa secrétaire. Le juge revient au bout de quelques instants et me dit : « Je ne peux recevoir votre action en justice sans l'autorisation du président du tribunal d'arrondissement, allez le voir. » J'étais déjà montée au second étage. Depuis mon infarctus, je me suis mise à compter partout les étages et chacun d'entre eux est devenu pour moi un événement. Maintenant, encore un étage et je me trouve dans la file d'attente devant le bureau du président. Peu de monde : quatre personnes peut-être. Mais c'est plus long qu'à l'étage du dessous. Trois personnes arrivent en même temps, juste après moi. D'après leur conversation, je comprends qu'il s'agit d'un procès qui vient de s'achever ; ils viennent demander une entrevue. J'ignore ce qui s'est passé, mais on dirait que le fils de ces deux personnes âgées a été condamné : la mère est tout en larmes et parle sans arrêt, tandis que le père se tait (peut-être le procès s'est-il terminé aujourd'hui même) ; et puis il y a avec eux une petite jeunette, qui serait la femme du condamné ; je ne lis sur sa figure ni soucis ni chagrin.

Le juge : visage massif, fatigué ; il est corpulent, porte un costume gris et usé avec les barrettes de ses décorations sur la poitrine. Il se lève derrière son bureau, sa prothèse grince : il a une jambe en moins, probablement un invalide de guerre. Voyons ce qu'il me dira. Il prend mes papiers et s'installe commodément : peut-être va-t-il me lire. En effet. Il passe près d'une demi-heure à le faire. Et puis : « Eh bien voilà, Elena Guéorguiévna. Vous allez retourner chez le juge et je vais faire le nécessaire pour qu'elle reçoive votre action en justice. » Il me tend la main. Je la lui serre et je ressens une sorte de perplexité, car je m'attendais à un nouveau refus ; puis je descends chez mon juge. A présent, Dieu merci ! le compte des étages se fait à rebours. Dès que la dernière personne quitte le bureau du juge, la secrétaire m'appelle. Le juge inscrit mon nom dans un grand registre, colle un timbre fiscal que j'avais déjà acheté auparavant. Je signe, la secrétaire glisse tous mes papiers dans une chemise portant, imprimé en grosses lettres, le mot AFFAIRE. Elle inscrit dessus mon nom, mon adresse et la date. Puis elle me dit : « Nous vous avertirons dans le courant du mois de la date d'audition. » Je sors. En descendant l'escalier, comme je me le rappelle maintenant, je me dis : « Comme ça marche bien. On dirait que je vais vraiment pouvoir faire un procès et il faudrait peut-être avertir les filles (elles ont mon âge, mais pour moi, elles restent quand même les filles) de Leningrad qu'elles seront convoquées au tribunal pour témoigner que j'ai terminé mes études secondaires avec les unes et l'Institut de médecine avec les autres. » Je sors dans la rue. J'erre un peu dans les ruelles autour de la salle de tribunal en cherchant en vain un taxi libre. Puis, lentement (le trottoir était très glissant et mon cœur me faisait mal après cette ascension), je me mets en route sur l'avenue Koutouzov. Et c'est alors que je commence à perdre ce premier enthousiasme. Sans doute le vent froid d'octobre refroidit-il rapidement mon élan d'optimisme.

Mes amis avaient longuement discuté avec moi mon action en justice. Au début, c'était sur le thème : faut-il le faire ou non ? Les uns étaient pour, les autres contre, comme toujours d'ailleurs. Bien souvent, ceux qui étaient contre étaient aussi, semblait-il, des amis : nous nous fréquentions beaucoup, nous nous entraidions et il y avait d'autres formes d'amitié entre nous, mais une amitié peut-être obligée par les circonstances.

Ils pouvaient dire : « Non, elle ferait mieux de ne pas porter plainte, parce que quand même tout n'est pas clair dans sa vie. » Je sais pertinemment que certains, que le monde entier considère comme nos amis, ont eu des paroles de ce genre. Ceux qui étaient pour n'auraient jamais rien dit de pareil et n'auraient pu même avoir de telles pensées. Ceux-là ne discuteront jamais ces choses-là avec qui que ce soit dans un style semi-yakovlévien (pas seulement devant nous) et, s'ils éprouvent un doute, ils nous poseront tout simplement la question.

En l'occurrence, le camp des pour, et surtout Andréï, avait été le plus fort. A présent, nous discutions les suites de ma démarche. Beaucoup pensaient que le procès aurait lieu, mais que Yakovlev ne serait ni condamné ni relaxé : le verdict serait flou. D'autres croyaient qu'il serait condamné, mais que le verdict ne serait pas publié. Quant à moi, depuis que le vent d'octobre m'avait refroidie, mon opinion était arrêtée : il n'y aurait rien.

Le mois d'octobre se passa ainsi. A l'un de mes passages à Moscou, notre ami Chikhanovitch exigea que je retourne voir mon juge. Nous convînmes qu'il m'y emmènerait le lendemain, après son travail. Il courut donc téléphoner et apprit que le juge comme le président recevaient justement le lendemain. Mais quand nous arrivâmes au tribunal et réussîmes à venir à bout des trois étages, nous apprîmes que mon juge était malade et que la réception était ajournée. Nous gravîmes un étage de plus : pas de réception, le président du tribunal était convoqué au comité du Parti (d'arrondissement ou de ville, je ne sais plus). Il fallait revenir dans une semaine.

Cette fois-là, j'arrivai avec Emil Schinberg[1], car c'était dans la journée, et Chikhanovitch ne pouvait quitter son travail. Le juge était toujours malade. Mais sa secrétaire (j'avais l'impression qu'elle m'attendait) me dit que je serais reçue par le président. Nous montâmes chez lui et entrâmes.

1. Il s'agit d'un ami moscovite *(NdT)*.

Il demanda à Emil de sortir, bien que je l'eusse prié du contraire. Peut-être ne voulait-il pas de témoin? Nous restâmes seuls, il prit mon dossier dans l'armoire, le posa sur son bureau et, mettant la main dessus, me dit : « Je ne puis recevoir votre action en justice. — Pourquoi? » Il haussa les épaules, rentra la tête et répéta : « Je ne peux pas. — Alors notifiez-moi votre refus par écrit et motivez-le, c'est obligatoire d'après le Code. — C'est obligatoire, mais je ne le ferai pas, je ne peux pas. — Bon, alors où puis-je me plaindre de cette violation de la loi? — Vous plaindre? Elena Guéorguiévna, vous êtes une femme intelligente. Si vous êtes prodigue de votre temps et de vos forces, vous pouvez vous plaindre, bien sûr, mais je ne vous le conseille pas. » Alors je lui demandai : « Dites-moi, cet ordre de refuser mon action en justice est-il venu de très haut? » Il me jeta un coup d'œil très différent, vivant, et non mort comme au début de la conversation, et me dit : « D'assez haut. — D'accord, mais moi je dis la vérité, tandis que Yakovlev ment. (L'entretien perdait son caractère officiel.) — Je sais », me dit-il, et il reprit : « J'ai déjà vérifié quelques petites choses : vous n'avez jamais vécu dans l'appartement de Sakharov. J'ai lu aussi le livre de Vsevolod Bagritski. » Un silence. Puis je me levai pour partir et j'eus spontanément envie de lui tendre la main, tandis qu'en faisant grincer sa prothèse il quittait son bureau, mon dossier à la main. Je tendis la main, il voulut me donner le dossier puis, comprenant mon geste, il fit passer le dossier dans son autre main, serra la mienne et dit : « Mais si vous voulez, je ne vous rendrai pas votre dossier, je vais le ranger dans mon coffre-fort; je suppose que vous avez des copies, de toute façon. Tandis que chez moi, si ça se trouve, il pourra rester jusqu'à des jours meilleurs. Peut-être recommencera-t-on à réhabiliter[1]. — Gardez-le. » Nous nous

---

1. Le juge fait allusion à la période du « dégel » après la mort de Staline (*NdT*).

64

serrâmes à nouveau la main. Je sortis, en proie à des sentiments mêlés : respect pour cet homme qui en fait m'avait dit beaucoup de choses ; étonnement de le voir tout comprendre ; regret : comment pouvait-il travailler dans ce système ? Et aussi compassion : mais que peut-il faire d'autre ?

Je racontai mon histoire à Emil, puis chez moi aux amis, puis, une fois de retour à Gorki, à Andréi. Mais je continue encore à me demander : « Et si vraiment on recommençait bientôt à réhabiliter ? C'est quand même douteux. » Si cela ne se produit pas, peut-être ma plainte contre Yakovlev entrera-t-elle dans la catégorie de celles qui portent, en haut à droite du dossier, la mention : « A conserver éternellement. »

Le même printemps, Natacha Hesse subit une perquisition à Leningrad. Je ne la pris pas au sérieux. Je garde du reste le même avis : ils ne cherchaient rien de particulier, sinon ils l'auraient trouvé. La seule chose qu'ils voulaient, c'était la pousser à quitter l'URSS. Ils se souciaient peu de garder une personne de plus en laquelle j'avais une totale confiance. La perquisition eut lieu dès le retour de Natacha, qui m'avait rendu visite à Moscou ; elle pouvait donc avoir un autre objectif : ils vérifiaient si je n'essayais pas de cacher quelque manuscrit à Leningrad.

Bientôt après cette perquisition, Zoïa Zadounaïskaïa[1] mourut. Depuis que nous étions à Gorki, la Maison Pouchkine de Leningrad se vidait de plus en plus. Cela avait commencé avec la mort d'Inka, en octobre 1980. Natacha décida de partir et reçut bientôt une invitation en Israël ; Chikhanovitch nous envoya un télégramme annonçant la nouvelle par un quatrain immortel :

> Natacha part à grande distance.
> Hélas ! c'est le temps des adieux.
> Hélas ! elle n'aura pas la chance
> De voir notre avenir radieux.

J'allai à Moscou par mon train habituel qui part à 23 h et arrive à 7 h 15 (si toutefois le train ne prend pas de retard, ce

1. Amie de Lydia Tchoukovskaïa, décédée en 1983 *(NdT)*.

66

qui arrive souvent, ce n'est pas comme la « Flèche rouge » Moscou-Leningrad). Je ne me souviens d'aucun événement particulier au cours de ce voyage ; je ne me rappelle pas comment je me sentais. Je fus accueillie par Chikhanovitch. Je me rappelle qu'il faisait froid à Moscou, qu'il me fallut marcher longtemps sur le quai et que Youra me raconta, chemin faisant, des histoires de camps et autres choses désagréables. Nous arrivâmes chez moi, bûmes du café. En fait, j'étais venue parce que Chikhanovitch insistait pour que nous fêtions les anniversaires de Lisa et de Sacha[1]. Il disait que le départ de Lisa et la naissance de Sacha étaient notre victoire commune. A la naissance du bébé, on avait bu à Moscou « à la santé de Sacha et à la liberté », et il avait été décidé que tout le monde fêterait ces deux anniversaires, d'autant plus que je reste toujours à Gorki pour mon anniversaire, celui de maman et celui d'Andréï.

Nous bûmes donc notre café, je donnai à Chikhanovitch de l'argent pour notre approvisionnement à Gorki et pour préparer l'anniversaire de Lisa, le 20 novembre. Il devait répartir les tâches et acheter du vin et de l'eau minérale. Il réapparut à l'heure du déjeuner, m'apporta une partie des courses, dont le vin, je m'en souviens très bien. Accroupi devant le réfrigérateur qu'il remplissait, il me parlait de ce qui se passait à Moscou, et son récit n'était guère encourageant. J'avais l'impression qu'il avait conscience de vivre peut-être ses dernières heures de liberté, ce que je ne lui avais encore jamais remarqué. Il partit vers deux heures. Le soir venu, il revint me chercher pour m'emmener en taxi chez Galia[2]. Nous discutâmes encore longtemps sur un banc avant d'entrer dans l'immeuble. Il neigeait doucement et les flocons tournoyaient lentement dans la lumière du lampadaire. Un chien inconnu vint faire ses amitiés à Chikhanovitch. Il est vrai

1. La femme et la fille d'Alekseï Semenov, fils d'Elena Bonner *(NdT)*.
2. Galina Evtouchenko, ex-épouse du poète *(NdT)*.

qu' « inconnu » est un terme impropre, car tous les chiens semblent connaître Youra.

Le lendemain, nous apprîmes que Chikhanovitch avait été arrêté. Nous dûmes donc fêter l'anniversaire de Lisa sans lui. « Fêter » n'est pas le mot. Alia, la femme de Chikhanovitch, était évidemment très sombre, et nous tous aussi. Nous avions pris l'habitude que Youra soit de toutes nos fêtes, et même lorsque nous n'avions ni la force ni l'envie d'en faire, il nous y forçait. Son slogan était : « Nous avons trop peu de fêtes, mais pourtant nous en avons besoin ! » et tant qu'il était en liberté, on l'appliquait rigoureusement grâce à lui.

En décembre, Natacha était déjà sur le point de partir, bien qu'elle fût encore dans la phase d'attente du visa. Andréï et moi, nous étions sûrs qu'elle l'obtiendrait très vite. En décembre, elle vint discrètement à Gorki pour faire ses adieux à Andréï. Ils se virent trois fois. Moi, je la vis seulement le jour de son arrivée, car je me sentais alors si mal qu'il m'était difficile de me lever de mon lit et d'aller où que ce fût. Andréï était à présent totalement certain qu'il devait entamer une grève de la faim. Il montra à Natacha le brouillon d'une lettre-appel aux scientifiques et aux chefs d'État [A 4]. Natacha apprit également tout ce que nous prévoyions, et notamment que, pendant la grève de la faim d'Andréï, j'irais dans une ambassade — on pensait alors à l'ambassade de Norvège. Tous ces papiers, elle les vit lors de notre première rencontre à trois : c'est moi qui les portais sur moi et non Andréï, car nous savions déjà qu'on était capable de lui voler sa sacoche. Natacha resta donc à Gorki les 12, 13 et 14 décembre.

Quelques jours avant le Nouvel An (je crois que c'était à la veille de Noël), on me pria de passer au consulat des États-Unis. Le docteur Stone[1] m'y attendait. Il avait apporté un

---

1. Jeremy Stone, directeur de la Fédération des scientifiques américains (NdT).

appareil photo et une calculatrice. Il me dit qu'il avait discuté avec les dirigeants de l'Académie soviétique à propos d'Andréï, mais, à notre grand regret, cette conversation resta confidentielle. Les tête-à-tête, c'est un jeu que les autorités soviétiques cultivent volontiers et qui n'a jamais rien apporté à personne. Or, c'est précisément ainsi que tentent d'agir beaucoup d'amis occidentaux de mon mari. Je dis au docteur Stone que Sakharov s'était à nouveau adressé au président et au praesidium de l'Académie afin qu'ils m'aident à obtenir l'autorisation de sortir du pays pour me faire soigner à l'étranger, mais il n'avait pas reçu de réponse. Il avait décidé d'entamer une nouvelle grève de la faim et avait écrit une lettre à Andropov dans ce sens. Stone me demanda cette lettre et dit qu'il la transmettrait personnellement à Veli-khov[1], qui la ferait suivre plus haut. Nous pensons que le docteur Stone a rempli ses promesses : la direction de l'Académie savait donc que Sakharov se préparait à une grève de la faim et savait aussi pourquoi. Or, tout comme la première fois, elle ne fit rien pour la prévenir.

Le 29 décembre, nous reçûmes la visite à Gorki de Vitali Lazarevitch Guinzbourg[2]. Andréï le mit au courant de nos plans. De la sorte, le cercle des initiés s'élargissait, et Andréï pensait qu'il le fallait : plus de gens le sauraient, plus il y aurait de chances que les autorités veuillent éviter le scandale et me donnent tout simplement l'autorisation que nous demandions. Il se peut même que cela aurait pu évoluer de cette façon, mais tous ceux qui savaient crurent sans doute que leur savoir était une « chose en soi » et firent, je crois, semblant de ne pas savoir.

Le Nouvel An passa. Pour moi, cet hiver fut très pénible. Je comptais les jours, selon le principe : « Tenir jusque-là. »

---

1. Vice-président de l'Académie des sciences, spécialiste du nucléaire, responsable récemment de la commission chargée de l'accident de Tcherno-byl *(NdT)*.
2. Physicien et académicien *(NdT)*.

Début février, j'allai à Moscou faire mes adieux à Natacha. Je n'avais plus du tout la force de l'accompagner à Leningrad, bien que pendant mon séjour à Moscou j'eusse déjà fait beaucoup de choses sans en avoir la force.

Aujourd'hui, j'ai soixante-trois ans et je me trouve en Floride, à Disney World, deux ans après le moment que je viens de relater. J'ai un sentiment d'irréalité, mais non de rêve. Je suis ici avec mes trois petits-enfants que j'avais rêvé de rencontrer quand j'étais à Gorki. Peut-être parce que Gorki est loin, non pas au sens géographique mais autrement, je les imaginais différemment. Je ressens une certaine gêne avec eux, non pas une déception, mais une « non-rencontre » avec ce que j'imaginais rencontrer. Ils se sont avérés différents : ni pires ni meilleurs, différents. Il faudrait les regarder longtemps ; or, c'est ce « longtemps » qui me manque et que je n'aurai jamais. Sans doute est-ce pourquoi je ne pourrai jamais dire comment ils sont, mes petits-enfants. En tout cas, en ce moment, ils sont passionnés par Disney World, tout comme les adultes qui sont ici avec moi, tout comme moi-même.

Je suis ici avec des gens excellents, les qualifier d' « amis » serait trop peu. Excellents non pas parce qu'ils sont nos amis, mais parce qu'ils dégagent comme une aura d'amour du monde et d'amour mutuel. Et cet amour, par eux partagé, réchauffe ceux qui les côtoient.

Être avec mes petits-enfants et avec ces gens, et cela dans un lieu sans nuage comme Disney World (car il est vraiment sans nuage, il n'y en a pas un seul dans le ciel bleu et, la nuit, la lune et les étoiles brillent tant qu'elles paraissent artificielles), et tout cela dans ce microcosme, ce serait un bonheur si...

Aujourd'hui, nous sommes le 15 février 1986. Mais le

15 février 1984 ? Il y a deux ans jour pour jour... et ce qui suivit ! Seigneur ! en ce moment il fait vingt degrés dehors, les enfants et Jill sont partis à la plage, j'entends de la musique, tout ce qui est terrestre paraît ici si dénué de soucis, et les arbres en fleurs me déboussolent : et l'hiver alors ? Il y a deux ans, le temps était froid, venteux, maussade. Andréï et moi, nous fêtâmes mon anniversaire avec comme toujours le gâteau traditionnel, le vin, les bougies. Et comme toujours, nous étions heureux ensemble. Puis je passai une semaine à Moscou, retournai à Gorki, puis de nouveau à Moscou, bref, beaucoup d'allées et venues dues à des affaires pressantes dont je ne me souviens plus. Cette fois-là, comme toujours, je rencontrai des représentants de l'ambassade américaine. L'ambassadeur de Norvège m'invita pour un thé et me dit que le gouvernement norvégien ne pouvait pas effectuer de démarches pour mon voyage à l'étranger, que ce serait plus facile au gouvernement italien, puisque j'avais l'intention de me faire soigner en Italie. Cet entretien me laissa un goût désagréable : comme si nous étions des demandeurs et non des invités du gouvernement norvégien ; comme si on nous invitait et qu'en même temps on refusait de penser à l'acte qui pourrait nous aider réellement.

Je revins à Gorki, mais le 7 ou le 8 mars, je repartis à Moscou parce qu'il était convenu avec mes enfants qu'ils me téléphoneraient d'Amérique au début mars et aussi parce que je voulais obtenir une consultation du cardiologue Syrkine.

Pendant que j'étais à Moscou, je me fis faire une analyse de sang et un électrocardiogramme. A peu près à la mi-mars, Syrkine m'examina chez Galia Evtouchenko. Dès que j'avais commencé à organiser cette consultation, on coupa le téléphone à l'appartement de Galia, et elle dut ensuite entrer en pourparlers avec l'hôpital de l'Académie en recourant aux téléphones publics. Pendant ce temps, elle fut suivie par des agents du KGB, tout comme moi : apparemment, ils craignaient que je n'invitasse chez elle des journalistes étrangers.

La ligne téléphonique fut d'ailleurs rétablie dès que je fus repartie à Gorki.

Syrkine arriva avec mon médecin de quartier, Ludmila Ilinitchna et un autre médecin dont j'ignore le nom et qui était déjà venu chez moi quand on avait diagnostiqué mon infarctus. Après l'examen, ils s'enfermèrent et discutèrent longtemps à voix basse, pendant peut-être quarante minutes, si ce n'est pas une heure entière. N. K., qui se trouvait à ce moment chez Galia, tenta d'écouter derrière la porte, mais en vain.

Après leur conciliabule, ils me dirent que pour le moment je devrais être très prudente : il semble que j'avais eu encore des troubles circulatoires. Syrkine me dit aussi que je ne devrais pas sortir avant qu'il ne fasse vraiment doux et qu'il ne fallait pas me fier au calendrier. Sur quoi je sortis dans la rue et repartis à Gorki. Ils m'avaient aussi prescrit quelques médicaments que j'emportai là-bas. Je parlai à mes enfants au téléphone et nous convînmes d'un nouvel appel le 7 avril.

A la fin du mois de mars, Andréï avait un peu mal à la jambe, parce qu'il s'était cogné par mégarde avec le seau à ordures. Le 30 avril, il fut convoqué à l'OVIR municipal. Chose curieuse, c'est lui qui dut y aller, bien qu'il n'eût jamais déposé de demande dans cet organisme. Le chef de l'OVIR, une femme, lui annonça qu'une réponse à sa demande lui serait communiquée après le 1er mai. Andréï lui répondit qu'il n'avait jamais déposé de demande à l'OVIR, à l'inverse de moi. « Je ne suis au courant de rien, on m'a chargée de vous transmettre, et c'est ce que je fais, qu'une réponse vous sera donnée le 2 mai. »

Andréï rentra à la maison. Sa jambe lui faisait de plus en plus mal et, comme toujours dans ces cas-là, sans même qu'on les appelle et sans que nous sachions comment ils l'apprennent, nous vîmes apparaître Felix et Maïa Krassavine. Elle examina la jambe, décida que c'était une phlébite, prescrivit des compresses chaudes. Le lendemain, nous reçûmes la visite des physiciens collègues d'Andréï, et Evguéni Lvovitch Feinberg me dit à cette occasion qu'il y avait maintenant une nouvelle pommade anti-inflammatoire qui serait excellente pour Andréï.

Je crois que cette fois-là, Evguéni Lvovitch était accompagné par Linde, mais je n'en suis pas sûre. Peut-être par Guinzbourg, Evguéni Lvovitch savait qu'Andréï avait l'intention d'entamer une grève de la faim et il en parla longuement avec lui. Andréï, qui était à présent fermement décidé à la grève, si nous ne recevions pas l'autorisation dans les plus brefs délais, montra plusieurs documents à Evguéni Lvovitch, entre autres son appel à ses collègues et deux lettres à Alexandrov. Evguéni Lvovitch était très opposé à la grève de la faim, comme toujours, du reste. Il insistait beaucoup pour que nous attendions le mois de mai, puisqu'on nous avait dit à l'OVIR que nous aurions une réponse en mai. Andréï, lui, pensait que c'était une pure escroquerie au moyen de laquelle le KGB voulait reprendre l'initiative. Nous comprîmes plus tard que cette convocation à l'OVIR signifiait également que le KGB avait décidé d'agir, mais au mois de mai : sans doute le diagnostic de Syrkine et des autres médecins avait-il éveillé leur inquiétude. La démarche de l'OVIR était destinée à faire attendre Andréï jusqu'au mois de mai. Mais, justement, Andréï avait décidé de ne plus attendre.

Je posai des compresses pendant deux jours sur sa jambe, mais son état ne faisait qu'empirer. Je cessai donc de le faire. Malgré ses douleurs, Andréï estima que je ne devais pas remettre mon voyage à Moscou et, le 7 avril, j'y allai. Il était entendu que je me rendrais à l'ambassade américaine et y resterais pendant qu'il entamerait sa grève. Andréï en avait décidé ainsi, car il craignait que, si je restais seule à Moscou ou, pire encore, à Gorki, on ne m'hospitalisât ou m'emmenât ailleurs, et alors il pourrait m'arriver n'importe quoi.

Au début, il avait songé à l'ambassade de Norvège et m'avait demandé de me renseigner s'il y avait là un médecin.

Il s'avéra que non et que, lorsqu'ils avaient besoin de soins urgents, ils s'adressaient à l'hôpital des diplomates. Andréï considéra que cela ne nous convenait pas et que, dans ce cas, il valait mieux que j'aille à l'ambassade américaine.

Je dois dire que cette idée ne me plaisait pas du tout : je croyais, et je continue à croire que mon séjour à l'ambassade américaine aurait permis de me coller toutes sortes d'étiquettes du type « agent de la CIA », « espionne sioniste », ou quelque chose du même genre. Il est vrai qu'on me colle ces étiquettes alors même que je n'ai pas séjourné à l'ambassade, mais ils ont pour cela moins de fondements, même de leur point de vue. De toute façon, j'étais contre ce séjour à l'ambassade, car je ne suis pas une pentecôtiste[1] et je comprends parfaitement que l'ambassade ne peut rien faire pour résoudre mon problème. Andréï considérait lui aussi que l'ambassade ne nous serait d'aucun secours, mais pensait par contre qu'elle pourrait m'abriter.

Le 7 avril, Andréï avait mal à la jambe, mais nous pensions que cela passerait, nous lui mettions la pommade que nous avait recommandée Evguéni Lvovitch Feinberg. Il m'accompagna à la gare, il attendit l'heure du départ la jambe posée sur un siège dans mon compartiment, pour avoir moins mal. Mais nous n'y accordions pas beaucoup d'importance. Je m'en veux, car avec ma formation médicale j'aurais dû me méfier, mais j'étais très préoccupée par ce que nous avions définitivement décidé, à savoir que je ne devrais pas rentrer de Moscou. Je devrais aller à l'ambassade après avoir envoyé un télégramme à Andréï en lui indiquant la date. Le même jour, il télégraphierait au président du Praesidium du Soviet suprême d'URSS et

---

1. Deux familles de la secte des pentecôtistes (très persécutée en URSS) forcèrent l'entrée de l'ambassade américaine à Moscou et y vécurent de 1978 à 1983, à la suite de quoi ces sept personnes ont pu émigrer grâce aux démarches américaines *(NdT)*.

au KGB, puis entamerait sa grève de la faim. J'étais si préoccupée par tout cela que je ne pensais pas à la jambe d'Andréï.

Le 8, j'eus une conversation téléphonique avec mes enfants. Je crois qu'ils comprirent qu'une grève de la faim se préparait, mais non à quelle date.

Je rencontrai des représentants de l'ambassade américaine et nous convînmes qu'on viendrait me chercher le 12 pour une entrevue avec l'ambassadeur. A ce moment-là, je lui donnerais les documents préparés par Andréï (appel aux ambassadeurs et autres lettres) ; c'est ainsi qu'il l'avait voulu.

Le 10, je reçus la visite de Dima, le fils d'Andréï, qui m'annonça qu'il avait du temps libre et qu'il irait voir son père. La nouvelle me réjouit, je lui donnai quelques achats et de la pommade, de l'argent pour le train, et il partit le jour même.

Le 11, j'allai passer la nuit chez Galia. Le 12, je rentrai chez moi à une heure, car je devais rencontrer les Américains à deux heures. J'avais préparé un sac avec mes affaires pour m'installer à l'ambassade, mais, juste à ce moment-là, je reçus un télégramme d'Andréï : « État de la jambe empiré, hospitalisation conseillée, accepté. » Je décidai de rentrer immédiatement à Gorki. Vers deux heures, je descendis en bas de mon immeuble. Avant même l'arrivée des Américains, je vis accourir Galia qui brandissait un sac avec des médicaments que j'avais oubliés chez elle. Je lui racontai l'histoire du télégramme. Elle ignorait, comme tous nos amis, nos projets concernant l'ambassade, mais se doutait sans doute que je faisais quelque chose d'inhabituel.

Après le départ de Galia, les diplomates arrivèrent. Je leur annonçai que je ne pourrais rencontrer l'ambassadeur, ce qui, je crois, les plongea dans le désarroi. Je leur montrai le télégramme d'Andréï, leur expliquai que je partais à Gorki, rentrerais le 2 et que, le 3, je les priais de revenir me chercher pour une entrevue avec l'ambassadeur, si toutefois il acceptait de me recevoir. Tandis qu'ils m'accompagnaient à la gare, je me rappelai que j'avais dans mon sac toutes les lettres d'Andrioucha, dans une enveloppe. Je décidai de ne pas les rapporter à Gorki et priai les diplomates de conserver ce paquet, non pas pour le transmettre à qui que ce fût, mais pour me le rendre le 3 lorsque je reviendrais. Mes explications furent comprises. Je les quittai donc à la gare et achetai un billet pour le train de seize heures qui arrive à Gorki à minuit. Puis je descendis au buffet, à côté duquel se trouvent également les caisses de l'Aéroflot. Je vis qu'il y avait un avion pour Gorki à dix-huit heures. Je cédai mon billet de train à un homme, achetai un billet d'avion et téléphonai à Galia, car je voulais me rendre chez elle : il restait encore trois heures avant le départ de l'avion. J'y allai donc, puis Emil et Nelly Schinberg vinrent me chercher pour m'emmener à l'aéroport.

L'avion arriva à Gorki presque sans retard et je fus chez moi à huit heures. Je fis attendre mon taxi en bas et trouvai la maison dans un grand désordre et Dima qui fumait et feuilletait toutes les revues, très content au milieu de cette fumée. Il me dit que son père était à l'hôpital, où je me rendis immédiatement ; on ne me laissa pas entrer, mais je pus faire passer un petit mot.

Je lui avais écrit : « Je suis rentrée, ne t'inquiète pas, je te verrai demain matin. Baisers. Lioussia. » Le lendemain matin, je retournai donc à l'hôpital. On lui avait déjà ouvert son abcès (c'était « après l'opération », comme il m'a été dit pompeusement) ; l'abcès n'avait pas touché l'articulation du genou.

Andrioucha était très désemparé, car la veille, pendant qu'on lui faisait des radios, sa sacoche avait disparu pour un moment. Il pensait qu'elle était passée par les mains du KGB ; elle contenait l'adresse de l'ambassade, les noms des diplomates avec lesquels j'avais été en contact et d'autres papiers qui, à présent, n'y étaient plus. Par contre, les copies des lettres aux ambassadeurs et tous les appels qu'il avait rédigés s'y trouvaient toujours, mais Andréï estimait qu'il avait été dépossédé de sa sacoche assez longtemps pour que ces documents fussent photocopiés. Il était très déprimé par tout cela. Je lui dis : « Nous avons raté notre train ; dis-toi que c'est à cause de ta jambe, dis-toi que c'est à cause du seau à ordures, mais pour cette fois, il faut s'arrêter. » Il me répondit : « Non, je ne renoncerai pour rien au monde, je ferai de toute façon ce que j'ai décidé. »

Il se sentait tout à fait bien. Je ne comprenais pas pourquoi on l'avait alité avec interdiction de se lever, pourquoi on lui avait mis la jambe dans le plâtre, prescrit des médicaments pour le cœur (les antibiotiques, c'était justifié). Je passai toute cette journée avec lui et rentrai chez moi à huit heures du soir.

Le lendemain, lorsque je retournai le voir, l'état de son cœur avait empiré. Le médecin me dit qu'on lui avait découvert beaucoup d'extrasystoles, qu'on lui avait fait un électrocardiogramme. Je ne savais pas encore exactement les médicaments qu'on lui administrait. Et c'est seulement le cinquième jour de son hospitalisation, après une conversation plus précise, que j'appris qu'on lui avait prescrit de l'isoptine et de la digitaline : or, son séjour précédent à l'hôpital avait déjà montré que ces médicaments avaient un mauvais effet sur lui. De toute façon, des extrasystoles comme les siennes (une ou deux par minute) ne nécessitent pas de soins. J'eus à ce propos une conversation très tendue avec le médecin ; je lui reprochai aussi de garder Andréï couché : après une telle « opération », c'est contre-indiqué, et il pouvait fort bien marcher et rentrer chez lui. En outre, j'insistai pour pouvoir rester à l'hôpital. Andréï aussi avait réclamé de rentrer chez lui, ou bien qu'on me permît de rester avec lui — ce « on », bien sûr, ce n'étaient pas les médecins, qui en l'occurrence n'étaient que des exécutants. Nous obtînmes une autorisation pour le second point. Quant à mon altercation avec le médecin, elle tourna carrément au scandale.

Le médecin vint me dire qu'elle avait reçu un coup de téléphone de la fille de Sakharov, Tania, qui insistait pour que son papa fût soigné, qu'on le gardât à l'hôpital, car il souffrait de toutes sortes de maladies et même de la dysenterie et d'autres maladies dont je n'avais jamais entendu parler et que j'ai à présent oubliées. Quelques heures après, le médecin annonça que Kovner, un « ami » de Sakharov (il habitait Gorki), insistait aussi pour qu'on gardât Sakharov à l'hôpital et qu'on refusât d'écouter sa femme, qui ne voulait pas que son mari reçût les soins nécessaires. En même temps, nous apprîmes de Felix Krassavine, qui vint nous rendre visite, que toute la ville savait que Sakharov avait quasiment une gangrène de la jambe, qu'il risquait l'amputation et que je m'opposais à ce qu'on le soignât. Lui-même racontait tout cela avec indignation et, en même temps, confirmait cette version partout où il pouvait le faire. Maïa et lui étaient horrifiés par mon attitude et parlaient même (à moins que ce ne fût Kovner) d'une septicémie. Avec tout cela, Felix accusait Kovner de collaborer avec le KGB, et Kovner accusait Felix de la même chose. Andréï et moi, nous ne pûmes qu'en déduire que le KGB les avait joliment montés l'un contre l'autre, et les deux contre moi : aucun des deux n'osait s'attaquer à Sakharov lui-même.

Pour couronner le tout, Andréï eut un conflit avec son fils. A son arrivée, Dima lui avait dit qu'il devrait partir le 18, car il avait enfin trouvé un emploi, et qu'il était donc venu profiter de ses jours de liberté pour voir son père. Le 17, il annonça qu'il ne s'en irait pas, qu'il n'avait pas besoin de travailler, qu'il ne voulait pas laisser son père malade, qu'il ne me faisait pas confiance et qu'il voulait s'occuper de lui. Son père se mit en colère contre lui, après quoi Dima accepta de repartir et quitta l'hôpital, prétendument pour prendre le train.

Comme nous le sûmes par la suite, avant de quitter Gorki, Dima rendit visite à Kovner et aux Krassavine pour se plaindre de moi qui voulais laisser son père sans soins. Mais tout cela avait peu d'importance, si ce n'est l'influence qu'avaient ces incidents sur notre état d'âme. Andréï continuait à recevoir des soins, mais il ne prenait plus de médicament ; son électrocardiogramme montrait effectivement un grand nombre d'extrasystoles. Néanmoins, sur son insistance, il quitta l'hôpital, convenant avec le chirurgien qu'il reviendrait pour les pansements. Par la suite, au moment de mon procès, on ira jusqu'à dire que je l'ai forcé à rentrer chez nous. Après deux ou trois visites à l'hôpital, Andréï me demanda de renouveler moi-même ses pansements, ce qui mit fin à ses visites. Quant aux extrasystoles, il ne s'en occupa plus.

Vers le 24 avril, j'achetai un billet d'avion et j'envoyai à Galia un télégramme annonçant mon arrivée le 2 mai et lui demandant de ne pas venir me chercher : j'irais directement chez elle. Pourtant, ils avaient quand même décidé à Moscou de venir m'attendre à l'aéroport. En effet, nos amis moscovites étaient inquiets, peut-être à cause du comportement du KGB, car d'habitude ils suivaient mes « consignes ».

Jusqu'au 2 mai, nous vécûmes tranquillement et normalement, bien qu'intérieurement j'aie tremblé, comme en avril, à l'idée de me rendre à l'ambassade et en songeant à la grève de la faim d'Andréï. Nous savions en effet que le KGB était au courant de tous nos projets, mais je ne pouvais plus arrêter le cours des événements.

C'est dans cet état d'esprit que nous allâmes à l'aéroport le 2 mai. Je ne parviens toujours pas à comprendre, et Andréï non plus, je crois, pourquoi j'avais dans mon sac à main de nouveaux exemplaires des lettres aux ambassadeurs, des appels, etc., ainsi que les copies de mes lettres à Andréï et aux enfants, où j'annonçais également la grève de la faim et mon départ pour l'ambassade. Pourquoi gardais-je tout cela ? En effet, à quelques nuances près, c'étaient les mêmes lettres qui étaient contenues dans l'enveloppe que j'avais confiée aux diplomates américains.

Nous étions tous deux très tendus à l'aéroport. J'étais assise, Andréï se tenait debout à côté de moi : « Qui peut savoir lorsqu'on se quitte... » — ces mots étaient devenus le leitmotiv de notre vie à Gorki. Pendant que je me dirigeais vers l'avion, avec les autres passagers, je fus entourée par cinq personnes. Je me retournai vers la salle d'attente mais ne vis pas Andréï. Ils me séparèrent des autres passagers, me prirent par les bras et m'emmenèrent vers une estafette noire. Je compris que j'étais arrêtée, d'autant plus que je m'attendais à quelque chose de ce genre en quittant Andréï.

On m'emmena à l'autre bout de l'aéroport dans un petit bâtiment, on monta au premier étage, dans un bureau où je trouvai deux femmes en uniforme de la milice et un homme de haute taille habillé en civil. Il se présenta comme le conseiller de justice (et je ne sais quoi encore) Guennadi Pavlovitch Kolesnikov. Il m'annonça que j'étais inculpée selon l'article 190-1 du Code pénal[1] et me montra un ordre de fouille. On m'emmena dans une pièce voisine où les deux femmes procédèrent à ma fouille et me confisquèrent les copies des papiers que j'avais dans mon sac. Il était clair que Kolesnikov les connaissait déjà, car il leur jeta à peine un coup d'œil.

En ce moment, j'ai devant moi ces documents [A 5] et mes deux lettres qui devaient arriver à Newton avant la grève de la faim d'Andréï et avant mon procès (nous ne savions évidemment pas que je serais jugée). Aujourd'hui, alors que j'écris ce livre et que je vois par la fenêtre cette rue si tranquille et verdoyante de Newton, ces lettres me paraissent trop tragiques, les adieux y paraissent définitifs. Mais elles reflètent mes sentiments d'alors, car ce fut dur pour nous de prendre

---

1. Comme on le verra plus loin, cet article réprime la diffusion des calomnies contre l'État soviétique *(NdT)*.

cette décision, et j'avais un point de vue pessimiste sur notre entreprise. Actuellement, je n'écrirais plus ainsi, mais je ne peux les refaire. Andréï les avait recopiées à l'époque (toujours l'habitude de prendre des copies), et ce sont ces copies qui parvinrent aux États-Unis deux ans après. Que je le veuille ou non, ce sont maintenant des documents, et c'est pourquoi je les cite.

LETTRES ÉCRITES EN AVRIL 1984

Ma chère maman,
Mes enfants adorés,

Pardonnez-moi de ne pas avoir demandé votre conseil et de me contenter de vous informer de notre décision par cette lettre. Andréï ne voit pas d'autre voie. Depuis le mois de septembre, j'ai tenté de le faire revenir sur sa décision. Mais, dans notre situation présente, l'inaction est devenue pour lui insupportable et il aspire à ce que je sois guérie et à ce que je puisse vous revoir, peut-être encore plus que moi. Je sais que beaucoup y verront un acte politique, mais quelle politique y a-t-il à vouloir recouvrer un peu sa santé et revoir sa mère et ses enfants ? Beaucoup diront aussi qu'Andréï s'occupe de broutilles et m'en blâmeront. Il vous faudra le supporter. Vous nous connaissez mieux que quiconque, et je n'ai pas besoin de vous expliquer à quel point nous sommes inséparables. Je voudrais que ma lettre atténue votre douleur et vous console. Ce que j'ai vécu dans ma vie n'est pas rien. J'ai eu beaucoup de malheurs, la mort de mon père en prison, l'éclat de bombe qui tua Vsevolod près de Liouban, la mort prématurée d'Igor, la perte d'amis, la mort d'Inna. Je me sens toujours coupable d'avoir, dans un élan de romantisme révolutionnaire, couru sauver la patrie et l'humanité en laissant ma grand-mère avec deux enfants à Leningrad, qui fut rapidement assiégée ; en ce moment, dans mon étrange exil à Gorki, je ne peux rien faire pour aider Raïnka [1], qui est seule et malade, et toi, maman, je t'ai confiée à mes enfants. Et

1. Il s'agit de Raïssa Bonner, la tante d'E. Bonner *(NdT)*.

81

pourtant, ma vie a été heureuse. J'ai toujours aimé ce que j'ai fait : j'aimais le cri des nouveau-nés ; j'ai aimé les filles auxquelles j'ai donné des cours ; auparavant, j'ai aimé le métier d'infirmière, à telle enseigne que je me demandais à l'Institut de médecine si je voulais vraiment devenir médecin ; j'ai aimé mon travail de femme : nettoyer les vitres, faire la cuisine, faire la lessive, laver les planchers ; j'ai aimé le travail littéraire (le plus difficile pour moi) et les droits d'auteur qu'il m'a valus. Toute ma vie j'ai gardé mon premier amour : c'est comme si je n'avais jamais quitté Vsevolod. J'ai le souvenir d'années radieuses avec Ivan [1], et puis il y a eu vos naissances, votre croissance, et ces regrets de ne plus vous voir petits. Et puis — actuellement — cette incroyable, cette impensable affinité dont le sort nous a gratifiés, Andréï et moi. Ma vie a été heureuse. Je vous suis infiniment reconnaissante, Tania et Aliocha, d'être mes amis les plus proches en même temps que mes enfants. Je suis heureuse que mon gendre et ma bru — Éfrem et Lisa — me soient proches et non étrangers, comme cela arrive souvent. Je te suis infiniment reconnaissante, maman, pour Tania et Aliocha qui sont devenus des gens bien ; nous avons eu de la chance tous les deux : ils sont toujours restés moralement proches de nous, c'est notre travail, et tu es en droit d'en être fière. Je voudrais que tu vives longtemps : pour les enfants, tu es notre famille, notre maison. Plus tu resteras longtemps avec tes petits-enfants et tes arrière-petits-enfants, plus les liens entre eux seront solides. Trouve encore des forces pour rester avec eux. Je t'aime beaucoup. Pardonne-moi toute la chaleur que je ne t'ai pas rendue, mon caractère explosif : j'ai toujours essayé d'être bonne, mais n'y suis pas toujours parvenue. Mes petits, mes grands Tania et Aliocha, mes huit enfants. Que nos amis communs restent toujours avec vous et aussi les chemins parcourus ensemble, nos feux de camp, nos plages sauvages, la ville où nous sommes nés et toutes les autres villes que nous avons en commun ; et aussi la musique que nous avons écoutée ensemble, les tableaux contemplés ensemble, les livres lus ensemble, les poèmes que nous avons aimés ensemble. Je vous demande de garder vos liens et notre famille, l'esprit de notre maison, cela vous aidera, et vos enfants en auront si besoin. Soignez bien Grand-Mère, souvenez-vous d'Andréï. Quant à moi, je serai toujours avec vous.

1. Ivan Semenov, ex-mari d'E. Bonner *(NdT)*.

Je veux que cette lettre ne soit pas un adieu, mais le gage de notre rencontre future. Je vous embrasse.

Maman.

Andréï, mon chéri,

Indépendamment de notre volonté, notre vie est devenue totalement publique, elle est discutée dans la presse, par tout le monde. C'est pourquoi j'écris cette lettre pour tous ceux qui veulent nous comprendre, nous répondre, nous aider. Tu sais comment je vis et tu comprends tout. Je suis lasse des calomnies, des persécutions, des surveillances et des filatures policières permanentes, de toute l'illégalité que nous subissons. Je suis lasse de ne pas avoir de maison, de ressentir la haine de tes enfants, lasse de ta méfiance à leur égard et de l'attente de voir l'un d'eux te trahir. Je souffre parce que nous ne pouvons rien faire pour aider nos amis ; je me demande même si les souffrances de ceux qui se trouvent actuellement dans les camps de Mordovie, de Perm, du Kazakhstan ne sont pas inutiles. J'ai honte de moi quand je vois le regard de leurs mères, de leurs femmes, de leurs enfants : j'ai l'impression qu'ils croient que tu peux les aider. Mais moi, je sais que tu ne le peux pas ! Je vois que seuls notre amitié et notre respect infinis à leur égard sont réels, et aussi les colis que nous leur envoyons. Mon rêve, tout le monde n'est pas de cet avis, ce serait un avion pour eux tous, et peu importe contre qui on les échangerait, pourvu que cet avion les emporte vers la liberté. Je suis lasse d'être séparée de ma mère et de mes enfants, lasse d'être traversée directement par tous les malheurs, comme si toutes les frontières du monde et la lutte pour le monde passaient par mon cœur : eux, les neuf, sont là-bas, tandis que toi et mon destin sont ici. Je t'aime, je t'en suis reconnaissante, et aucune lassitude ne saurait détruire ce sentiment. Je suis très lasse de ma maladie. Je n'ai rien à ajouter aux raisons que tu as déjà exposées et pour lesquelles je ne peux pas me faire soigner en URSS. En septembre, tu as décidé d'entamer une grève de la faim illimitée, afin d'obtenir que j'aie le droit d'aller à l'étranger. J'ai tenté de repousser comme j'ai pu le début de cette grève. Ce n'est ni la pitié, ni mon inquiétude pour ta santé, ni la crainte de ta mort qui me retiennent. Je sais que c'est ta décision et que toute action est maintenant pour toi préférable à l'inaction. Cela, même beaucoup de nos amis ne le comprennent pas (je ne parle pas des autres) et ils m'accuseront. Ce que je désapprouve, c'est que tu veuilles faire cette grève de la faim tout seul. Moi aussi je voudrais prolonger ma vie (si la médecine le permet) et je ne voudrais pas vivre sans l'espoir de revoir encore une fois ma mère et mes enfants. Tu ne dois donc pas être le seul à le revendiquer. Pendant treize ans, nous n'avons jamais divisé nos travaux et nos peines. Devons-nous le faire maintenant, et en aurons-nous la force ? Il n'est pas de notre ressort de le savoir... J'écris cette lettre avec espoir.

Lioussia.

Je ne me souviens d'aucune des questions qui m'ont été posées au cours de mon premier interrogatoire, mais je me rappelle en revanche ma réponse, qui resta toujours la même pendant toute l'instruction. Il m'arrivait de dire autre chose au juge d'instruction, mais pour tous les procès-verbaux, je n'avais que cette réponse : « Jamais, en aucune circonstance, en aucun lieu, je n'ai répandu d'assertions calomnieuses et préméditées dénigrant l'État et la société soviétiques ou d'autres pays ou des personnes privées; par conséquent, je refuse de participer à cette instruction et de répondre à la question que vous posez. » Réponse plutôt longue et lourde que je répétai donc à tous mes interrogatoires. A plusieurs reprises, le juge d'instruction me proposa de noter une réponse abrégée, mais je refusais, et il inscrivait toute cette phrase ampoulée *in extenso*. Au premier interrogatoire, je n'avais pas remarqué que la main droite de Kolesnikov avait été déformée par une blessure, de sorte qu'il avait du mal à écrire. Sans doute ma situation n'aurait-elle rien perdu si j'avais accepté sa proposition. A la fin de l'interrogatoire, il me fit signer un papier par lequel je m'engageais à ne pas quitter Gorki.

La fouille et le premier interrogatoire occupèrent plus de deux heures, peut-être même trois. Ensuite, on me donna une convocation pour un interrogatoire le 3 mai, puis on me ramena chez moi dans la même estafette.

Il y avait là cinq personnes pour m'emmener, si ce n'est plus. Lorsque je sortis de la voiture, un inconnu s'adressa à moi en ces termes : « Elena Guéorguiévna Bonner ? Permettez-moi de faire votre connaissance. » Je crus que cet homme venait demander notre aide en ignorant la présence du KGB et, dans ma crainte pour lui, je lui dis : « Partez, on va vous arrêter. » Mais lui : « Permettez-moi de me présenter : je suis le chef du KGB de la région de Gorki. »

La situation frisait l'absurde. Je le regarde sans trop savoir quoi dire. Et c'est avec ce « sans trop savoir » que j'entre dans l'immeuble. Il me suit. Je passe devant le milicien, j'ouvre la porte de l'appartement, et lui me suit toujours.

Andréï se précipite vers moi : « Lioussia ! » Je lui dis : « Andrioucha, c'est le chef du KGB de la région de Gorki. » Or, je dois dire que j'avais très envie d'aller aux toilettes. Quand j'en sortis, je tombai déjà en plein scandale. Le chef du KGB criait : « Je ne veux même pas parler d'elle. Bonner est une espionne américaine, un agent de la CIA, un agent sioniste. Elle sera jugée d'après l'article 64. Tandis que vous... » et il menaçait Andréï de je ne sais plus quoi. Andréï criait lui aussi. Pour finir, l'autre fila tout en continuant à crier des menaces envers moi, poursuivi par Andréï. Quelques instants après, j'appris qu'Andréï avait déjà entamé sa grève de la faim. Il avait vu à l'aéroport comment on m'avait emmenée en voiture et en avait conclu que j'étais arrêtée ; alors, il avait télégraphié au président du Soviet suprême et au KGB pour annoncer sa grève de la faim. Rentré à la maison, il avait pris un laxatif, s'était fait un lavement et s'était déjà installé pour son jeûne, en buvant de l'eau de temps en temps. Toutes mes objections concernant son action n'étaient plus de mise.

Je lui racontai mon inculpation, l'interdiction qui m'avait été faite de quitter Gorki et ma convocation pour un interrogatoire le lendemain. Ainsi s'acheva notre « journée de travail » du 2 mai.

Lorsque Andréï avait été convoqué à l'OVIR le 30 mars, on lui avait promis que ma demande de visa recevrait une réponse après le 1er mai. En un sens, ils avaient tenu promesse : mon inculpation était cette réponse. Andréï avait eu raison d'interpréter cette convocation comme une volonté du KGB de reprendre l'initiative.

Le 3 mai, je ne pus me rendre à mon interrogatoire. Le taxi n'avait pu s'approcher du bâtiment, car la circulation était interdite et, comme je me sentais mal, je ne voulus pas y aller à pied. J'y allai le 4 mai, ayant reçu une nouvelle convocation. Je ne me souviens plus de ce qu'on me demanda, mais ma réponse resta la même, c'est pourquoi du reste je n'ai pu me rappeler ces questions, bien que je les eusse notées à l'époque. Le 4 mai, nous entendîmes à la télévision que je maintenais des contacts criminels avec des diplomates américains et quelque chose du même genre. Le 5 mai se déroula sans incident.

Le 6, Andréï se sentait encore bien, quoique ce fût déjà sa quatrième journée de jeûne. Je décidai de planter des fleurs. Andrioucha retourna la terre devant notre balcon, tandis que je m'affairais avec des jardinières. Il était près de midi quand Irina Kristi[1] s'approcha assez près d'Andréï. Elle était vêtue d'un imperméable beige et avait à la main un sac qui contenait un bouquet de fleurs. Andréï ne la reconnut pas, comme cela lui arrive toujours lorsqu'il n'est pas préparé à une rencontre. Je la reconnus tout de suite et lui racontai mon interpellation à l'aéroport, mon instruction et la grève de la faim d'Andréï. J'eus le temps de lui dire que l'instruction se déroulait sous le signe de l'article 190, mais qu'en même temps on me menaçait de l'article 70 ou même 64[2]. Je n'eus pas le temps de lui expliquer que c'était

1. Mathématicienne de Moscou, amie des Sakharov, actuellement émigrée *(NdT)*.
2. Art. 70 : propagande antisoviétique. Art. 64 : haute trahison *(NdT)*.

le juge d'instruction qui avait évoqué l'article 70, et que l'article 64 avait été brandi par le chef du KGB.

A peine eus-je le temps de dire ces quelques mots à Ira que les guébistes accoururent et la traînèrent, littéralement, dans l'immeuble voisin où ils avaient installé ce qu'ils appellent un « point d'appui du maintien de l'ordre ». Nous nous relayâmes devant la fenêtre presque toute la journée, mais ne pûmes voir où elle fut emmenée par la suite. Je regrettai beaucoup de ne pas avoir pris ses fleurs.

Le 7 mai, nous allâmes à mon interrogatoire. J'étais convoquée vers trois heures. Nous y allâmes en taxi. Pendant que j'étais chez Kolesnikov, Andréï m'attendit dans le couloir. Il avait apporté sa sacoche et une Thermos d'eau chaude qu'il buvait de temps en temps. L'interrogatoire fut bref, un peu apathique. A la fin, Kolesnikov me demanda si je ne verrais pas d'inconvénients à ce qu'il fît venir Andréï dans son bureau, car il voulait lui parler. J'acceptai et il annonça à Andréï : « Andréï Dmitrievitch, des médecins sont venus vous chercher, vous devez aller à l'hôpital. » Andréï se mit à protester. A ce moment-là entrèrent cinq ou six hommes en blouse blanche qui lui proposèrent d'aller à l'hôpital sous une forme telle qu'il devint inutile de s'y opposer. Alors, Andréï réclama que je puisse l'accompagner à l'hôpital. Ce qui fut accordé.

Nous fûmes emmenés en ambulance et conduits dans la chambre où nous avions déjà séjourné ensemble après la grève de la faim de Lisa et aussi où Andréï était resté quand il avait eu son abcès à la jambe. Il y avait là un homme qui occupait un autre lit. On nous y laissa quelque temps en sa compagnie. Il faut dire que, tous ces jours-ci, j'avais eu très mal au dos et que je me sentais mal de façon générale : je m'allongeai donc à moitié sur le lit d'Andréï, et lui aussi. Alors, nous vîmes arriver Oboukhov, le médecin-chef de l'hôpital de Gorki, qui me demanda de partir. Andréï objecta que lors de son premier séjour à l'hôpital on nous avait laissés ensemble et il insista pour qu'il en fût à nouveau ainsi. Oboukhov s'y opposa formellement, puis me proposa de rester à l'hôpital, mais dans une autre chambre et dans une autre section. Il le dit sur un tel ton qu'il était clair qu'il mentait. Andréï refusa. Entrèrent alors plusieurs hommes, et nous comprîmes qu'on allait m'éloigner de force. Je me levai. Andréï bondit sur ses pieds et se mit derrière moi en me maintenant serrée contre lui de ses deux bras. On voulut m'arracher à son étreinte, de sorte qu'il me tirait d'un côté et eux de l'autre. Je ne me rappelle pas très bien la suite, mais toujours est-il que je me retrouvai dans le couloir ; peut-être avais-je perdu conscience pendant qu'on me traînait, mais je n'en suis pas sûre. J'entendis seulement crier Andréï ; sans doute le maintenait-on de force dans la chambre. On me traîna par les bras dans le couloir, j'étais à moitié portée comme un enfant, puis on me remit sur mes jambes, on me rendit mon sac à main que l'un d'eux avait porté, nous descendîmes par l'ascenseur, on me fit monter dans l'ambulance et on me ramena chez moi. Il était près de huit heures du soir.

Je restai seule. Je ne me rappelle pas la façon dont j'ai passé cette nuit-là. Le matin, je fus réveillée par la sonnette. J'ouvris et je vis entrer Kolesnikov accompagné de deux femmes, dont l'une portait un uniforme de la milice, plusieurs hommes et deux femmes de l'immeuble en guise de témoins. Kolesnikov me montra un ordre de perquisition. Il était près de neuf heures du matin. La perquisition fut longue et pénible. J'ai l'impression qu'eux-mêmes en eurent assez de fouiller dans les papiers d'Andréï. Ils en prirent une quantité énorme, 319 unités en tout, certaines d'entre elles étant des dossiers contenant 100 ou 300 feuillets. Ils emportèrent aussi beaucoup de livres, tous les livres anglais et allemands. Bien sûr, ils prirent aussi la machine à écrire, le magnétophone, l'appareil photo, la caméra, et surtout le poste de radio. Bref, ils prirent tout ce qu'ils pouvaient. La perquisition était très

minutieuse : ils sondaient les murs, les meubles, recher-
chaient des cachettes. Chose étrange, à la fin de la perquisition, je vis arriver un autre personnage en civil, qui se mit à
prélever des échantillons de nos médicaments et des aliments.
Il y eut alors un épisode comique. Je conserve nos aliments
dans des bocaux portant des étiquettes, mais l'un d'eux n'en
avait pas ; il contenait une poudre cristallisée d'un jaune
sale. L'homme me demanda : « Qu'est-ce que c'est que ça ? »
Je lui répondis : « Aucune idée. » Il en prit une pincée,
la renifla, en préleva un échantillon, et prit pour finir
le bocal entier. Par la suite, je me rappelai que c'était
du sel iodé acheté par Andréï et que je n'avais jamais
utilisé.

Ils partirent seulement à dix heures du soir. J'allai me
coucher, ou plutôt m'effondrer, tant j'étais fatiguée.

Le lendemain matin, 9 mai, je décidai d'aller à l'hôpital,
pris un taxi et, en cours de route, achetai des fleurs au
marché. Je m'aperçus alors que j'étais suivie par deux voitures
de guébistes. Tandis que je payais des tulipes, deux d'entre
eux me demandèrent ce que je faisais là : « Vous ne voyez pas
que j'achète des fleurs ? Pourquoi, je n'ai pas le droit ? — Si,
les fleurs, vous pouvez, mais vous ne pouvez pas aller à
l'hôpital. N'essayez même pas de vous approcher : on ne vous
laissera pas entrer, de toute façon, et vous aurez de sérieux
ennuis. » Je lui dis que je voyais mal quels autres ennuis je
pourrais bien avoir.

Je n'allai pas à l'hôpital, car il était inutile d'essayer de
passer de force. Je rentrai donc chez moi et disposai toutes
mes fleurs dans l'appartement, au lieu de les donner à
Andréï.

Il fallait me forcer à faire quelque chose. La journée était
ensoleillée, une belle journée de printemps. Devant mon
balcon, la terre était déjà retournée, j'entrepris donc de
planter des fleurs, de semer, bref, je passai beaucoup de
temps dans la cour de l'immeuble. Bien sûr, j'avais aussi dans

l'idée que, comme le 9 mai était un jour férié[1], je verrais peut-être apparaître un Moscovite ou un Léningradois et, dans ce cas, il serait bon que je fusse dehors. Les guébistes me tournaient autour et je ne remarquai aucun incident.

Puis ce furent les interrogatoires. Le 10 mai, on m'interrogea sur mon ami Leonid Galperine et sur une certaine Irina Borissovna Isat. « Je n'ai jamais entendu parler d'elle », dis-je au juge, rompant par là même la règle que je m'étais fixée : ne répondre à aucune question. Il est vrai que je fis inscrire au procès-verbal ma phrase rituelle. Mais je lui dis cette fois-là (c'était notre première conversation non consignée par écrit) que je voudrais bien savoir qui était cette personne. Mais il ne me répondit pas. Je me dis que c'était peut-être la femme de Leonid Galperine, Irina, dont j'ignorais le patronyme et le nom de jeune fille.

Les interrogatoires se poursuivirent pendant plusieurs jours. Le 16 ou le 17 mai, je reçus un télégramme des trois enfants d'Andréï. Le texte de ce télégramme fut cité par Andréï dans sa lettre à ma famille, à Newton [A 6]. Pour moi, c'était un coup de plus, et le plus désagréable était que ce télégramme devint pratiquement le sujet de conversation principal de Kolesnikov, qui entreprit de me démontrer, en se fondant sur lui, qu'il devrait aussi m'inculper sous les articles 107 ou 103 (contraindre une personne au suicide et même préparatifs de meurtre, ou quelque chose dans ce goût-là). Je répondis également par un télégramme, à l'adresse de Liouba, car je ne me rappelais pas les adresses des autres enfants d'Andréï : lors de la perquisition, on avait confisqué tous nos carnets d'adresses. J'écrivis donc à Liouba que j'ignorais ce qu'il en était de son père depuis le 7 mai, qu'il était hors de mon pouvoir de mettre fin à sa grève de la faim ou de le sauver, et quant à leur télégramme... Oh ! je ne me rappelle même plus ce que je lui en dis, sinon que je

---

1. Le jour de la victoire *(NdT)*.

comprenais que Liouba n'en avait pas été l'initiatrice et que je lui écrivais à elle parce que je n'avais pas d'autre adresse.

Le juge d'instruction me reprocha beaucoup ce télégramme par la suite, comme si je n'avais pas dit vrai lorsque j'affirmais n'avoir aucun contact avec Andréï : je devais savoir, selon lui, qu'Andréï se trouvait à l'hôpital où on le soignait, et c'est ce que j'aurais dû dire aux enfants. Je ne comprenais pas à l'époque pourquoi le télégramme des enfants était tombé précisément à ce moment-là, pourquoi il fallait au KGB exercer cette pression sur moi. A présent, je sais que le 11 mai, Andréï avait eu une attaque ou une congestion cérébrale, que son état s'était brutalement aggravé et que ce télégramme leur était nécessaire au cas où Andréï mourrait par suite de son alimentation forcée. Peut-être avaient-ils besoin aussi d'un témoin pour la même raison, et je crois que c'est ainsi que s'explique l'épisode suivant.

Le 18 mai, vers six heures du soir, j'entendis la sonnette, j'ouvris et je vis oncle Venia qui remettait son passeport dans sa poche : le milicien le lui avait réclamé et le laissa entrer chez moi.

Ici, je me permets une digression, car je dois expliquer qui est cet « oncle Venia ». En 1977, Andrioucha, moi et Motia [1], nous passions des vacances à Sotchi, sur la mer Noire. Nous, ou plutôt Motia fit connaissance sur la plage de cet homme qu'il me présenta en ces termes : « C'est mon nouvel ami, oncle Venia. » Nous fîmes connaissance — « Veniamin Aronovitch. — Elena Guéorguiévna » — et discutâmes quelque temps en jetant des cailloux dans l'eau. Oncle Venia nous raccompagna jusqu'à l'hôtel, où il logeait aussi, nous proposa de déjeuner ensemble. Je décidai alors qu'il fallait que j'informe Andréï et je lui dis que je voulais bien manger avec lui, mais que nous devrions passer prendre le grand-père, c'est-à-dire mon mari, qui n'était autre que l'académicien

---

1. Petit-fils des Sakharov *(NdT)*.

Sakharov. C'était indispensable, car notre nouvelle connaissance aurait très bien pu craindre des ennuis, mais oncle Venia, loin de prendre peur, fut au contraire ravi et me dit qu'il éprouvait un immense respect pour Sakharov et qu'il n'aurait jamais espéré faire sa connaissance. Nous allâmes donc tous déjeuner et, par la suite, nous le rencontrâmes tous les jours durant notre séjour à Sotchi.

Les années suivantes, 1978 et 1979, nous retournâmes à chaque fois dans le Midi, mais sans Motia et sans mes enfants, qui avaient déjà quitté l'URSS. Et, à chaque fois, oncle Venia venait aussi et passait ses vacances à proximité, de sorte que nous passions beaucoup de temps avec lui. C'était agréable, amusant, car c'est un homme très sympathique.

Revenons à Gorki. Oncle Venia me raconta l'histoire suivante. Il connaissait bien par son travail le président du Comité olympique soviétique (qui est un haut personnage dans la hiérarchie). Oncle Venia avait entendu à la radio [1] la nouvelle de la grève de la faim d'Andréï et avait demandé à ce président de l'aider à venir voir Sakharov, afin de tenter de le faire changer d'avis : il croyait en effet que cette grève de la faim était très dangereuse pour la santé d'Andréï. A ses dires, il reçut donc l'autorisation de me rendre visite, ainsi qu'à Andréï. Il chercha à me convaincre d'écrire un mot à Andréï pour qu'il mît fin à sa grève de la faim. Je lui dis que je ne ferais rien de tel, que j'avais été opposée à cette action, mais que puisque Andréï l'avait entamée je ne chercherais pas à l'influencer, à la différence de ses ennemis ou de ceux qui le désapprouvaient. Advienne que pourra.

Oncle Venia dîna chez moi et alla dormir à l'hôtel. Il promit de revenir me voir après sa visite à l'hôpital, car il escomptait qu'on le laisserait entrer. Et, en effet, le lendemain, c'est-à-dire le 19, oncle Venia passa chez moi, mais sans me trouver, et me laissa un petit mot qui me fut donné par le milicien de

---

1. Sous-entendu, une radio occidentale *(NdT)*.

garde et où il expliquait qu'il avait un avion à prendre, qu'il ne pouvait donc m'attendre, qu'il avait vu Andréï, que celui-ci se sentait bien et était de bonne humeur.

Je crus tout cela, et c'est seulement quand je revis Andréï par la suite que j'appris la vérité : ces jours-là avaient été justement les plus durs pour lui. Il marchait encore très mal, ne pouvait écrire, avait des difficultés d'élocution, de sorte que sa « bonne humeur » et sa « bonne santé » n'étaient qu'inventions. Or, c'est justement à ce moment-là que je reçus le télégramme des enfants d'Andrioucha et la visite d'oncle Venia. A présent, je crois qu'on avait préparé oncle Venia à jouer un rôle de témoin vivant : il avait tenté de me persuader d'influencer Andrioucha pour qu'il mît fin à la grève de la faim, et j'avais refusé. C'est mon avis, mais bien entendu je ne puis avoir de certitude concernant le véritable motif de la venue de Venia. Était-il venu de sa propre initiative, en bénéficiant d'une très haute protection, ou bien était-il un témoin envoyé par le KGB ? Je n'ai pas envie de croire que tout vient du KGB, mais il est difficile, presque impossible, de penser autrement.

Le 22 mai, je crois (si cela avait été le 21, je me le serais rappelé, car c'est le jour anniversaire d'Andréï), je n'étais pas convoquée pour un interrogatoire et je reçus la visite d'une femme, au milieu de la journée, qui se présenta comme une infirmière de l'hôpital. Elle venait sur ordre du médecin-chef adjoint pour prendre les lunettes d'Andréï, son dentier et un livre sur Pascal. Justement, depuis son internement à l'hôpital, je me disais que son dentier devait lui manquer. Elle me présenta les choses en ces termes : « Les lunettes pour voir loin, le dentier et Pascal. » Il s'agissait d'un livre de la série « La vie des hommes illustres », je venais de le lire avant le départ d'Andréï et nous en avions déjà beaucoup discuté. Mais il était peu probable qu'Andréï l'eût nommé d'une façon aussi abrégée et familière à une personne étrangère, sans indiquer le nom de l'auteur ni le titre exact. J'en conclus qu'il avait écrit un mot et je répondis à cette femme que je lui donnerais ces trois objets si elle me montrait la note d'Andréï. Elle me répondit qu'elle n'avait jamais entendu parler d'une note quelconque et repartit.

Pendant deux ou trois jours, je ne subis pas de nouvel interrogatoire. Et puis, un matin, coup de sonnette : c'était Kolesnikov accompagné d'un serrurier de notre immeuble, d'une femme et de l'infirmière qui était déjà venue : il était muni d'un ordre pour me prendre les lunettes et le dentier ; le serrurier et la femme étaient des témoins. Le juge me fit un sermon m'accusant d'être une mauvaise épouse et de vouloir manifestement la poursuite de la grève de la faim, puisque je refusais de donner le dentier de mon mari. Je répétai que j'étais sûre qu'Andréï Dmitrievitch avait écrit un mot et que je donnerais tout si on me le montrait. Mais ce « si » n'avait plus aucune importance, puisqu'ils étaient munis d'un ordre de saisie. Je ne pouvais supporter l'idée qu'ils perquisitionnent à nouveau toute la maison et que je sois obligée de tout ranger ensuite. Je leur donnai donc toutes les paires de lunettes d'Andréï (car il en a plusieurs), son dentier et trois volumes de Pouchkine. J'avais oublié Pascal.

Le juge s'étonna (ou fit semblant de s'étonner) de me voir apporter toutes ces lunettes. Je lui expliquai qu'Andréï Dmitrievitch aimait avoir des lunettes différentes selon ce qu'il faisait, même pour manger. Il me répéta que seule une mauvaise épouse pouvait ignorer quelles lunettes il fallait à son mari, mais n'en prit pas moins tout le lot. Quant aux livres, il me demanda : « Et Pouchkine, c'est pour quoi faire ? » Il me fut très difficile de lui expliquer que Pouchkine pouvait être utile à n'importe quel moment de l'existence. C'est ce qu'on appelle une différence de mentalité. Mais il emporta aussi Pouchkine, ainsi que des crayons et du papier que je leur demandai de transmettre. Je crois que cette visite eut lieu le 26 ou le 27 mai.

Par la suite, j'appris par Andréï qu'on lui avait donné

seulement une paire de lunettes et que les autres lui furent rendues au moment de sa sortie de l'hôpital. Même chose pour Pouchkine. Sans doute craignaient-ils que, dans un cas comme dans l'autre, nous fussions convenus à l'avance de communiquer ainsi selon un code quelconque.

Au cours d'un nouvel interrogatoire, Kolesnikov se rappela soudain les documents qui m'avaient été confisqués lors de la fouille du 2 mai : les lettres aux ambassadeurs et les appels. Plus tard, on allait les inclure dans mon dossier, mais ils ne figurèrent pas à mon procès. Kolesnikov me dit que l'ambassadeur des États-Unis avait tenu une conférence de presse au cours de laquelle il avait annoncé que je devais me cacher dans l'ambassade, en accord avec les diplomates américains. Mais je savais que ceux-ci ignoraient notre plan et refusai donc de croire le juge. Alors, il me cita des passages d'un article des *Izvestia* mais ne voulut pas me le lire en entier. J'en appris le contenu au retour d'Andréï, au mois de septembre, lorsque nous pûmes nous rendre à la bibliothèque de la rue Beketov (qui se trouve assez loin de chez nous) et y passer près de deux heures, ce qui eut le don de mettre nos gardiens en fureur : Andréï recopia entièrement l'article [A 7].

Au cours de l'interrogatoire suivant, le juge m'annonça que le docteur Stone avait écrit un article où il me reprochait les trois grèves de la faim de Sakharov, toutes faites à cause de moi. A l'époque, j'en ignorais tout et n'en sus le contenu qu'en arrivant aux États-Unis. La lecture de cet article m'a stupéfiée. Le docteur Stone y répète tout simplement les discours habituels des administrateurs de la science soviétique au sujet de nous deux. Il ne s'est pas rendu compte qu'il avait été convenablement « éduqué » au cours de ses voyages en URSS. Je cite ces deux extraits, et pour le reste, le lecteur pourra se reporter à l'*International Herald Tribune* du 29 mai 1984 (l'article porte le titre : « La révolte d'un scientifique ») :

« [...] M. Sakharov est un homme patient, il ne se met pas

souvent en colère, mais il a un caractère décidé et conséquent à partir du moment où il se résout à agir. La famille d'Elena Bonner lui a fait mieux comprendre ce que c'est que l'Union soviétique. Il a travaillé dans les laboratoires secrets, entouré d'un cocon de bien-être relatif selon les normes soviétiques, tandis que la famille Bonner a eu une tout autre histoire [...]. » « [...] De sorte que, quand les articles inspirés par le KGB accusaient Sakharov d'être tombé prisonnier de l'agent sioniste Elena Bonner, il y avait là une parcelle de vérité au milieu de la boue antisémite [...]. » Je crois que cela suffit. Ce qui m'étonne, c'est que le juge n'ait utilisé cet article qu'une fois lors de nos interrogatoires : il aurait pu le faire davantage.

Puis il y eut d'autres interrogatoires. Vers le 5 juin, le juge me lut une petite lettre d'Andréï. Elle ne contenait rien de concret sur sa santé ni sur quoi que ce fût d'autre, mais seulement des paroles intimes sur le fait que je lui manquais et que la séparation lui était très dure. Je compris que cette lettre avait bien été écrite par lui, nul autre n'aurait pu employer ces mots, mais le juge refusa de me donner ce petit mot. Je ne comprenais pas pourquoi, et c'est seulement après le retour d'Andréï, lorsque j'appris quel avait été son état ces jours-là, que je compris : son écriture était encore très hésitante.

Ce même jour, le juge m'autorisa à transmettre un premier colis par son intermédiaire. Après qu'on m'eut réclamé le dentier, je pensais qu'Andréï avait mis fin à sa grève de la faim et ne cessai de réclamer qu'on m'autorisât à lui envoyer des colis. On me permit donc d'envoyer des jus de fruits, des tomates, des baies et des herbes. Au cours de l'instruction, Kolesnikov me transmit plusieurs lettres, cinq ou six, d'Andrioucha ; d'après le texte, je comprenais qu'il y en avait eu d'autres qui ne m'avaient pas été communiquées et j'appris par Andréï, plus tard, que cela avait été le cas de la majorité de ses lettres. J'écrivis des réponses et j'eus le droit d'envoyer des colis deux fois par semaine.

Au milieu ou à la fin du mois de juin, j'apportai à

97

Kolesnikov une demande écrite d'entrevue avec mon mari, que je n'avais pas vu depuis le 7 mai et au sujet duquel je ne savais rien. Une semaine après, lors d'un nouvel interrogatoire, je trouvai un homme dans le bureau du juge, qui me le présenta comme le médecin-chef adjoint Toltchenov, convoqué par lui pour répondre à ma demande. Le médecin me dit qu'Andréï Dmitrievitch était hospitalisé à cause de son cœur et de l'irrigation de son cerveau et qu'il était soigné en conséquence. Il ne me dit rien de plus concret et, lorsque je lui posai des questions, il me répondit qu'il ne s'occupait pas d'Andréï et n'en savait pas davantage. Les médecins traitants d'Andréï estimaient qu'une entrevue avec moi serait nuisible pour la santé de leur patient, c'est pourquoi on me la refusait. De même, toute sortie d'Andréï Dmitrievitch de l'hôpital serait prématurée. Et puis, il y eut des discours très obscurs sur le fait que ma présence auprès d'Andréï pourrait avoir des conséquences fâcheuses pour sa santé et que, par conséquent, les médecins avaient décidé de l'isoler de moi. Je n'avais donc obtenu qu'une réponse orale. Je le fis observer à Kolesnikov, à quoi il me répondit qu'il en avait le droit.

Cependant, les interrogatoires suivaient leur cours sans qu'il se produisît rien de notable. La seule chose que je peux dire, c'est que je ne comprenais pas très bien quel serait mon acte d'accusation. Peu à peu, j'eus l'impression qu'il serait lié à l'article dans les *Izvestia* et à l'affaire de l'ambassade. Puis, vers la mi-juillet, il devint clair que l'acte d'accusation remonterait aux épisodes liés à la cérémonie du prix Nobel [1], à celui des documents du Groupe de surveillance des Accords d'Helsinki, à une interview à Moscou et à l'article sur notre vie à Gorki publié dans *la Pensée russe* [2] et confisqué lors de la perquisition du 8 mai. Autrement dit, ce dernier épisode

1. Il s'agit de la cérémonie de remise du prix Nobel de la paix, à Oslo, le 11 décembre 1975, où Elena Bonner lut le discours de Sakharov, qui venait de recevoir le prix Nobel mais n'avait pu se rendre en Norvège *(NdT)*.
2. Hebdomadaire en langue russe paraissant à Paris *(NdT)*.

n'avait pas figuré dans leurs plans avant cette date, et j'ai en fait l'impression que tout l'acte d'accusation ne visait qu'une chose : montrer aux hautes autorités que je me conduisais fort mal lorsque j'étais à l'étranger ; et tout cela fut donc improvisé au cours de l'instruction. Seule mon interdiction de quitter Gorki avait été planifiée à l'avance.

Le 25 juin, on me lut l'acte d'accusation. Dès le 20 juillet, il fut question de me trouver un avocat. Je réclamai Reznikova, de Moscou. Le juge refusa tout d'abord, insistant pour que je prenne un avocat de Gorki. Les discussions durèrent deux jours. Après quoi, il me permit de choisir mon avocat comme je l'entendais : je devrais écrire une déclaration dans ce sens. Lorsque je lui demandai comment régler formellement cette démarche et à quels amis de Moscou je pourrais confier la tâche de contacter l'avocate, il me répondit que c'était inutile. J'écrivis donc une demande et Reznikova arriva à Gorki.

La première lecture eut lieu les 25, 26 et 27 juillet. Il y avait six volumes, dont les deux premiers et en partie le troisième contenaient l'instruction proprement dite. Le quatrième contenait des papiers dont on ne comprenait pas ce qu'ils faisaient là et des jugements de tribunaux concernant les personnes que j'avais mentionnées dans des prises de position publiques antérieures. Le cinquième contenait également des jugements, et le sixième, des lettres de travailleurs réclamant mon procès, mon isolement ou mon châtiment.

Tout cela me permit de mieux comprendre ce dont on m'accusait, car jusqu'à présent c'était resté flou dans mon esprit. En lisant ces dossiers, j'appris que, le 10 mai, Andréï avait subi une saisie au cours de laquelle on lui avait confisqué des documents dans sa sacoche, son magnétophone et d'autres choses encore. J'appris également que Galperine et Irina Isat, qui habitent Leningrad, avaient eu droit à des perquisitions. Chez Galperine, on avait confisqué toute sa correspondance avec l'étranger, toutes mes lettres et un vieux fusil de chasse. Chez Irina Isat, on avait confisqué beaucoup d'œuvres de *samizdat* et de livres publiés en russe à l'étranger et aussi des lettres. Mais tout cela avait peu de rapport avec moi. Je me dis que ces perquisitions (qui du reste avaient eu lieu le 8 mai, le même jour que chez moi) étaient dues au fait que ces deux personnes avaient eu l'intention de se rendre à Gorki. Mais, une fois ici, en Amérique, j'appris qu'il n'en était rien, de sorte que je ne comprends toujours pas la raison de ces perquisitions. Encore peut-on supposer que Leonid Galperine était visé parce que nous sommes amis et qu'il m'était arrivé d'aller chez lui ; c'est de chez lui que j'avais pu parler à ma mère et à mes enfants lors de mes derniers voyages à Leningrad. Mais pourquoi Irina Isat ? C'est seulement en lisant les documents de l'instruction que j'appris que c'était Regina Chamine, la femme d'Anatoli Chamine. Je la connaissais très peu. Natacha Hesse était son amie, mais moi, je n'avais jamais mis les pieds chez elle et ignorais même où elle habitait. Je crois qu'il s'agit simplement d'une erreur. Le KGB a fort bien pu entendre dans mes conversations avec Andréï une phrase du type : « Regina est ma meilleure amie », car tout ce que nous disons est écouté, enregistré et soigneusement analysé, ce que confirmerait cette perquisition. Il aurait donc confondu Regina Chamine avec Regina Etinger, qui est morte en octobre 1980 et aux obsèques de laquelle Andréï n'avait pas eu le droit de se rendre. Maintenant, ils avaient trouvé une « Regina ».

Il faut que je dise à présent quelques mots de mon acte d'accusation, ce qui ne m'enchante guère, car il appartient déjà au passé. D'abord, il s'agissait de ma conférence de presse du 2 octobre 1975, à Florence, qui était consacrée à la parution en Italie du livre d'Andréï, *Mon pays et le monde*. Tandis que j'étais à Florence, Andréï me lut au téléphone une sorte de préface à ce livre, qui s'intitulait : « Aux lecteurs étrangers de mon livre, *Mon pays et le monde*. » Je lus ce texte en entier puis répondis aux questions. On me demanda de parler des détenues politiques, car, dans son texte, Andréï réclamait une amnistie politique, en particulier des détenus malades et des femmes enfermées dans le camp politique de Mordovie. Je parlai du cas de Maria Pavlovna Semenova, qui appartenait à l' « Église orthodoxe authentique » et qui, hormis quelques brèves périodes, avait toujours passé sa vie au camp. Je l'évoquai en ces termes : « Le sort tragique de Maria Semenova », phrase qui était en effet de mon cru et qui n'avait pas été écrite par Sakharov. Ce disant, je ne jugeai pas de la justice ou de l'injustice de sa condamnation, mais seulement de la nature « tragique » de son existence, ce qui me fut incriminé comme une calomnie, puisque Semenova avait été condamnée régulièrement. Par la suite, au cours de mon procès, je tentai de dire que le sort de cette femme avait été en effet tragique, puisqu'elle avait passé au camp la quasi-totalité de sa vie adulte et qu'on pourrait même le dire d'un assassin. Or, cette femme était incarcérée pour sa foi. Mais tout cela ne fut pas entendu : puisque mon dossier contenait la condamnation de cette femme, puisqu'elle avait été condamnée, donc mon allusion à son sort tragique était une calomnie. C'était le premier point de l'accusation.

Ensuite, on incriminait deux autres conférences de presse, également à Florence, les 9 et 10 octobre 1975. Il y était question des persécutions religieuses. Une semaine après devaient commencer à Copenhague les auditions Sakharov[1]. Auparavant, la même ville avait reçu la visite d'une délégation de l'Église orthodoxe soviétique officielle (« orthodoxe » et « soviétique », la combinaison est étrange, mais je ne sais comment le dire autrement). Ces personnages avaient fait plusieurs déclarations d'où il ressortait que la religion n'était nullement persécutée en Union soviétique et qu'une complète liberté religieuse y était garantie par la loi et réellement

1. Sorte de sessions annuelles, organisées depuis 1975 avec la participation d'Efrem Yankélévitch, le gendre d'Elena Bonner (représentant officiel de Sakharov en Occident), et consacrées aux violations des droits de l'homme en URSS *(NdT)*.

respectée. On me demanda donc ce que je pensais de ces déclarations et je répondis : « Eh bien, c'est faux, et quand je dis que c'est faux c'est un euphémisme. » Et je citai l'exemple du prêtre Romaniouk, qui venait d'être condamné. Cette phrase me fut reprochée en tant que calomnie préméditée. C'était là le deuxième point de l'accusation.

Le troisième épisode fut ma conférence de presse à Rome, le 7 novembre, au journal *Il Tempo,* où j'évoquai le prix Nobel d'Andréï Dmitrievitch et où fut discutée la question de savoir si on le laisserait quitter l'URSS pour la remise du prix. Je ne me souviens pas des paroles qui me furent incriminées.

Ensuite, il y avait ma conférence de presse à Oslo. D'abord, je déclarais qu'il y avait une discrimination nationale en URSS, en particulier en ce qui concerne l'accès des juifs à l'enseignement supérieur. Ensuite, ce qui fut très monté en épingle à l'instruction comme au cours du procès, je disais qu'il y avait deux monnaies en URSS : l'argent tout simple et les « certificats[1] ». Andréï Dmitrievitch aborde ce problème dans *Mon pays et le monde,* et je l'ai évoqué tout à fait en passant, en expliquant que cela s'appelait chez nous l' « argent des noirs » et l' « argent des blancs », mais cette phrase me fut très vivement reprochée[2].

L'épisode suivant était très important aux yeux de l'instruc-

---

1. Il s'agit de chèques de la Banque du commerce extérieur remplaçant les devises gagnées à l'étranger (par exemple par les diplomates) et donnant accès à un circuit commercial réservé *(NdT).*
2. Tandis que je corrige ce livre, qui paraît achevé mais sur lequel je trouve sans cesse à faire (bien que je n'en aie plus le temps, puisqu'il ne me reste plus que deux semaines avant mon départ), je me sens très angoissée : depuis plusieurs jours, l'idée de la catastrophe de Tchernobyl ne me quitte pas. Et voilà que je reçois le coup de téléphone d'un de nos amis norvégiens : Tim Greve est mort, notre ami norvégien et directeur de l'Institut Nobel ; il était venu à Rome faire ma connaissance et il me semble que nous sommes devenus amis d'emblée (il est vrai que j'ai cette impression avec tous les Norvégiens). Nous étions allés porter des fleurs sur les tombes des victimes de la guerre. A présent, je voudrais porter des fleurs sur celle de Tim.

tion. Il s'agissait d'un « Appel à la conférence de Belgrade » signé du Groupe d'Helsinki, en 1977. On m'accusait d'avoir été l'auteur de ce document (en même temps qu'Aleksëïéva et Grigorenko [1]), de l'avoir diffusé et apporté en Italie la même année. Pour confirmer ma participation à la rédaction de ce document, on avait joint à mon dossier des certificats de l'OVIR spécifiant les dates de départ de Grigorenko et d'Aleksëïéva. Dans le premier cas, il s'agissait de la fin de l'année 1977 ; dans l'autre, de décembre 1981, mais on s'était trompé, car il s'agissait de ma bru Lisa Aleksëïéva et non de Luda Aleksëïéva, qui avait été, elle, membre du Groupe d'Helsinki. Lorsque j'insistai pour que ce document soit replacé comme il convenait, cela me fut refusé aussi bien par l'instruction que par le tribunal. Luda Aleksëïéva, un des fondateurs du Groupe d'Helsinki, avait quitté l'URSS au début de l'année 1977. Un certificat de l'OVIR aurait prouvé qu'en tout cas je ne pouvais pas avoir rédigé avec elle le document incriminé. Mais l'essentiel de l'accusation était que j'avais prétendument apporté ce document en Italie le 5 septembre 1977.

Sur ce point, le témoin à charge fut Felix Serebrov [2]. Au cours de l'instruction, il affirma que Grigorenko lui avait confié que j'avais « sorti » ce document en me rendant en Italie. Le dossier montre que ce témoignage est faux. Il contient en effet une attestation de l'OVIR prouvant que je suis partie en Italie le 5 septembre 1977 et, par ailleurs, un certificat montre que Serebrov avait été arrêté le 18 août de la même année, de sorte qu'il n'avait pas pu entendre parler de ce que je fis en Italie. L'instruction s'efforça de ne pas remarquer ce hiatus.

---

1. Ludmila (Luda) Aleksëïéva et le général Pietr Grigorenko, membres fondateurs du Groupe d'Helsinki, émigrés respectivement depuis février et novembre 1977 *(NdT)*.
2. Dissident condamné en 1977 puis en 1981 à cinq années de camp suivies de cinq ans de relégation *(NdT)*.

Je le redis, j'avais l'impression qu'il était très important aux yeux de l'instruction de prouver à de hauts dirigeants que j'avais sorti ce document d'URSS. Donc, peu importait que les faits concordent ou non entre eux pourvu qu'ils figurent dans le dossier et qu'on puisse dire par la suite : voyez, impossible de la laisser se soigner à l'étranger, puisqu'elle colporte de pareils documents.

Le point suivant de l'accusation était également lié au personnage de Serebrov : c'était un document du Groupe d'Helsinki qui prenait la défense de Serebrov après son arrestation. On y voyait une calomnie, car après son arrestation Serebrov revint sur son activité au sein du « Groupe d'enquête sur les persécutions au moyen de la psychiatrie » et il exprima son repentir au moment de son procès. Comme Serebrov avait changé d'opinion sur son activité passée et que le document justifiait cette activité et protestait contre son arrestation, les signataires du document, et moi en particulier, étaient accusés de calomnie préméditée.

Puis vient l'article dans *la Pensée russe* du 26 mars 1981 consacré à la vie de Sakharov à Gorki. Manifestement, cet article avait été traduit en russe d'une autre langue ; probablement un correspondant étranger à Moscou s'était-il entretenu avec moi, et le journal émigré avait retraduit son texte en russe. Je n'avais jamais authentifié ce texte et je ne sais même pas de qui il est. Il contient un paragraphe où on me demande prétendument ce que nous savons des événements dans le monde, et je réponds que malheureusement nous ne savons pas grand-chose, car les radios occidentales sont abominablement brouillées. Ensuite, le journaliste demande : « Et les journaux russes, soviétiques, vous ne pouvez pas les lire ? », à quoi je réponds : « Dans les journaux soviétiques, on ne trouve que du mensonge. » De tout l'article, qui contient beaucoup de précisions importantes sur la vie de Sakharov à Gorki, seule cette phrase était incriminée.

Le dernier point se rapporte à l'année 1983, lorsqu'on

m'avait diagnostiqué un infarctus et que j'avais tenté de nous faire hospitaliser, Andréï et moi. Je reçus alors la visite inattendue d'un homme politique français, François Léotard, qui était venu à Moscou pour quelques jours. Il me filma avec une caméra amateur et me posa quelques questions. Sur le film, on voit que je suis très malade, je parle de mon infarctus et de notre demande d'hospitalisation conjointe, ou bien du droit que devrait avoir Andréï de me rendre visite à Moscou. Quand Léotard demande : « Que va-t-il se passer maintenant pour vous ? » je lui réponds : « Je ne sais pas, j'ai l'impression qu'on nous tue ! » Cette phrase fut interprétée par l'instruction comme si j'accusais un membre du gouvernement ou je ne sais qui d'autre de prendre son pistolet et de nous tirer dessus. Tels étaient les points d'accusation avancés par l'instruction.

En lisant ces dossiers, je pus apprendre l'identité des personnes qui avaient été interrogées au sujet de mon affaire. Parmi les personnes citées, Sacha Podrabinek, Slava Bakhmine et Malva Landa ne dirent rien[1]. Kouvakine ne fournit non plus aucun témoignage qui comptât pour mon procès, mais peut-être contribua-t-il à créer une atmosphère de désapprobation à mon égard. Il disait par exemple qu'il m'avait rencontrée dans plusieurs maisons pour différents anniversaires (je n'y vais jamais, tout Moscou le sait, on ne m'y invite même plus), et en particulier chez Tania Velikanova. Qu'il savait par ses amis que je jouais un rôle de leader dans le Groupe d'Helsinki ; qu'il savait que je rassemblais des signatures pour certains appels, qu'il m'avait rencontrée à plusieurs reprises auprès des tribunaux. Il y eut aussi le témoignage de Serebrov, que j'ai déjà évoqué.

Pour moi (et non pour l'instruction ou pour la marche du procès), le témoignage le plus important fut celui d'Ivan

---

1. Il s'agit de dissidents connus et, pour l'essentiel, de membres du Groupe de surveillance des Accords d'Helsinki de Moscou *(NdT)*.

Kovalev. Il ne dit rien me concernant mais témoigna longuement (quelque quinze pages dans le dossier) sur la situation des détenus dans les camps. Il avait été accusé de propagande antisoviétique, moi, de calomnies préméditées, mais les documents de notre groupe contenaient beaucoup d'éléments sur la situation des détenus politiques. Maintenant que Kovalev était lui-même devenu un détenu politique, il pouvait raconter la situation réelle dans les camps. Il évoquait l'alimentation notoirement insuffisante, avec des rations de famine, le travail forcé interdit par toutes les conventions internationales, le système de sanctions lorsque le plan n'est pas rempli (privation des visites, de la correspondance, de l'accès au magasin du camp, le PKT[1] et le cachot disciplinaire). Puis il évoquait longuement son propre cas, racontant comment il avait passé trois cent cinquante-trois jours au PKT, comment il avait été soumis à la torture de la faim et du froid, privé de toute correspondance et du magasin. Son témoignage était complété par une appréciation signée par le chef du camp ; je l'ai recopiée plusieurs fois, tentant de la faire passer à Moscou par différents moyens, mais, hélas ! sans succès. Selon cette appréciation, Kovalev a effectivement passé trois cent cinquante-trois jours au PKT, il ne remplissait pas le plan, il était impoli, grossier avec les chefs. La dernière phrase de ce document constitue une réponse à la récente interview de Gorbatchev qui affirme qu'en URSS on ne peut être jugé pour ses convictions et qu'il y a quelque deux cents personnes qui sont détenues pour leurs actes, non pour leurs opinions. Voici donc ce que dit le chef du camp de Kovalev : « Il n'a pas modifié ses opinions antisoviétiques et ne s'est pas engagé sur la voie du redressement. » Cela prouve qu'Ivan Kovalev a bien été condamné pour ses opinions et que son séjour au camp a pour objectif de les lui faire modifier,

---

1. Sigle signifiant littéralement « Local de type cellulaire », autrement dit la prison intérieure du camp, moins sévère toutefois que l' « isolateur », c'est-à-dire le cachot *(NdT)*.

contrairement à ce que prétend le secrétaire général du PCUS.

La lecture de ces dossiers occupa donc trois jours. Je fus très heureuse de l'arrivée de Reznikova, qui représentait pour moi une certaine rupture dans notre isolement. Je lui fis lire les petites lettres que j'avais déjà reçues d'Andréï, je lui racontai son hospitalisation. Elle désapprouva ma conduite au cours de l'instruction (elle pensait que j'aurais mieux fait de répondre aux questions) et désapprouva aussi la façon dont je voulais me comporter au procès. Mais, sur le plan humain, sa venue fut pour moi un heureux événement. Nous allions déjeuner au café, non loin du parquet, puis nous allions fumer dans un petit square de la rue Sverdlov. Par la suite, je pus voir toutes ces scènes, qui avaient été filmées. Bien sûr, le film ne précisait pas que j'attendais mon procès et que cette femme était mon avocate ; tout était présenté comme si je me promenais dans la ville avec une amie.

De fait, je la promenai par deux fois en voiture, je lui montrai quelques jolis endroits, je lui montrai également notre immeuble, où elle put voir le milicien de garde et les guébistes, dont l'excès de zèle lui valut du reste un incident.

Au deuxième jour de notre lecture des dossiers, nous convînmes de nous retrouver près du café à dix heures. J'arrivai, sortis de la voiture et, à ce moment, elle m'aperçut et se dirigea vers moi. Nous nous dîmes bonjour, mais un guébiste qui apparemment ne la connaissait pas l'empoigna immédiatement et l'entraîna. Elle prit peur et se mit à crier : « Qu'est-ce que vous faites, je suis avocate ! » tout en montrant ses papiers. Alors un autre guébiste, qui la connaissait, accourut, et elle fut relâchée. Par la suite, elle me confia qu'elle regrettait d'avoir crié, car sinon elle aurait pu savoir ce qu'ils auraient fait d'elle et où ils l'auraient traînée.

Nous présentâmes trois requêtes. La première, qui émanait de nous deux, visait la convocation de Sakharov au procès, à titre de témoin. La deuxième, celle de Reznikova, demandait au parquet militaire une attestation de réhabilitation de mes parents. La troisième demandait une attestation à l'OVIR concernant le départ de Luda Alekséïéva (et non Lisa, comme je l'ai expliqué). Toutes ces requêtes furent refusées par le juge d'instruction ; mais, concernant la réhabilitation de mes parents, il dit à l'avocate qu'elle pouvait réclamer l'attestation elle-même, ce qu'elle fit.

Puis Reznikova partit, et moi, je me préparai tout doucement à mon procès. Bien sûr, j'en ignorais la date d'ouverture. Je pouvais seulement supposer que ce serait pour bientôt à la rapidité avec laquelle l'affaire était menée. Du reste, je le voulais et l'espérais : je pensais qu'après le procès on relâcherait Andréï. Nous ignorions alors que Sakharov avait lui aussi demandé à témoigner au cours de l'instruction. Kolesnikov lui répondit qu'il n'en voyait pas l'utilité. Je ne dispose pas du texte du juge, mais j'ai celui de Sakharov. Le fait que cette demande et la réponse du juge n'étaient pas jointes à l'affaire, de sorte que ni moi ni l'avocate n'en ayons rien su, constitue un très grave vice de forme, qui justifierait à lui seul une révision du procès.

Le temps passa assez vite. Le 7 ou le 8 août, je fus convoquée au procès. Il dura deux jours. Il se déroula au tribunal régional, dans le centre de la ville, qui existait déjà avant la révolution : c'est là par exemple que fut jugé le prototype du héros de *la Mère,* de Gorki. Dans la salle, il y avait environ quatre-vingt-cinq personnes, bien que je n'en reconnusse aucune, hormis nos guébistes habituels.

Le juge Vorobiov était le président adjoint du tribunal régional ; je ne me souviens pas des noms de ses assesseurs. Le procureur était Perelyguine, qui avait déjà eu affaire à Andréï. Tous les deux différaient beaucoup du juge d'instruction, dont les manières et la façon de parler révélaient un homme cultivé et juridiquement instruit. C'est une question purement rhétorique de se demander si un juge d'instruction soviétique est un intellectuel. Au cours de l'instruction, il ne s'était jamais permis d'infraction ou de grossièreté, la forme était respectée et tout était parfaitement correct. Mais j'appris par la suite qu'Andréï avait écrit à Kolesnikov pour être inculpé en même temps que moi et aussi, comme je l'ai dit, pour être cité comme témoin.

On commença par me demander si je me reconnaissais ou non coupable. Je répondis : « Je ne me reconnais absolument pas coupable, car jamais, en aucune circonstance, en aucun lieu, je n'ai répandu des calomnies préméditées dénigrant l'État ou la société soviétique, ceux d'autres pays ou des personnes privées. »

J'exigeai que la cour convoquât mon mari. En effet, je m'en tenais à la position suivante : le premier point de l'accusation me reprochait ma conférence de presse en Italie le 2 octobre 1975 ; or, je n'avais fait que lire un texte de Sakharov et remplir la mission qu'il m'avait confiée, et donc il lui appartenait, à lui seul, de dire si j'avais déformé ou non son propos. Même chose pour la conférence de presse lors de la remise du prix Nobel : seul Sakharov pouvait dire si j'avais été fidèle à sa pensée, si j'avais déversé des calomnies préméditées ou si je m'étais simplement trompée. Voilà pourquoi Sakharov aurait dû témoigner. En outre, j'insistais pour qu'on l'autorisât à suivre le procès, puisqu'il était mon seul parent proche. Bien entendu, la cour repoussa ma requête, bien qu'elle fût soutenue par mon avocate.

Ensuite, je parlai de ma vie à peu près dans les termes employés dans mon autobiographie déjà citée. Je dis que c'est Yakovlev qui aurait dû être inculpé de calomnie, calomnie qu'il a répandue à des millions d'exemplaires, mais que ma plainte n'avait pas été reçue.

Je dis également que ce procès était en fait une réponse à ma demande de visa et que si j'avais effectivement commis des crimes, pourquoi me jugeait-on seulement maintenant, puisque la plupart d'entre eux remontaient à l'année 1975 ? Je dis également que la cour ne pouvait me juger en l'absence du seul témoin, l'académicien Sakharov, à la demande duquel j'avais pris la parole à Oslo, car on ne l'avait pas laissé y aller pour recevoir son prix Nobel. C'était aussi à sa demande que j'avais fait passer des documents à l'étranger afin qu'ils y fussent publiés, en particulier sa lettre au docteur Sidney Drell intitulée « Le danger de la guerre thermonucléaire ». Je rappelai que cette lettre avait suscité de violentes réactions des « travailleurs » (dont Andréï Dmitrievitch avait reçu plus de trois mille lettres) ainsi qu'un article de quatre académiciens dans les *Izvestia* qui n'osaient même pas citer le titre du texte de Sakharov.

Je citai plusieurs passages de l'article d'Andréï, ce qui était important pour faire comprendre comment on utilisait la calomnie pour tromper l'opinion publique. Le juge Vorobiov m'interrompit à plusieurs reprises sous prétexte que tout cela ne se rapportait pas à l'affaire, mais je poursuivis néanmoins. J'avais l'impression qu'il ne pouvait me faire taire, qu'il devait respecter formellement le code de procédure pénale, de sorte que je pus dire ce que j'avais à dire.

Je ne m'étendrai pas davantage sur ce procès, sauf pour citer un épisode comique et mes impressions sur les deux témoins qui avaient été cités.

Mon principal chef d'accusation était peut-être ce que j'avais dit à Oslo sur l'argent ordinaire et les certificats. Ceux-ci sont le privilège des rares Soviétiques qui travaillent à l'étranger. Pour réfuter mes dires, on avait fait appel au ministère des Finances qui attestait qu'il n'y avait pas deux sortes d'argent en URSS, mais seulement le rouble, et qu'il y avait aussi des chèques de la Banque du commerce extérieur d'URSS avec lesquels on rétribuait les personnes travaillant à l'étranger, etc. Sachant que cette question allait être mise sur le tapis, j'avais préparé d'avance un rouble ordinaire, un rouble-certificat et un papier prouvant qu'Andréï recevait des certificats pour ses articles scientifiques publiés à l'étranger. Il s'agit d'une lettre très polie de la Banque du commerce

110

extérieur où on peut lire : « Cher Andréï Dmitrievitch, nous vous prions de nous indiquer sous quelle forme vous désirez toucher vos droits d'auteur, en roubles soviétiques ou bien en chèques [1] de notre banque. » D'ordinaire, Andréï choisit la seconde solution et reçoit ces chèques par la poste, ce dont j'apportais également la preuve.

Lorsqu'on en vint à cette question, je déclarai que j'étais une femme simple et que je voyais les choses telles qu'elles étaient. J'avais en ma possession deux roubles d'espèces différentes. Le premier me permettait d'acheter quelque chose, mais pas toujours ce que je voulais, sinon au prix de longues files d'attente ou de démarches compliquées. L'autre, le certificat, me permettait d'acheter ce que je voulais, sans file d'attente et avec la garantie d'une meilleure qualité que dans le circuit normal. Je savais que le rouble-certificat valait deux roubles ordinaires sur le marché noir et parfois davantage, et que cette spéculation était interdite par la loi. Je montrai les deux roubles et ajoutai que, selon moi, il y avait là deux types d'argent différents.

Alors, le procureur explosa. Il cria que je montrais de l'argent que j'avais touché de la CIA, que j'étais un agent à la solde de la CIA, qui me fournissait en certificats. Je répondis très vivement, puis me mis à crier aussi que c'était faux et que cet argent avait été touché par Andréï Dmitrievitch pour ses articles scientifiques publiés en Occident, ce que je prouvai en donnant au juge la lettre de la Banque. J'ajoutai que le procureur m'avait insultée et que, s'il ne s'excusait pas, je refuserais de prendre part au procès. Le juge ne répondit rien tout d'abord, puis annonça : « La cour se retire pour délibérer. » Ils revinrent au bout de quelques instants et le juge annonça : « La cour décide : le procureur doit présenter ses excuses à l'accusée. » Perelyguine grommela : « Je m'excuse. » J'avais obtenu satisfaction.

1. Il s'agit du nom officiel des « certificats » *(NdT).*

J'en viens aux témoins. Le premier fut Felix Serebrov. Andréï évoque en détail son témoignage dans sa plainte, et l'avocate prouva, à mon avis de façon fort satisfaisante, que Felix ne disait pas la vérité. Il faut dire que cette partie de sa plaidoirie ne fut pas portée dans les minutes du procès, comme nous l'apprîmes par la suite, et n'influa en rien sur le verdict.

Lorsqu'on l'amena dans la salle d'audience, Serebrov me fit l'impression d'un homme gravement, incurablement malade. Je ne me souviens pas d'avoir vu un détenu avec une aussi mauvaise mine au moment de sa libération. Il avait un teint terreux, il avait incroyablement maigri, ses yeux étaient enfoncés dans leurs orbites, il avait les joues creuses et, avec sa veste bleue de détenu, il ressemblait à ceux d'Auschwitz tels que nous avions pu les voir dans les bandes documentaires du film de Romm, *le Fascisme ordinaire,* ou dans *le Paysage après la bataille,* de Wajda. Il suscitait une immense pitié et, en même temps, lorsqu'il disait des contrevérités absolues, un sentiment indéfinissable, innommable... Disons seulement qu'on n'avait pas envie de rester en sa présence.

Outre ces assertions manifestement fausses, son témoignage consista également à créer un certain climat. Ainsi, il avança cette sottise (du moins selon moi), qui lui avait été visiblement soufflée : « Elena Bonner exerce une très grande influence sur son mari, et une mauvaise influence. Je peux raconter, par exemple, qu'un jour Sakharov avait écrit lui-même [" lui-même " — ce sont bien ses paroles] un très bon article, puis, quand tout le monde commença à le signer, il refusa, car cet article avait déplu à Elena Bonner. »

Ici, tout est faux. Quand Sakharov écrivait un article, il ne le montrait pas à Serebrov, le signait lui-même et ne le donnait pas à signer à quiconque, il en assumait l'entière responsabilité. Certes, il se pouvait qu'il me demandât mon avis, mais jamais celui de Serebrov, qu'il ne connaissait d'ailleurs pas bien. Serebrov s'était mis à fréquenter notre appartement moscovite surtout après l'exil de Sakharov à Gorki. La première fois, il avait été amené par Macha Podiapolskaïa : il venait prendre conseil de Sakharov, car il se trouvait encore en liberté mais était déjà inculpé de faux et usage de faux. Par la suite, je le rencontrai souvent lorsqu'il devint membre du Groupe d'Helsinki, en 1981.

Le second témoin fut Kouvakine. Dans ses dépositions écrites, il avait prétendu que j'avais un rôle dirigeant dans le Groupe d'Helsinki, que j'étais l'auteur de maints documents et que c'est moi qui rassemblais les signatures, mais, au procès, il ne dit même pas qu'il me connaissait, sinon pour m'avoir entrevue devant les tribunaux, au moment des procès de dissidents. Il déclara par exemple : « Un jour, je suis allé chez Sakharov, mais Elena Bonner n'était pas là. Je la revis une fois en quittant le domicile de Meïman, alors qu'elle y allait avec son mari. » Son témoignage ne joua donc aucun rôle dans mon procès, de sorte que j'ai l'impression qu'on l'y avait fait figurer seulement pour qu'il y ait deux témoins et non un seul.

Les autres preuves de ma culpabilité, c'étaient les verdicts encourus par des dissidents que j'avais pu évoquer ici ou là. J'avais préparé une liste de plus de quatre-vingt-dix personnes mentionnées dans le discours de Sakharov au prix Nobel et qui n'avaient pas été mentionnées dans mon instruction. Je donnai cette liste en ajoutant que, tant qu'à faire, autant que tous figurent au procès. Le juge accepta cette liste et la joignit au dossier.

Les autres preuves furent le papier du ministère des Finances, la coupure de *la Pensée russe* et les enregistrements de mes conférences de presse dont j'avais rapporté une partie librement. L'avocate expliqua que, puisque je les avais rapportées sans tenter de les cacher, c'était donc que, selon moi, tout ce que j'avais dit n'était pas des calomnies prémédi-tées. Il y avait enfin la cassette vidéo de mon entretien avec François Léotard montrée à la télévision française fin mai

113

1983. Il n'y avait aucune expertise concernant la véracité ou la fausseté de mes déclarations. C'est pourquoi je ne comprenais pas ce cliquetis de mots. Qu'est-ce qu'une calomnie préméditée ? Le juge ou le procureur expliquait que je le savais, car ma formation était telle (qu'entendaient-ils par là ?) que je ne pouvais pas ignorer que je répandais des calomnies.

Usant du droit de la défense, je parlai en dernier. Je répétai que je ne me considérais pas coupable, qu'on ferait mieux de me laisser me faire soigner et revoir mes enfants plutôt que de me faire passer en procès, garder Sakharov dans un isolement complet à Gorki, l'isoler même de sa femme, conduire ce procès en dépit de toute légalité sous le rapport de la publicité des débats, puisqu'on gardait mon mari à l'hôpital précisément pour qu'il n'assistât pas au procès, bref, qu'il vaudrait mieux pour eux rétablir la « légalité soviétique », qu'il avait du reste déjà fallu restaurer au temps du « dégel ». J'ajoutai que non seulement aucun de mes amis ou connaissances, sans parler de ma famille, n'avait pu assister à mon procès, mais que, à Gorki comme probablement dans le monde entier, on ignorait que j'étais jugée. Je conclus en répétant que je ne me considérais pas coupable et que je n'avais aucune demande à formuler.

La cour mit peu de temps à rédiger (ou à recopier) le verdict, qui fut lu une heure ou une heure et demie après qu'elle se fut retirée. Tous les points de l'acte d'accusation y figuraient. J'étais condamnée à cinq années d'exil intérieur.

Je dois encore dire quelques mots des documents contenus dans mon dossier. Outre le témoignage de Kovalev, il y avait aussi des certificats médicaux concernant ma maladie, en particulier un document délivré par la polyclinique de l'Académie des sciences. J'appris ainsi pour la première fois que j'avais eu un infarctus antéroseptal et postérieur. Il y était également fait mention de l'état de mes yeux et de mon opération de la thyréotoxicose en 1974. Bref, c'était un certificat circonstancié et sérieux. D'autres documents attestaient mon service à l'armée à partir de l'année 1941, ainsi que mon invalidité. Des certificats de l'OVIR concernant mes voyages à l'étranger, les départs de mes enfants, de ma mère, de Lisa Alekséïéva. Un certificat médical sur l'état de santé d'Andréï, d'où il ressortait qu'il souffrait de cardiopathie ischémique et d'artériosclérose cérébrale. Le certificat ne contenait pas de données nouvelles.

Après le procès, je rédigeai un pourvoi en cassation, très bref : « Je prie de réexaminer mon affaire en cassation, car je suis en désaccord avec le verdict. » Reznikova devait faire un pourvoi semblable à Moscou. Je la quittai très vite : je me hâtais de rentrer chez moi, car j'avais l'impression qu'ils n'auraient plus de raisons de garder Andréï à l'hôpital. Mais mes espoirs furent vains. Andréï ne fut relâché ni ce jour-là ni le lendemain. Ma vie recommença comme avant.

Quelques jours après, on me convoqua pour que je prenne connaissance des procès-verbaux du procès et que je fasse part éventuellement de mes observations. Il faut dire que je n'y étais pas préparée : j'ignorais tout de cette procédure. La lecture des minutes du procès m'étonna quelque peu, car j'y trouvai des inexactitudes, au demeurant très tendancieuses. Je rédigeai des observations très circonstanciées et j'en fis une copie qu'Andréï put lire par la suite. D'abord, en ce qui concerne l'avocate, tout ou presque avait disparu des procès-verbaux, mais j'ai appris depuis que c'était régulier. Il en était de même de toutes mes déclarations (interrompues par le juge) sur les activités d'Andréï, sur sa lettre à Sidney Drell. A lire ces minutes, on eût dit que le procès s'était déroulé très calmement, comme s'il n'y avait pas eu de cris, d'excuses du procureur, etc. Toutes ces observations me prirent trois jours.

Comment ai-je vécu cet été 1984 ? Ce fut très pénible et, en même temps, ma vie fut très occupée. Le procès me prit beaucoup de temps, je rangeai longuement la maison après la perquisition dans l'attente d'Andréï ; je lui achetai quelques vêtements d'hiver, car je n'étais pas sûre qu'on me laisserait vivre avec lui, et je préparai donc tout pour qu'il puisse vivre sans moi. Le jour de son anniversaire, toujours en son absence, je lui achetai une table de travail. Il me fallut aussi beaucoup de temps pour m'acheter de quoi m'habiller le jour du procès. Je continuai aussi à planter des fleurs sur mon balcon et devant le balcon. Il y en avait beaucoup. Le tabac d'ornement avait une odeur enivrante. Les giroflées, les matthiolas dégageaient également leur parfum. Je fis pousser des mauves dehors. Ainsi, mon balcon devint tout verdoyant, tout joli, tout parfumé.

J'allais aussi au marché, je préparais des colis pour Andréï, je faisais des confitures, beaucoup de confitures, toujours dans l'idée que, si nous étions séparés, Andréï en aurait ainsi pour tout l'hiver. Au cours d'une de mes visites au marché, je m'aperçus que quelqu'un me filmait. Je fus loin de penser que c'était fait en vue d'envoyer le film en Occident, et ce fut du reste la seule fois, ces années-là, où je m'en aperçus. A présent, je me rappelle qu'il y avait eu un autre cas qu'Andréï m'avait raconté. Il était sorti de la maison avec son fils Dima, c'était peut-être à la première visite de celui-ci à Gorki, en

116

1

1. Elena Bonner étudiante en médecine à Leningrad, 1949.

2. Elena Bonner en uniforme, 1943.
3. Elena Bonner et Youra Chikhano-vitch en visite chez des amis exilés à Uvat, en Sibérie, 1971. *De gauche à droite :* Boris et Ludmila Weil, E. Bonner avec Dimitri Weil, Y. Chi-khanovitch.

4

4. Andréï Sakharov à Gorki, 1982.

5

6

7

8

9

5. La première photographie d'Andréï Sakharov à Gorki fournie par Victor Louis et diffusée par le quotidien ouest-allemand *Bild*. La date présumée est le 15 juin 1984, quatorzième jour d'une grève de la faim.

6. Une autre photographie d'Elena Bonner à Gorki publiée par *Bild*.

7 et 8. Andréï Sakharov dans l'appartement de Gorki, 24 novembre 1985.

9. Andréï Sakharov à Gorki, décembre 1983.

10. Policier en faction devant l'appartement des Sakharov à Gorki, vu de leur porte d'entrée.
11. La cour derrière l'immeuble des Sakharov.
12 et 13. Andréï Sakharov et Elena Bonner au balcon de leur appartement, mars 1985.
14. Dans un studio photo de l'État, le 25 octobre 1985, après la dernière grève de la faim d'Andréï Sakharov.

12

13

14

15

16

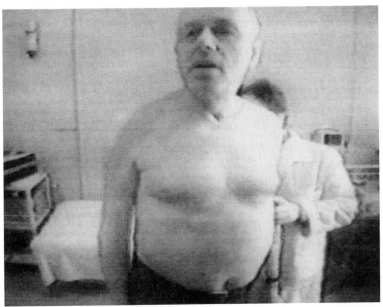

17

15 et 16. Carte postale falsifiée d'Andréï Sakharov à sa famille vivant dans le Massachusetts. A la première ligne, le chiffre 1 a été changé en 21 (avril) afin de démentir les bruits selon lesquels il avait entrepris, le 16 avril 1985, une nouvelle grève de la faim. A la deuxième et à la troisième ligne en partant du bas, le temps des verbes a été modifié pour que le texte corresponde à la nouvelle date. Mais la supercherie fut découverte parce que la carte comporte une question à laquelle Elena Bonner avait déjà reçu une réponse, comme elle l'indiquait dans sa carte postale du 3 avril.

17. Andréï Sakharov subissant un examen médical. Cette photo est extraite d'un film remis au *Bild* par Victor Louis.

18. Elena Bonner avec son petit-fils Matveï à son arrivée à Boston, 7 décembre 1985.
19. Elena Bonner bavardant avec sa mère, Ruth Grigorievna, lors de sa première nuit à Newton.

18

19

20

21

22

20. Noël à Newton. Les petits-enfants sont Matveï et Ania Yankélévitch.
21. Portrait de famille. *Au fond, de gauche à droite :* Efrem et Tatiana Yankélévitch, Alekseï Semenov tenant sa fille Sacha, Lisa Semenova ; *devant :* Matveï Yankélévitch, E. Bonner, Ruth Grigorievna, Ania Yankélévitch.
22. Katia Semenova.

23. Elena Bonner et son fils, Alekseï Semenov, visitant Washington, avril 1986.
24. A Disney World, en Floride : Matveï et Ania Yankélévitch, E. Bonner et Katia Semenova.
25. Elena Bonner à Newton, seule, en train d'écrire.

23

24

26. Visite au 10, Downing Street avec Margaret Thatcher, 30 mai 1986.
27. Après son entrevue avec Jacques Chirac à Paris, 26 mai 1986.

28. La vue depuis l'appartement d'Elena Bonner à Moscou.
29. A table avec ses amis Emil Schinberg et Galia Evtouchenko, 2 juin 1986.

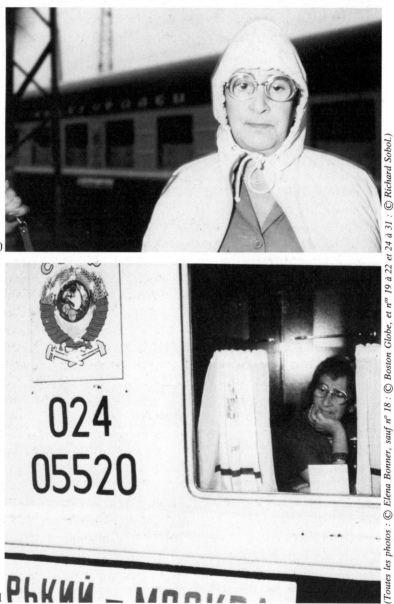

30

31

30 et 31. A la gare et dans le train à destination de Gorki.

1980, et il s'aperçut qu'on les filmait. Il se cacha le visage de ses deux mains et partit dans la direction opposée. Tout cela, je me le suis rappelé ici, à Boston, en regardant ces films. Je reviendrai encore sur cette épopée cinématographique dont Victor Louis [1] a gratifié l'Occident.

Après le procès et ses suites, je n'avais plus rien à faire. Je n'avais aucune nouvelle d'Andréï, on refusait mes lettres et mes colis, de sorte que j'envoyai un télégramme au médecin-chef lui demandant des nouvelles de la santé d'Andréï. Le 15 août, je reçus un petit mot me fixant rendez-vous avec Oboukhov et le médecin traitant au département de santé de la ville. Ils ne voulaient pas me faire venir à l'hôpital par crainte d'un contact avec Andréï.

Je fus donc reçue par Oboukhov et Natalya Evdokimova, ceux-là mêmes qu'on put voir en Occident sur le film envoyé par les autorités. Oboukhov y est montré en présence d'Andréï et il présente aux spectateurs un magazine américain de telle façon qu'Andréï ne le remarque pas et qui est destiné à démontrer qu'il s'agit bien de l'année 1984. Oboukhov accompagne Andréï dans une allée, faisant ainsi la preuve que Sakharov est sain et sauf. Quant à Evdokimova, elle évoque par deux fois l'état de santé d'Andréï, très satisfaisant à son sens, ainsi que la façon dont on le nourrit et dont il est soigné.

Donc, ces deux personnes me reçurent et m'assurèrent qu'Andréï Dmitrievitch était gravement malade, qu'il souffrait d'une arythmie cardiaque grave et d'une artériosclérose cérébrale, qu'il ne pourrait encore sortir de l'hôpital et que mes visites ou de façon générale des contacts entre lui et moi seraient nuisibles à sa santé. Ce fut là tout notre entretien. Il est vrai qu'ils mentionnèrent l'usage qu'ils faisaient toujours de la digitaline. Je tentai de leur démontrer que ce médicament était contre-indiqué pour Andréï Dmitrievitch, que (à

---

1. Journaliste soviétique jouant souvent un rôle de porte-parole officieux du Kremlin ainsi que de désinformation *(NdT)*.

cause de ses extrasystoles) c'était comme si on lui administrait un poison, mais ce fut peine perdue.

Deux jours après, je réussis à acheter un manuel de pédiatrie traduit du bulgare et je l'envoyai à Oboukhov après avoir souligné les passages où il était dit que la digitaline était contre-indiquée dans les cas d'extrasystoles innées.

C'est ainsi que je vécus jusqu'au 6 septembre, sans rien savoir d'Andréï hormis ce que m'en avaient dit ces deux médecins, languissant mais m'efforçant de ne pas me laisser aller. Le 6, un secrétaire du tribunal m'apporta une convocation pour le procès en cassation qui devait se dérouler le 7. Fait extraordinaire, la Cour suprême de la république de Russie se déplaçait à Gorki pour juger mon pourvoi en cassation. Cela afin de respecter le principe selon lequel le condamné doit pouvoir assister au procès en cassation et aussi pour qu'à Moscou personne ne fût mis au courant de mon procès et de ma condamnation. Deux ans après, j'ai appris que les Moscovites attendaient ce procès en cassation, sans qu'aucun ne sût la date et le lieu de son déroulement. Auparavant, mon avocate les avait également tenus dans l'ignorance de mon procès en première instance.

Le 7, je me rendis donc au tribunal. J'y trouvai Reznikova. Elle répéta ses arguments. On me laissa parler, et je répétai tout ce que j'avais déjà dit. Puis la Cour rendit son ordonnance, qui ne différait en rien du verdict de première instance, et je devins donc une exilée. Avant même que je sortisse du tribunal, où je fus du reste filmée en permanence, on me demanda de passer au rez-de-chaussée. J'y trouvai le chef de la cinquième section de la milice de la région de Gorki ; il me prit mon passeport et me délivra une attestation d'exilée intérieure. Répondant à ma question, il me dit que je n'avais pas le droit d'aller chercher des bagages à Moscou, que je n'avais pas le droit de sortir de la ville de Gorki, mon lieu d'exil, et que je jouirais de tous les droits des citoyens soviétiques, sauf de celui de quitter la ville.

Je lui répondis que j'étais invalide de guerre et que, par conséquent, on devrait me garantir un approvisionnement et les autres avantages auxquels ont droit les invalides. Il fut quelque peu décontenancé et n'émit pas d'objection. Puis il me prévint que je devrais venir chercher une attestation d'exil à la milice de l'arrondissement. Tout l'entretien avait peut-être duré sept minutes. Je quittai Reznikova très rapidement et me hâtai de regagner mon domicile, avec toujours l'espoir d'y trouver Andréï. Mais il n'était pas là.

Je reviens un peu en arrière. Cet été-là, je recourus plusieurs fois au service des urgences. Une nuit, ce furent apparemment les guébistes qui téléphonèrent, car un milicien avait entendu mes gémissements. A l'époque, je ne craignais pas la médecine de Gorki, car je comprenais qu'il était très important pour eux que je fusse saine et sauve au moment du procès. Pendant le procès, j'eus même droit à l'assistance d'un médecin et d'une infirmière qui me proposèrent, si je le désirais, de me faire une piqûre avant chaque séance. Je recourus deux fois à un mélange d'analgésique et de papavérine. Cela pour dire que, dans certains cas, on peut compter sur la médecine de Gorki. En outre, au cours de l'instruction, Kolesnikov m'avait procuré, sur sa propre proposition, les médicaments dont j'avais besoin, ce qui signifiait qu'ils étaient parfaitement au courant de mes problèmes. Un jour, en me donnant du timoptol, il me dit qu'il n'y en avait pas eu pendant longtemps en URSS et qu'à présent on en avait importé de Finlande. Au début, il se faisait rembourser, mais par la suite il y renonça, m'expliquant qu'on ne devait pas accepter de l'argent de moi, qui suis invalide de guerre. Il en vint même à me demander si j'avais besoin de quelque chose. Je lui demandai du café soluble. En l'occurrence, la notion de « besoin » était toute relative, car j'aurais pu acheter du mauvais café à Gorki, mais enfin, c'est ce que je lui dis. Le lendemain ou le surlendemain, il m'apporta deux pots de café à six roubles chacun, ce qui est le prix normal (mais on n'en trouve jamais). Bref, on peut dire qu'ils se décarcassèrent pour moi jusqu'à mon procès.

Que puis-je dire encore de toute cette période ? Rien, sinon que j'étais très déprimée et affreusement angoissée au sujet d'Andréï. Pourtant, malgré toute cette angoisse, je n'avais pu imaginer ce qui lui était vraiment arrivé.

Le lendemain de mon procès en cassation, le 8 septembre, j'allai déposer à la milice des déclarations demandant qu'on me restituât des objets confisqués lors de la perquisition, en particulier le poste de radio, le magnétophone et la machine à écrire, et qu'on me permît de me rendre à Moscou pour prendre mes affaires, sans quoi ce n'était plus un exil que je subissais mais une confiscation de biens, puisque je n'y avais plus accès.

En chemin, je fus arrêtée par la milice routière, sans que je comprisse pourquoi. Alors, une femme en blouse sortit de la voiture noire qui me suivait et je reconnus la seule infirmière qui s'était occupée de nous quand Andréï et moi avions été hospitalisés pendant notre grève de la faim de 1981 et aussi pendant qu'Andréï avait été hospitalisé pour sa jambe. Elle s'appelait Valia et me dit : « Elena Guéorguiévna, on vous demande de venir à cinq heures chez le médecin-chef Oleg Aleksandrovitch Oboukhov. » Je lui demandai des nouvelles d'Andréï, à quoi elle répondit qu'elle ne savait rien, puis elle remonta dans sa voiture.

Je déposai ma demande à la milice, puis fis quelques courses au marché qui était déjà presque vide, puisqu'il était quatre heures, et me rendis ensuite à l'hôpital.

Oboukhov me reçut en compagnie du professeur Vagralik, un cardiologue qui s'était occupé de nous pendant la grève de la faim de 1981 (nous étions alors dans des hôpitaux différents, et il allait de l'un à l'autre tout en répondant aux questions de l'un qu'il ne savait rien de l'autre). Il y avait également le professeur Trochine, un neurologue, Natalya Mikhaïlovna Evdokimova, le médecin traitant d'Andréï, et une autre personne dont je ne me souviens plus.

Ils me dirent à qui mieux mieux que l'état de santé d'Andréï Dmitrievitch était très mauvais, qu'il était littéralement au bord de la mort, qu'il souffrait de graves extrasystoles, d'artériosclérose cérébrale et peut-être de la maladie de Parkinson ou de syndromes pseudo-parkinsoniens. Je leur demandai : « Eh bien, c'est la maladie de Parkinson ou des syndromes ? » mais ils refusèrent de me répondre. Ils ajoutèrent que je ne devais pas lui causer d'émotions, notamment ne pas lui raconter que j'avais eu un procès.

Je me mis à crier que, s'ils avaient été des médecins, ils auraient compris qu'on ne garde pas un homme dans un tel état de santé sans lui laisser voir la seule personne qui lui fût proche, qu'ils auraient songé à modifier sa situation au lieu de me débiter toutes ces sornettes. Je les accusai également de lui avoir administré de la digitaline, qui était la cause de ses extrasystoles, ajoutant que c'était sans doute le seul acte de leur part qui ne fût pas malintentionné : je leur dis qu'ils avaient perdu la tête par peur du KGB. Tout le reste de ce qu'ils avaient fait à Sakharov, c'étaient de véritables crimes. A l'époque, j'ignorais encore qu'Andréï avait subi la torture et l'humiliation de l'alimentation forcée, qui avait eu de graves conséquences pour lui. Bref, l'entretien fut loin d'être amical, après quoi je repartis vers ma voiture, accompagnée par Oboukhov. En descendant l'escalier, je continuais à pester contre je ne sais qui, en particulier contre mes juges, quand soudain Oboukhov cita ces vers de Pouchkine : « Reste de marbre devant la flatterie et la calomnie, et garde-toi de contredire le sot » — façon de m'exprimer une certaine sympathie et de dire qu'il n'était pas coupable. Je lui répondis : « Ah ! vous avez vraiment de l'instruction : non seulement pour vos bassesses, mais aussi dans le domaine poétique. » Il ne me répondit rien. Du reste, après chacune de mes prises de bec avec lui (mes proches savent mieux que quiconque à quel point je peux avoir une langue pointue), il faisait comme s'il n'y avait rien eu.

Je sortis donc de l'hôpital, montai dans notre voiture et me mis à attendre. Un quart d'heure passa, puis je vis la même infirmière, Valia, amener Andrioucha. Il portait le même imperméable clair qu'il avait début mai lorsqu'on l'avait emmené à l'hôpital, le même béret ; il n'était pas même amaigri et avait plutôt les traits bouffis. Nous nous étreignîmes, Andrioucha se mit à pleurer, et moi aussi. Nous restâmes ainsi une vingtaine de minutes dans la voiture sans bouger et en pleurant.

Puis Andréï m'interrogea sur mon procès, que je lui racontai brièvement. Nous quittâmes l'hôpital. Nous prîmes le boulevard périphérique, il y a là une colline d'où on peut voir la Volga, nous nous arrêtâmes et restâmes quelque temps silencieux. Puis Andréï commença à me raconter son séjour à l'hôpital. Je ne répéterai pas tout, d'autant plus que sa lettre à Alexandrov, que je cite en annexe [A 8][1], contient déjà beaucoup de choses, et me bornerai à relater ce qu'il n'a pas écrit et ce qui m'a paru important depuis que je me trouve en Occident.

Le 9 mai, je le rappelle, on ne m'avait pas laissée entrer à l'hôpital. Le 10 mai, Andrioucha fit l'objet d'une saisie et on lui prit tous ses papiers. Par la suite, nous apprîmes qu'on lui avait également confisqué, outre ses papiers et différents objets, le livre de Vsevolod Bagritski que j'ai déjà cité. Je l'avais apporté à Gorki parce que je ne m'en séparais jamais, et craignant qu'on ne nous le volât depuis les écrits de Yakovlev[2], Andréï le transportait toujours dans sa sacoche.

---

1. Nous nous permettons d'attirer l'attention du lecteur sur l'importance de ce document, où Sakharov évoque notamment les conditions de son alimentation forcée lors de ses grèves de la faim *(NdÉ)*.
2. Rappelons que le livre de Yakovlev contient des calomnies sur les relations entre Elena Bonner et Vsevolod Bagritski *(NdT)*.

Or, ce livre disparut sans qu'il fût mentionné dans l'acte de saisie : on l'avait tout simplement volé.

Le 10 au soir, alors qu'Andréï dormait déjà, Oboukhov vint le réveiller et lui dit que des médecins moscovites étaient venus l'examiner ; après quoi, il fit entrer deux hommes en blouses blanches qui posèrent quelques questions insignifiantes et repartirent. A l'époque, en 1984, Andréï n'accorda pas d'importance à cette visite. Mais, en 1985, alors qu'il était de nouveau hospitalisé, il reçut la visite d'un grand chef du KGB, Sokolov, en lequel il reconnut l'un des deux hommes. Quant au second, nous n'en savions rien jusqu'à ce que j'apprenne, à Moscou et en Occident, qu'en 1984 Andréï avait été examiné par un psychologue ou un psychiatre qui avait tenté de l'hypnotiser dans son sommeil ou je ne sais quoi encore. Puisque c'était dans son sommeil, Andrioucha aurait très bien pu l'ignorer. Après coup, nous supputâmes que ces deux personnages avaient précisément autorisé les médecins de Gorki à alimenter Andréï de force. Tout cela, Andréï le comprit en 1985, car, cette fois-là, Sokolov ne fit plus semblant d'être médecin.

Andréï me décrivit son alimentation forcée. J'avais eu tort de croire qu'il avait cessé sa grève de la faim le 21 ou le 22 mai, au moment où l'on était venu chercher son dentier. Il y mit fin le 29 mai. Il ne put m'expliquer pourquoi, mais dans sa lettre à Alexandrov il écrit qu'il ne pouvait plus supporter ces tortures. Je crois que c'est la meilleure explication. J'avais eu raison par ailleurs de réclamer un écrit d'Andréï avant de donner le dentier et les lunettes. Il avait bien écrit un mot, mais son écriture était tout à fait anormale par suite de son attaque : par exemple, il répétait certaines lettres. Sans doute ne voulut-on pas me montrer ce message, parce qu'on supposait, à juste titre, qu'il suffirait à me faire comprendre son état de santé.

Dès lors, je ne comprends plus le petit mot que m'avait laissé oncle Venia et où il prétendait qu'Andréï se sentait parfaitement bien. Il lui avait rendu visite le 19 mai, et son affirmation ne peut être que fausse, car la période du 11 au 29 mai fut celle où l'état d'Andréï fut le plus grave : il marchait, s'exprimait avec difficulté, etc.

Andrioucha n'avait pas reçu toutes mes lettres et il l'avait compris. Il garda les copies de ses propres lettres et il tint également un journal qui, chose étrange, ne lui fut pas confisqué. Il me le donna à lire après son retour à la maison. Ce journal relate tout ce qui lui était arrivé. Par exemple, les discours des médecins essayant de le terroriser en prétendant qu'il avait eu la maladie de Parkinson ; Oboukhov, le médecin-chef, lui apporta même un ouvrage médical consacré à cette maladie, ajoutant qu'Andréï avait eu la maladie de Parkinson « à cause de ses grèves de la faim ». Il lui dit aussi : « Vous serez un invalide complet, vous ne pourrez même plus déboutonner votre pantalon. » Ou encore : « Nous vous empêcherons de mourir, mais nous ferons de vous un invalide. »

D'après les récits d'Andréï et des signes cliniques que je pus encore observer chez lui en septembre (par exemple, des mouvements incontrôlés de la mâchoire inférieure), je crois qu'il avait eu une congestion cérébrale ; dans le meilleur des cas, une attaque.

Après son retour à la maison, Andrioucha éprouva des états d'âme contradictoires. D'un côté, il était très heureux que nous fussions ensemble, nous ne nous séparions plus un seul instant, littéralement. D'un autre côté, dès le premier jour il fut rongé par l'idée qu'il n'avait pas mené sa grève de la faim jusqu'au bout et que, lorsqu'il les avait menacés de recommencer à partir du 7 septembre, on l'avait fait immédiatement sortir de l'hôpital. Il avait renoncé à son action, car il ne supportait pas l'idée de ne plus me revoir encore pendant un temps illimité. Lorsque je lui disais qu'il fallait apprendre à essuyer des échecs, il me répondait : « Je ne veux pas apprendre ça, je dois apprendre à mourir avec dignité. » Et il

124

me répétait sans cesse : « Tu comprends, je ne fais pas seulement une grève de la faim pour que tu puisses aller à l'étranger, je la fais pour avoir une ouverture sur le monde. Ils veulent faire de moi un cadavre ambulant. C'est toi qui m'as permis de rester vivant, en faisant un lien entre le monde et moi. C'est ce lien qu'ils veulent couper. »

Dès les lendemains du procès en cassation, je dus me rendre régulièrement à la milice pour y pointer. On me demanda également une photographie pour mon attestation d'exilée. Je décidai que nous irions aussi tous les deux nous faire photographier. Andrioucha s'endimancha. Je me fis donc faire une photo d'identité, et nous nous photographiâmes ensuite tous les deux : ce devait être le 9 ou le 10 septembre. Andréï n'y a pas l'air amaigri : de fait, c'était déjà trois mois après la fin de sa grève de la faim. Mais, en même temps, il n'a pas bonne mine, à cause de ces traits bouffis qui ne lui sont pas naturels.

Le 12, je me rendis à la milice, où l'on prit l'empreinte de mon doigt comme à tous les criminels, ainsi que deux photographies, de face et de profil, pour mon dossier. Et notre vie ordinaire et heureuse recommença.

Toujours en septembre, nous retournâmes à l'hôpital, ce qu'on avait fait promettre à Andréï. Je crois que notre visite filmée, où l'on me voit déclarer qu'Andréï n'a plus eu de douleurs cardiaques, qu'il dort très bien, etc., date précisément de cet automne 1984 (la seconde eut lieu au printemps 1985, et c'est sans doute le film où on voit le neurologue Trochine et Natalya Evdokimova, le médecin traitant, examiner Andréï).

Dès la fin du mois de septembre, Andréï m'annonça son intention de recommencer une grève de la faim, et je ne pus rien faire pour l'en dissuader. Sur ce plan, il devint très irritable. Il disait : « On m'a fait peur avec la maladie de Parkinson, que je n'ai jamais eue ; ils ont essayé de me faire peur par tous les moyens et ils croient qu'ils m'ont brisé. Eh bien non, je ferai la grève de la faim. »

En attendant, nous étions très heureux. Nous nous achetâmes des manteaux d'hiver. Nous rachetâmes un poste de radio. Après la saisie de notre ancien poste, j'avais tenté d'en racheter un, mais un guébiste s'était approché de moi au magasin et m'avait demandé : « Qu'est-ce que c'est, vous voulez vous acheter une radio ? — Oui. — Je ne vous le conseille pas, on viendra la saisir. » Et je le crus sur parole, me disant qu'il était inutile de dépenser de l'argent pour rien.

Mais, en septembre, Andrioucha acheta un poste de radio baptisé « Océan », très encombrant, très lourd, mais apte en gros à capter certaines ondes. C'est sans doute en octobre qu'Andréï entreprit d'écrire sa lettre à Alexandrov et sa plainte. En même temps, il envisagea de quitter l'Académie des sciences et pensa recourir aux services de Reznikova, mon avocate, pour vendre sa datcha afin que nous ayons de quoi vivre après son départ. D'autre part, il écrivit une lettre à l'Institut de physique de l'Académie des sciences, annonçant qu'il était prêt à recevoir les physiciens. Quant à moi, j'écrivis à Reznikova, lui demandant de venir à Gorki pour aider Andréï à rédiger sa plainte.

Les physiciens et Reznikova vinrent vers le 20 novembre, presque en même temps. Andréï avait déjà préparé un projet de plainte, et une variante, non définitive, de lettre à Alexandrov. Reznikova lui fit quelques remarques au sujet de sa plainte, mais il ne les prit pas en considération et ils se quittèrent là-dessus. Il fit quelques petites modifications à sa plainte et l'envoya à la fin du mois de novembre [A 9].

Quant aux physiciens, il leur parla de notre situation et de son projet de lettre à Alexandrov. Il était horrifié et déprimé par l'absence de réaction de Reznikova et des physiciens à ses récits concernant son séjour à l'hôpital. Ils restaient figés comme des morts. Andréï fut stupéfait de leur indifférence affichée : ses collègues cherchaient à se dégager de toute cette

126

histoire, et cela l'affectait plus que tout, car il espérait trouver auprès d'eux de la sympathie.

Nos visiteurs moscovites nous avaient parlé du film *l'Épouvantail*[1]. Bientôt, ce film passa à Gorki et nous y allâmes. C'était une journée sombre ; il tombait une neige mouillée. J'avais très mal au dos. Nous arrivâmes au cinéma, mais on ne vendait des billets que pour 19 h alors qu'il était 17 h. Nous allâmes manger dans un café et, quand nous revînmes à notre voiture, il n'y avait plus moyen de la faire démarrer. Qu'avaient-ils bien pu lui faire ? Nous ne doutions pas que ce fût une première réponse à la conversation entre Andréï et ses collègues et à son intention d'agir pour me permettre de me soigner. Nous laissâmes la voiture sur place et prîmes un taxi pour aller au cinéma. Le film nous fit pleurer, souffrir, nous horrifia. C'est l'un des grands événements cinématographiques des dernières années en URSS. Nous en sortîmes très secoués. Moi, je ne pouvais plus marcher, à cause de mon dos. Je restai donc adossée contre un mur, Andréï chercha un taxi, les guébistes étaient furieux parce qu'ils étaient obligés d'attendre sous cette neige mouillée. Enfin, nous eûmes un taxi, conduit par une femme. Quand Andréï lui dit notre adresse, elle demanda : « C'est là où vit Sakharov ? — C'est lui justement », lui répondis-je. Nous discutâmes et découvrîmes soudain chez cette femme une attitude toute différente de celle dont nous avions pris l'habitude depuis la campagne déclenchée par Yakovlev. Elle m'attendrit jusqu'aux larmes en me disant : « Oui, on voit que vous vous aimez. Moi, j'ai presque soixante ans, je prends bientôt ma retraite, il ne me reste plus que deux mois, et je vois tout de suite que ça va bien entre vous. » Par la suite, je me rappelai souvent ces paroles.

A partir de ce jour-là, l'état de mon cœur s'aggrava. C'est aussi cet hiver 1984-1985 que je reçus un avertissement

---

1. De Roland Bykov. Sujet : les persécutions d'une élève dans une classe *(NdT)*.

m'intimant l'ordre de ne pas sortir de chez moi après 20 h. D'ailleurs, nous ne sortions plus. C'était l'hiver. Nous n'avions pas d'amis chez qui aller, et du reste c'était interdit. Il ne nous restait que notre quotidien.

Revenons à notre voiture. Elle est vieille, elle date de 1976. Elle aussi est persécutée par le KGB. Lorsqu'il apprit que nous voulions faire une grève de la faim pour permettre à notre bru Lisa de partir — c'était en automne 1981 —, on nous la vola. Immédiatement, on fit courir le bruit à Gorki que j'avais emmené la voiture à Moscou et que je l'avais cachée pour ensuite accuser les autorités de sa disparition. Pendant que nous faisions la grève de la faim sans sortir de chez nous (par crainte d'être hospitalisés de force), la voiture fut retrouvée comme par miracle et on nous convoqua avec insistance pour que nous allions la reprendre. Andrioucha répondit alors qu'à présent la voiture était le cadet de ses soucis, à quoi on lui objecta qu'une automobile est un objet si coûteux qu'il vaut bien qu'on interrompe une grève de la faim. La manœuvre échoua, à la suite de quoi on enfonça notre porte et on nous hospitalisa de force, aux deux bouts de la ville. Après notre victoire et le départ de Lisa, la voiture nous fut rendue, ou plutôt ce qu'il en restait, car elle avait été dépouillée de tout ce qui pouvait se dévisser, et même les pneus avaient été échangés contre des pneus parfaitement lisses. Le moteur avait perdu la moitié de ses pièces et, à l'intérieur, on avait tout enlevé, même les cendriers. Lisa était partie le 19 décembre. La voiture fut réparée seulement au mois de mai. Au cours des années qui suivirent, notre voiture eut à souffrir à chaque fois que notre comportement déplaisait à nos gardiens : tantôt on lui crevait deux pneus à la fois, tantôt on brisait une vitre, tantôt elle était recouverte de quelque colle synthétique. La voiture était le baromètre de l'opinion qu'on avait de nous : s'il lui arrivait quelque chose, nous savions que nous avions été vilains : par exemple, nous avions réussi à parler à quelqu'un dans la rue ou bien au marché, ou nous avions planifié quelque chose d'inopportun, ou nous étions allés là où il ne fallait pas, ou nous avions omis de nous rendre à une convocation d'Oboukhov ou de quelque autre médecin. Nous péchions beaucoup, mais n'avions qu'une voiture, aussi la pauvrette eut-elle beaucoup à souffrir. En règle générale, les restrictions dont nous étions l'objet ne faisaient que croître, et nous l'apprîmes aussi grâce à notre voiture.

Le premier été, nous allâmes nous baigner dans l'Oka, à douze kilomètres de chez nous. Puis nous restâmes quelque temps sur la berge. Sur le chemin du retour, lorsque nous rejoignîmes la route principale, nous fûmes arrêtés par l'inspection routière, ce qui me surprit beaucoup, car je n'avais fait aucune infraction. Mais je remarquai tout de suite qu'il y avait là une autre voiture, de la milice celle-là. En sortit le capitaine Snejnitski (actuellement, il est major), que nous connaissions déjà. A ce propos, je ne puis m'empêcher d'évoquer un épisode où nous avions déjà eu affaire à lui.

Au tout début de notre vie à Gorki, le 15 février 1980, Youra Chikhanovitch vint nous rendre visite à l'occasion de mon anniversaire. Il fut immédiatement embarqué au « point d'appui » de la milice, où Snejnitski entreprit d'interroger et de rééduquer Youra. Andréï et moi, nous fîmes irruption dans leur local. On commença à nous pousser dehors et je giflai Snejnitski. On finit par nous expulser dans le couloir, par nous faire tomber même, et nous étions comme des chiens battus. Puis il y eut quelque chose comme un tribunal ou peut-être une simple mesure administrative, et je fus condamnée à une amende de trente roubles. Lorsque l'occasion s'en présenta, je dis au capitaine Snejnitski que trente roubles pour le plaisir de le gifler, ce n'était pas cher payé. Quelqu'un a du reste trouvé qu'à l'époque de Nicolas Ier, le chef de police du centre de Nijni-Novgorod[1] était déjà un Snejnitski ; peut-être est-ce une profession familiale ?

1. Ancienne appellation de Gorki, jusqu'en 1932 *(NdT)*.

Toujours est-il qu'après notre baignade dans l'Oka, le capitaine nous arrêta et nous déclara sans ambages qu'Andréï avait enfreint la loi en sortant des limites de la ville, ce dont il dressa procès-verbal. Andréï refusa de le signer, mais nous n'y retournâmes plus. Moi-même j'y allai assez souvent, car je n'étais pas encore sous le régime de l'exil ; or, il y avait là-bas une échoppe où l'on vendait les produits du sovkhoze, en particulier, trois fois par semaine, de la crème fraîche et du fromage blanc de bonne qualité. Mais, depuis le 2 mai 1984, date à laquelle je m'engageai à ne pas quitter la ville, je cessai d'y aller aussi.

Les premières années, il nous arriva souvent de prendre des gens en auto-stop à l'intérieur de la ville. Puis on nous l'interdit sans plus d'explications, du moins lorsque Andréï se trouvait dans la voiture. Tant que j'allais chercher mon fromage blanc, il arrivait souvent qu'Andrioucha m'attendît à la sortie de la ville, de sorte que je prenais beaucoup de gens en auto-stop. Un jour de forte pluie, les inspecteurs routiers (qui sont tout de même autre chose que le KGB) firent venir Andréï dans leur guérite, le temps que je revienne. Il arriva aussi une fois que je transportai un petit grand-père avec une barbe à la Tolstoï à la gare routière, parce qu'il pleuvait, tandis qu'Andrioucha m'attendait dans la voiture d'un inspecteur routier. Il m'attendit aussi un jour que je voulus aller voir au-delà du grand pont sur la Volga. Mais, de façon générale, je n'avais pas envie de me promener seule, sans Andréï, c'était trop vexant, c'est pourquoi je ne suis allée ni à Boldino, où Pouchkine avait vécu, ni au village de Vyezdnoïé, d'où les Sakharov sont originaires. J'attendais naïvement des temps meilleurs, où nous pourrions y aller tous les deux, et le résultat présent, c'est qu'aucun de nous ne peut y aller.

Cet interdit sur l'auto-stop, ils le notifièrent d'abord par des crevaisons de pneus ou quelque chose du même genre. Puis, voyant que nous ne comprenions pas tout à fait, ils se mirent à extraire nos passagers de force de la voiture. Je me souviens ainsi d'une scène pénible. Andréï conduisait. Il prit en stop deux femmes ; l'une d'elles, accompagnée par l'autre, était une petite vieille toute faible, qui se déplaçait avec de grandes difficultés. A peine Andréï redémarra-t-il que nos accompagnateurs accoururent, nous firent arrêter la voiture et se mirent à en extraire nos deux passagères avec des cris et des jurons. La vieille femme eut si peur qu'on pouvait craindre pour sa vie. Mais nous fûmes obligés de repartir. Un autre incident, non moins pénible, se produisit l'été dernier, quand j'étais seule. J'aperçus en roulant un homme qui me faisait des signes, tout en tenant dans ses bras un garçonnet de quatre ou cinq ans qui criait. Je m'arrêtai. Manifestement, l'enfant s'était cassé la jambe. J'entrepris de les installer dans ma voiture. A ce moment-là, mon escorte accourut et se mit à repousser l'homme. Sans doute se serait-il battu, mais il ne le pouvait pas, car il avait son enfant dans les bras. Tout le monde criait : l'enfant, l'homme, les guébistes. Alors, je me mis à crier si fort que je couvris leurs voix à tous et les effrayai. Je me jetai sur l'un des guébistes et je crois que j'aurais pu le tuer — ou mourir moi-même. Je lui criai de monter dans la voiture et de la conduire. Je crois qu'il fut effrayé par l'état où j'étais, et il s'exécuta. J'installai l'homme et son enfant sur le siège arrière et nous nous rendîmes à un centre de soins qui se trouvait non loin de notre domicile. Quand l'homme fut parti, le guébiste me dit : « Il vous est interdit de vous arrêter. Vous le savez parfaitement, et si vous essayez encore une fois, vous pourrez dire adieu à votre voiture. » Je ne lui répondis rien et claquai la portière, mais il me fut impossible de me calmer pendant longtemps. Enfin, un dernier épisode, plus comique que tragique. Il m'arrive d'avoir à changer une roue. Cela m'est difficile. Je préviens donc les guébistes que je vais arrêter un camion, car tout camionneur le fait avec plaisir pour trois roubles. Parfois, le guébiste m'y autorise lui-même, parfois il en réfère à ses supérieurs par radio. Cette fois-là, mon autorisation enfin obtenue, j'arrêtai un minibus. Le conducteur s'étonna grandement de ma demande en voyant près de ma voiture un jeune et solide gaillard. Après qu'il eut fini de changer la roue, je lui tendis trois roubles, mais il les repoussa : « Pas la peine, la mère, mais dis donc, ton grand cornichon-là, il faudrait lui flanquer une raclée ou lui apprendre à changer une roue : il est malade ou quoi ? — Il n'est pas à moi, celui-là, il est du comité [1] », lui dis-je. « Ah bon... » et le chauffeur regagna son véhicule. Je ne sais pas s'il comprit ce que je voulais dire, mais au dernier moment il me jeta un coup d'œil qui me fit penser qu'il avait deviné qui j'étais.

Je viens de montrer comment nos gardiens conversent avec nous au moyen de bris et de voix. Ils emploient aussi d'autres langages, comme la disparition et la réapparition de différents objets. Pour les lunettes, c'est devenu une habitude, et elles réapparaissent en général à l'endroit précis où nous les avions déjà cherchées. Au début, je bassinais Andréï en voulant lui faire admettre que le KGB n'y était pour rien et que c'était lui qui était étourdi. Puis, cela commença à m'arriver aussi. J'entrepris de noter ces événements. Des inepties du genre : « Ma brosse à dents a disparu ; Andréï et moi avons regardé dans le verre à dents dans la salle de bains », et la date. Plus d'une semaine après : « Hourrah ! la brosse à dents est revenue dans son verre », et la date. A l'évidence, nous ne sommes pas fous, mais des livres ont disparu de cette façon, ainsi que le dentier d'Andrioucha juste avant qu'il n'entamât son avant-dernière grève de la faim, alors que tout le monde était déjà au courant, les physiciens et le KGB ; il réapparut après la sortie d'Andréï de l'hôpital. Je n'énumérerai pas tous ces incidents. Pendant que j'étais seule, je ressentais une sourde inquiétude parce que je savais qu'en mon absence ils entraient dans mon appartement, cherchaient Dieu sait quoi,

---

1. C'est-à-dire, sous une forme très allusive, le comité de sécurité de l'État (*alias* KGB) *(NdT)*.

faisaient quelque chose, peut-être emportaient des objets. Un jour, c'est le verdict de mon procès qui disparut ; une autre fois, ce furent divers papiers. Cette valse des objets crée l'impression d'un cauchemar kafkaïen et l'on a le sentiment d'être sur la lame de verre d'un microscope, comme si l'on faisait sur nous des expériences.

J'ai déjà mentionné la visite des physiciens. Quelques jours après leur départ, Andreï reçut de son Institut de physique (IPAS) des paquets contenant des épreuves d'articles et, lorsqu'il ouvrit l'un des paquets, il en sortit une quinzaine de gros cafards qui s'éparpillèrent sur son bureau. C'était à la fois dégoûtant et effrayant. Or, il faut savoir que tout le courrier que nous recevons est soigneusement contrôlé. Par la suite, Andreï écrivit dans son journal intime : « Hier, il s'est produit un incident : lorsque j'ai ouvert un colis envoyé par l'IPAS, des cafards en sont sortis. J'ai réussi à en tuer cinq. Il est peu probable qu'ils aient pu se glisser eux-mêmes dans le colis. Ce serait plutôt une manifestation de mépris de la part du KGB. Façon de dire que nous sommes des cafards affamés. Ce n'est qu'une interprétation, peut-être le fruit de mon imagination. Les Grecs aussi avaient du mal à deviner ce que voulaient dire les Scythes lorsqu'ils leur envoyaient une flèche ou une grenouille (je ne me rappelle plus exactement). » Toujours dans l'ordre du langage des gestes, je peux citer l'envoi d'enveloppes vides prenant la place de lettres d'amis, etc.

Notre isolement téléphonique ne faisait que croître. De 1980 à 1983, nous ne pûmes nous servir des liaisons interurbaines et internationales, mais nous pouvions téléphoner à l'intérieur de Gorki : il est vrai que cela n'avait pas grand intérêt pour nous, mais toutefois, quand je fus malade, Andreï téléphona à plusieurs reprises aux Krassavine et à Kovner. Un jour, alors que je me sentais très mal et que je ne voulais pas rester seule, Andreï dicta le texte d'un télégramme à Kovner en le priant de l'envoyer à Newton. Il lui arriva aussi de demander à Kovner d'acheter quelque chose au marché, car il habite à proximité. Parfois, nous (le plus souvent moi) téléphonions aux Khaïnovski, et aussi dans différents cinémas pour nous renseigner sur les séances. A partir de 1984, on nous interdit même de nous approcher d'un téléphone public. Mettons que pour moi cela se justifie, puisque je suis une exilée, mais en ce qui concerne Andréï, certains hommes d'État soviétiques prétendent qu'il est libre et que c'est lui qui a choisi d'habiter Gorki.

Après qu'il eut décidé de recommencer une grève de la faim, Andréï se mit à réfléchir au moyen par lequel nous pourrions faire passer cette information au monde extérieur. L'attitude des physiciens et de notre avocate à l'égard de l'action qu'il projetait n'inspirait qu'une confiance limitée. Par qui alors ? Kovner et Felix Krassavine, nous ne les avions pas vus depuis le début du mois d'avril. Sans doute leur avait-on interdit de nous rendre visite, et puis avait-on le droit de leur faire courir des risques ? Andréï se souvint alors de notre ami V. qui était souvent allé à Gorki et me demanda mon avis, par écrit bien sûr. Nous ne disions jamais rien à haute voix lorsqu'il s'agissait de secrets. Nous en avions déjà pris l'habitude à Moscou dans le passé et écrivions le plus souvent sur des ardoises. Je doutais fort que V. fût une personne sûre et que nous puissions le retrouver puis le rencontrer de façon que cela apparaisse comme un hasard. Et puis, voudrait-il courir ce risque ? Alors je rappelai à Andréï l'histoire suivante, qui s'était produite deux ans auparavant.

... Le train, une fois de plus. Comme j'en avais assez de ces trains. Cette fois-là, à la fin de l'hiver 1982, Youra Chikhanovitch et Emil Schinberg m'avaient accompagnée à la gare de Moscou. J'avais tant de bagages que tout n'était pas entré dans une voiture. Leonid Chtcharanski en avait apporté une partie, Emil se chargea du reste. Nous déchargeâmes la voiture de Leonid et le laissâmes repartir. Puis nous prîmes un porteur et nous mîmes en route vers mon train. J'avais loué une couchette dans le wagon-lit, profitant de mon privilège d'invalide de guerre (ce qui m'était pratiquement impossible à Gorki, car toutes ces bonnes places y sont d'emblée réservées à l'administration locale et ne sont même pas louées aux guichets ordinaires). J'avais beaucoup de bagages car, en automne, notre voiture avait été dépiautée pièce par pièce, de sorte que nous dûmes la reconstituer également pièce par pièce : je transportais deux roues, une batterie et une valise de pièces plus petites, sans compter mes bagages habituels, c'est-à-dire deux glacières portatives contenant de la nourriture. L'employée du wagon-lit ne voulut pas me laisser monter. Elle fut polie et me dit que, si mon voisin me permettait de transporter tout cela dans le compartiment, elle n'y verrait pas d'inconvénient. Nous attendîmes donc ce second passager. Enfin, il arriva, ou plutôt j'entendis l'employée lui poser la question concernant mes bagages tout en me désignant. Il me regarda et se mit à rougir lentement.

135

Je crois que tout le monde le vit. Il rougissait de plus en plus, et j'en fus mal à l'aise pour lui. Enfin, il dit : « Oui, bien sûr », et monta dans le wagon. Mes amis (nous avions congédié le porteur) transportèrent mes roues et le reste. Puis je montai à mon tour, mais ne trouvai pas mon voisin dans le compartiment. Je pris congé de Youra et d'Emil. Mon voisin restait invisible. J'enfilai ma robe de chambre et m'allongeai un peu sur ma couchette. Le train partit. Je pris un livre et me préparai à lire et à somnoler sous l'accompagnement des roues. Quant à mon voisin, je me dis qu'il devait avoir filé dans un autre compartiment ou un autre wagon. D'ailleurs, peu m'importait. Alors, il réapparut, confus et souriant, ferma la porte et entama une conversation avec moi. Il me sembla qu'il avait spécialement attendu que le train démarrât, sans doute pour qu'on n'entendît pas notre conversation du compartiment voisin. Nous nous connaissions, lui et moi, mais d'une façon étrange ; chacun d'entre nous avait entendu parler de l'autre depuis sa première jeunesse, mais c'est à l'âge mûr que nous liâmes vraiment connaissance : auparavant, tout passait par des amis communs. Il était très heureux de cette rencontre. Pour moi aussi, c'était comme un sourire qui me venait du passé, de mon adolescence. Il était toujours d'aussi belle prestance, bien qu'on m'accuse souvent d'avoir une fausse notion de la beauté masculine. Selon moi, pourtant, cet homme restait beau, et c'est important à mes yeux, car il me semble que la beauté, le charme, l'agrément d'un visage sont aussi une sorte de bénédiction, un don qui rend l'homme meilleur, plus heureux dans sa façon de voir le monde. Au début, nous évoquâmes timidement nos amis communs, leurs enfants, ce qu'ils faisaient. L'un d'eux, chose étrange, car ce n'était plus un adolescent, mais un homme qui avait réussi dans la vie et avait déjà surmonté toutes sortes de drames, s'était suicidé. Puis mon compagnon se mit soudain à me poser des questions sur Andréï, avec lequel il avait fait jadis des études. Nous avions déjà observé avec étonnement,

136

Andrioucha et moi, que nous avions beaucoup d'amis communs datant de notre jeunesse, à telle enseigne que nous aurions presque pu nous rencontrer à cette époque. Ensuite, cet homme parla de lui, des difficultés qu'il avait à vivre (au sens moral et non matériel), de cette oppression qu'il ressentait en s'empêchant d'agir, de parler, voire même de penser comme il l'entendait. Enfin, il parla de Lisa, ou plutôt de notre grève de la faim, ajoutant que les milieux scientifiques et littéraires de Moscou l'avaient beaucoup discutée et toujours pour la désapprouver. Mais que notre victoire et le départ de Lisa avaient changé ce point de vue et, peu à peu, chacun s'était mis à dire qu'il avait été pour. Il me dit aussi qu'Andréï et moi nous ne soupçonnions même pas à quel point notre vie, notre destin et nos actes devenaient souvent non seulement un thème de conversation, mais une référence permanente dans l'existence de maintes personnes, bien qu'elles désapprouvassent le plus souvent notre façon d'agir. En somme, nous les empêchions de vivre tranquillement. Il dit aussi que souvent on ne nous aimait pas, surtout moi, ce qu'il essayait en vain de comprendre. Il plaisanta tristement en disant que la raison de cette attitude était banale : les gens étaient simplement habitués à se contenter de l'explication : « Cherchez la femme », sans essayer de voir plus loin. Il était triste, moi aussi. Il me demandait sans cesse pourquoi je parlais si peu, car en effet j'écoutais, regardais et réfléchissais tandis que lui parlait beaucoup. Cet homme, dont la famille était célèbre depuis plusieurs générations dans la culture russe, je le plaignais. Je ne pouvais oublier qu'en 1980 un de nos amis communs lui avait demandé s'il irait nous voir à Gorki et qu'il avait refusé, expliquant qu'il perdrait son travail. J'avais raconté cette histoire à Andrioucha et lui avais demandé ce qu'il aurait fait à la place de cet homme : il me répondit qu'il se serait privé de son emploi. Vers quatre heures du matin, il me demanda : « Qu'est-ce que tu prends comme somnifère ? — Moi ? Aucun. — Et Andréï ? — Non plus. — Vous avez de la chance, vous autres », dit-il sur un ton de coquetterie. Je sentis que l'atmosphère de notre amitié, l'esprit de notre jeunesse qui s'étaient miraculeusement glissés dans notre compartiment se dissipaient peu à peu.

« Vous avez de la chance, vous autres » : un académicien nous avait dit la même chose, quand nous étions encore à Moscou. Nous marchions sur l'avenue Lénine par une belle journée de printemps. Il venait à notre rencontre et s'arrêta pour discuter avec Andréï. Ils parlèrent d'un recueil consacré à la mémoire d'un savant. L'académicien se plaignait, parce qu'il craignait que la censure ne laissât pas passer certaines choses et se demandait s'il ne vaudrait pas mieux les exclure d'avance. Andréï lui dit qu'il ne fallait pas se hâter de se censurer soi-même, à quoi l'académicien répondit : « Oui, vous bien sûr, vous ne vous hâteriez pas de le faire [le " vous " s'adressait à nous deux], vous avez de la chance, vous autres. »

Je me rappelle aussi qu'en 1973, alors que tout ne faisait encore que commencer, un article de Tchakovski[1] dans la *Gazette littéraire,* très hostile à Andréï, l'accusa d' « agiter avec coquetterie un rameau d'olivier ». Je me trouvais dans l'escalier de la polyclinique de l'Académie. La femme d'un membre correspondant de l'Académie m'aperçut et se précipita vers moi (elle me connaissait depuis un bon siècle, et quand Andréï et moi nous nous mariâmes, elle raconta à tout Moscou à quel point j'étais « une fillette charmante »). Elle me demanda : « Lioussia, comment vous sentez-vous, Andréï et toi ? C'était si affreux, cet article dans la *Gazette,* mon mari en a presque eu un infarctus. » J'étais un peu gênée par cette exubérance, car en fait je savais qu'elle ne connaissait pratiquement pas Andréï. Je me sentais un peu coupable : le

---

1. Rédacteur en chef de la *Gazette littéraire* (hebdomadaire très important dans la vie soviétique) ; on lui prête notamment la paternité des Mémoires de Brejnev *(NdT).*

fait qu'elle me connaissait depuis notre enfance ne lui donnait pas le droit d'appeler mon mari si familièrement, et j'enrageais contre moi-même de ne pas pouvoir lui dire : « Il n'est pas Andréï pour toi et, moi, ça fait bien cent ans que je ne suis plus Lioussia. J'étais Lioussia avant que mon père ne fût arrêté. Mais ensuite, tu te rappelles ? » Mais je lui répondis seulement : « Nous nous sentons bien », ce qui du reste était vrai. Et elle. « Vous avez de la chance, vous autres. »

Oui, nous avons de la chance, c'est ainsi... Extrait d'une lettre d'Andréï Dmitrievitch Sakharov datée du 15 janvier 1985 : « [...] Comment vivons-nous ? Tragiquement. Nous sommes des enterrés vivants. Et, en même temps, si étrange que cela puisse paraître, nous sommes heureux. Le 7 janvier, nous avons fêté le treizième anniversaire de notre mariage ; tout était fait dans les règles. Lioussia s'est donné du mal (pour nous deux) : gâteau, tarte au fromage blanc, "oie" [c'est-à-dire poulet] aux pommes, liqueur, treize bougies joliment disposées. Chaque carte postale de Ruth Grigorievna[1], chaque photo venant de là-bas est une grande joie pour nous. Nous vous embrassons. Portez-vous bien. Bons baisers à la jeune génération. Tous les jours avant de se coucher, Lioussia touche onze fois du bois en pensant à vous tous et à nous aussi, elle vous évoque un par un et fait un vœu pour votre bonheur. Je vous embrasse. Andréï. »

Tout le monde est donc d'accord, et moi aussi, sur notre bonheur et notre chance. Je touche du bois. Quant au projet d'Andréï qui consistait à faire passer des informations par notre ami V., il n'en sortit rien. Andréï ne put même pas s'approcher d'un téléphone public sans se faire remarquer, alors qu'il voulait seulement demander les coordonnées de V. à un ami commun.

---

1. Il s'agit, rappelons-le, de la mère d'Elena Bonner, qui vit aux États-Unis *(NdT)*.

Je raconte tout cela sur une plage de Miami, tout en contemplant la mer. Je vois une voile rouge, puis une voile blanche. Des voiles rouges... c'est incroyable. Un miracle dû à Andréï, et un miracle aussi parce que, deux jours après cette invraisemblable opération, je me baigne dans la mer : tout cela est difficile à décrire et encore plus difficile à se représenter. Tout comme il m'est difficile de me représenter réellement la non-liberté qui m'attend bientôt à Gorki. C'est en même temps bientôt et très loin : Andrioucha est seul depuis presque trois mois. Or, moi, je sais ce que cela signifie d'être seul là-bas, dans cette sorte de prison, moi qui l'ai été quatre mois en 1984 et six mois en 1985. Hier, le 18 février, on m'a autorisée à prolonger mon séjour. Je ne comprends pas du tout ce que cherche le KGB avec toutes ces simagrées, pourquoi il a fallu que l'agence de presse Novosti éprouve le besoin de déclarer que je pouvais fort bien faire cette opération en URSS, pourquoi c'est Victor Louis qui a annoncé la prolongation de mon séjour, alors qu'on aurait très bien pu se passer de lui. Même un serveur du restaurant de l'hôtel Hilton et aussi un vendeur dans un magasin m'ont félicitée pour cette prolongation. Impossible d'expliquer aux gens. Même Aase Lionaes [1], une femme si charmante et si

1. Présidente du Comité du prix Nobel au moment où il fut décerné à Sakharov *(NdT)*.

courageuse, qui sait tout sur nous par ailleurs, m'a demandé par téléphone de rentrer en URSS en passant par la Norvège et de m'arrêter chez elle. Impossible d'expliquer jusqu'au bout que je ne puis rentrer comme je le veux ou comme le veulent mes amis, qu'il faut demander une autorisation pour tout, ce qui ne s'obtient pas automatiquement.

Les enfants sont repartis avec Ed et Jill. Je suis seule à présent dans cette ville de Miami que je connaissais par les romans et où, toujours d'après les romans, il a pu se passer de si drôles de choses. A peine la voiture qui emportait mes enfants s'est-elle dissoute dans le flot de la circulation qu'un sentiment de légèreté extraordinaire, d'une existence libérée de tout hormis de moi-même s'est emparé de moi avec une force que je n'avais pas connue depuis longtemps. Sur quoi vais-je me précipiter, sur la ville ou sur la mer ? Je n'ai pas de maillot de bain, je ne vais tout de même pas en acheter un au Hilton. Le matin, quand nous sommes allés au musée, j'ai repéré des rues qui me plaisaient ; aussi, je décide de retourner dans la ville. Mon taxi aurait presque pu dépasser la voiture qui emmenait mes enfants, tant ma décision a été rapide ! (La belle grand-mère que voilà, qui prétendait rester seule pour travailler !)

J'explique au chauffeur tout ce que je veux voir, où je vais et d'où je viens. Chose curieuse, que j'ai pu observer à plusieurs reprises : dans le nord des États-Unis, ou plus exactement à Boston ou à New York, la Russie éveille un certain intérêt, même superficiel, tandis que dans le Sud, aucun : pour eux, nous ne sommes même pas exotiques, nous ne sommes rien du tout, juste une province très reculée dont ils ont vaguement entendu parler. Mais peut-être n'est-ce qu'une impression subjective. Nous sommes passés par le long front de mer ; d'abord, ce sont des villas, puis des tours ultramodernes, manifestement résidentielles. Ensuite, des vieilles rues charmantes, avec commerces et restaurants, très à la dimension de l'homme. Je m'y suis promenée, j'ai bu un café, je me suis acheté un maillot de bain, puis tout un costume de plage dans un autre magasin, puis des nu-pieds, et partout j'ouvrais de grands yeux et je me sentais heureuse, comme ça, sans raison. Et je souffrais aussi parce que Andrëi est seul, sous le regard des objectifs, avec pour tout compagnon ce « télécran[1] ».

Je suis rentrée à l'hôtel et suis allée à la plage à la tombée de la nuit. J'ai craint d'aller dans l'eau. La mer était calme. Un barbu est passé, puis est revenu me demander quelque chose, mais je ne le comprenais pas. Il s'est assis sur une chaise longue en face de moi et m'a parlé longuement. Quand il a eu fini, je lui ai dit que je ne comprenais pas l'anglais. Il s'est tapé sur les cuisses, a éclaté de rire, a dit : « Ça, c'est un peu fort », et encore quelque chose de méchant, à en juger par son intonation. Puis nous avons réussi à parler, car je lui ai demandé d'articuler plus lentement, et j'ai pu entendre le récit d'un clochard américain : vingt-sept ans, vagabondage depuis quatre ans ; auparavant, il a étudié dans plusieurs universités, mais sans s'y plaire. Au bout de quelque temps, je me suis demandé s'il n'était pas malade, peut-être drogué. Nous avons comparé nos pays respectifs, leurs qualités et défauts. Je lui ai dit : « Nous n'avons pas de liberté. » Et lui : « Nous avons la liberté... de nous jeter dans la mer. — Où dors-tu ? — Sur la plage. — Où vas-tu maintenant ? — En Californie. — Pour quoi faire ? » Il hausse les épaules. « Que manges-tu ? — Ce qu'on me donne. — Tu veux bien que je te donne de l'argent ? » Il hausse encore les épaules, ni vexé ni intéressé. J'ouvre mon sac à main et tout à coup prends peur : il y a là tout mon argent, mon billet d'avion, mon précieux

---

1. Allusion à *1984,* d'Orwell *(NdT).*

passeport soviétique et même mon carnet d'adresses — mais il reste indifférent, prend mon argent, le met dans sa poche. Puis, après un silence : « Vous êtes une femme étonnante, vous avez compris tout ce que j'ai dit. Qui êtes-vous ? Qui êtes-vous ? » Tout à coup, sa question devient insistante et j'éprouve une impression désagréable. Je me rappelle que lorsque j'étais étudiante, et par la suite aussi, je craignais les malades mentaux. Mais lui, soudain, me prend la main et la baise, avant même que j'aie eu le temps de prendre peur. Je sens les effluves d'un corps sale, malsain, avec des relents d'alcool et de quelque chose de répugnant et de douceâtre (peut-être une drogue). Je réprime à grand-peine une nausée, me lève et lui dis : « *Good bye. — Good bye, mam, good luck.* » Pourquoi toute cette conversation ? Je vais dîner. Non pas au restaurant où j'ai déjeuné avec Jill et Ed, et dont je ne crains pas le luxe mais la complexité des menus et du service (on a droit à trois serveurs en même temps) ; l'impression est désagréable, à l'inverse de l'Irak, où cela m'avait paru normal ; ici, j'ai sans cesse l'impression de ne pas être moi-même, mais « l'épouse de l'académicien Sakharov ». Je trouve un petit restaurant, presque une cantine, derrière le Hilton. Il est plein à craquer. J'aperçois une dame seule, d'âge moyen, à une table. Comme il n'y en a pas de libre ailleurs, je lui demande si je peux m'installer en face d'elle et m'assieds après y avoir été autorisée d'un signe de tête, tout en comprenant après coup que ce n'est pas dans les usages. Je commande à grand-peine au serveur un plat que j'ai vu passer, de la viande et des pommes de terre sautées parfaitement normales, et puis de la salade et un café, sans surprise. Ma vis-à-vis explique au serveur que nous ne sommes pas ensemble, réalise que j'ai compris ses paroles et paraît confuse. Moi, je devine qu'elle est aussi une étrangère. A ce moment s'approche un jeune homme — comme on dit ici : *handsome* — qui me demande : « *Are you Elena Bonner ?* » Suivent quelques compliments, pas trop longs, ici on ne

143

s'étend jamais sur ce genre de sujet. Ensuite, on apporte mon plat. Au début, nous mangeons en silence, la dame et moi. Puis elle le rompt en s'étonnant de ne pas m'avoir reconnue tout de suite. Elle me raconte son histoire. Elle est née à Varsovie et habite en Europe depuis la guerre, d'abord en France, puis en Italie ; à présent, elle s'est installée aux États-Unis et vit sur la pension alimentaire que son mari lui verse depuis leur divorce ; sa fille l'a amenée à Miami car elle souffre de dépression. Elle est heureuse de me rencontrer et voudrait bien passer du temps avec moi en Floride. « Il ne manquait plus que ça, me dis-je ; tantôt j'ai droit au vagabond, tantôt à celle-là, chacun avec ses problèmes et sa vie... Les miens me suffisent largement ! » Je lui dis : « Je pars demain matin. » Nous sortons ensemble. Je décide de me promener sur le front de mer. Elle me dit que Miami est dangereux la nuit. Pourtant, il n'est que neuf heures du soir. Nous nous quittons. Je vais sur la plage. L'eau est immobile et le long du quai, à perte de vue, je ne vois que des voiliers.

Le matin je me baigne, pour la première fois depuis cinq ans : j'ai peur de nager, et même peur de l'eau, sans doute depuis l'opération. Puis je vais à la vente aux enchères des voiliers, car l'entrée est libre. Je m'étonne qu'on me laisse y aller : cette vieille dame avec ses grosses lunettes, c'est clair qu'elle n'achètera rien ! Mais peut-être est-ce parce qu'il n'y a pas encore de clients sérieux ? Un grand voilier comme celui-là, c'est ce qu'il nous faudrait pour ma mère, pour Andreï et tous les enfants ! Non, sans les enfants, car il faut qu'ils soient heureux par eux-mêmes. Heureux et tranquilles. A chacun il manque quelque chose. Du bonheur ? De la paix ? Andreï et moi, il nous faudrait voyager, en avion, en bateau, en voiture, ce serait cela, vivre. Au revoir, Miami, ou plutôt adieu !

144

Vue d'avion, Los Angeles est une interminable rangée de lumières dorées ou argentées, comme les papiers métallisés. Je n'ai pratiquement pas vu cette ville, hormis quelques rues et le centre commercial, et j'ai pu me rendre compte une fois de plus que, pour voir une ville, il faut être seule. A l'aéroport, je suis accueillie par un garçon avec lequel j'avais fait mes études à l'Institut de médecine de Leningrad. Un garçon, parce qu'il a cinq ou sept ans de moins que moi ; comme la plupart des autres étudiants qui n'avaient pas fait la guerre, à l'époque il paraissait jeune et l'est resté pour moi.

... Je me revois étudiante de première année. Maman et ma tante Raïssa — qui était médecin et qui, pendant toute la période de détention de maman, avait beaucoup aidé ma grand-mère et nous avait beaucoup aimés, mon frère et moi — étaient toutes deux opposées à mes études à l'Institut de médecine, car elles craignaient pour mes yeux et suivaient en cela l'avis des ophtalmologistes qui me soignaient. (Plus tard, elles seront aussi de l'avis des médecins qui m'interdiront d'avoir des enfants, mais je passerai outre. A présent, je me dis : la belle vie que j'aurais eue si j'avais suivi leur conseil, si je n'avais pas fait d'études, pas travaillé, pas eu d'enfants.) Donc, nous sommes en février 1948. La réforme monétaire a déjà eu lieu [1], et la faim se fait moins sentir. Nous fêtons mon anniversaire et j'ai invité tous mes camarades. Maman me parle de l'un d'eux sur un ton d'irritation ; il est en bonne santé, a les joues roses, a peut-être seize ou dix-sept ans : « Alors c'est ton collègue ? Il vient directement de la maternelle. » Je sens chez elle du mépris à mon égard parce que, tous les jours, je suis les cours avec opiniâtreté en partant à sept heures de chez moi : elle escomptait que je manquerais, que ça se tasserait et que je laisserais tomber l'Institut ; elle m'en veut de lui faire lire tous les soirs des chapitres de physiologie ou de biologie, ou même de lui faire écrire à mon usage des résumés

---

1. Réévaluation du rouble en 1947 *(NdT)*.

145

de marxisme : je fatigue moins mes yeux en la faisant travailler.

Le garçon que je trouve à l'aéroport, le docteur Levran, est un de ces garçons aux joues roses, mais il n'est plus du tout un garçon, il en a trois lui-même, plus une fille. La ville de Los Angeles est étirée en longueur, mais nous arrivons assez vite à sa maison. Ou bien peut-être ai-je une impression de rapidité parce que je reprends contact avec lui, au point exact où nous nous étions arrêtés, malgré un trou de plusieurs décennies. Et puis soudain, rencontre comique : sur la photo qu'il me tend et qui date de 1949, j'aperçois une jeune femme avec un grand chapeau rond. J'ignore si cette mode était alors répandue par-delà nos frontières verrouillées, mais à Leningrad, ces chapeaux se portaient et étaient très chers. Cette femme s'apprête à sourire. Elle me plaît, sans doute parce que je ne la reconnais pas tout de suite. Je n'avais jamais vu cette photo auparavant, car Levran avait oublié de me la donner ; il l'a envoyée à Gorki en mon absence et elle est arrivée à bon port. Lettre d'A. Sakharov du 18 mars 1986 : « [...] Une lettre agréable avec un portrait de toi datant de 1949, je n'ai pas tout de suite compris qui c'était... J'ai mis la photo sur ma table. Le chapeau est comme celui de Marlène Dietrich. » J'aime montrer cette photographie, bien que je sache que ce n'est pas sans coquetterie.

Encore une photo, qui, elle, n'a rien à voir avec ma coquetterie : elle date de 1942 et réfute les mensonges de Yakovlev qui écrit que, vers la fin de la guerre, je me suis cachée dans un train sanitaire. La photo me montre avec un casque et encore sans pattes d'épaule : les spécialistes peuvent en déduire que cette photographie a été faite avant 1943. L'appréciation qui accompagne cette photo indique les dates exactes et corrige d'ailleurs ce que j'ai écrit dans mon autobiographie, où je situe mon envoi dans la région de la mer Blanche en mai 1945, alors que ce papier officiel le date de juin. J'étais venue dans ce train sanitaire pour la nouvelle année 1942, après l'hôpital de Sverdlovsk et pas encore tout à fait remise de ma blessure et de ma commotion. Pendant trois ans et demi, ce train fut ma maison et mon front. Sur cette photographie, on peut voir tous les chefs du train.

Donc, Los Angeles. Un lunch, avec des gens très bien. Puis Pasadena, San Diego — les baleines dressées, je ne me consolerai jamais de les avoir vues sans Andréï. A San Diego, les personnes excellentes qui m'ont reçue se sont convaincues de ma phobie des lunchs et des dîners et m'en ont dispensée. Il est vrai que l'énorme quantité de gâteaux, de café et de thé qu'ils avaient préparée compensait largement tous les lunchs et les dîners. Cela rappelait un peu nos tablées léningradoises ou moscovites quand il y avait tout sur la table — du petit déjeuner au souper. Bien sûr, l'essentiel, c'étaient les yeux vivants de mes hôtes et de leurs amis quand je leur parlais d'Andréï et quand ils me posaient des questions. Et que dire des gens que j'ai rencontrés à San Francisco, à Berkeley, à Palo Alto, à l'Académie de New York, à l'université de Columbia, au Centre russe de Harvard, au Congrès, à toutes ces réceptions, lunchs, dîners chez les gens, au cours des séances solennelles et, enfin, chez mes enfants à Newton, à l'Académie nationale, à l'Association des scientifiques américains, à l'Académie de Boston, à la Société de physique des États-Unis... J'énumère toutes ces rencontres pour faire part de mes pensées et des sentiments que j'éprouve en me les remémorant. J'ai surtout rencontré des collègues d'Andréï, pas nécessairement des physiciens, mais aussi des politiciens professionnels, des gens des médias, des écrivains, des acteurs, bref, l'élite intellectuelle. J'avais sans cesse l'impression d'avoir affaire à des gens plus intelligents qu'Andréï ou moi : ils ont vu, entendu, lu, fréquenté, voyagé davantage que nous. Beaucoup d'entre eux s'occupent des problèmes du désarmement, de la guerre et de la paix. Ils parlent de l'hiver nucléaire, de la guerre des étoiles, de la dégradation de l'environnement. Sur toutes ces questions, ils sont compétents (ou du moins paraissent tels à nos yeux incompétents), mais lorsqu'on les fréquente d'un peu plus près, on s'aperçoit que

147

cela les intéresse tout simplement et qu'ils n'éprouvent aucune crainte concernant leur avenir et celui de l'humanité : ni les médecins opposés à la guerre nucléaire, ni les scientifiques qui mènent des pourparlers sur le désarmement, ni tous les autres spécialistes. Ils ont sur toutes ces horreurs un discours constant et quasi professionnel, et se sont parfois totalement écartés de leur spécialité initiale. Le sujet qui les préoccupe ne les inquiète nullement dans leur vie quotidienne. Ils planifient longtemps à l'avance leur travail et leurs loisirs, la réfection ou l'achat d'une maison, leurs lunchs d'affaires, leurs dîners avec leurs épouses ou leurs amis. J'aime du reste leur façon de vivre. Ils dorment en paix, sans se rendre compte qu'ils troublent le sommeil et dépriment des millions d'autres personnes par leur action. En la matière, les médecins sont les plus étonnants, si l'on considère toute cette épidémie d'insomnies, de névroses et d'états similaires qu'ils ont sinon créée, du moins propagée par leurs activités militantes. Une postière de Gorki me confia un jour (à l'époque où nous pouvions encore parler aux gens) qu'elle voulait faire des travaux dans son studio et s'acheter un tapis. Mais, quelque temps après : « Je ne sais pas si cela vaut la peine de faire tout ça, il paraît qu'il y aura bientôt la guerre... » Peut-être ici, aux États-Unis, ces gens qu'on dit « simples » (en quoi sont-ils « simples » ? pourquoi ?) pensent-ils comme cette femme de Gorki ; mais ce n'est pas le cas des intellectuels. C'est un curieux phénomène qu'il ne m'appartient pas d'essayer de comprendre.

J'évoquerai seulement les réactions que j'ai pu observer à l'égard de l'affaire Sakharov. La majorité n'a pas vraiment besoin de nous, mais, formellement, tout le monde s'y intéresse (aux dîners et réceptions, c'est si formel que j'avais parfois envie de demander à certains qui me faisaient leurs compliments : « Mais au fait, savez-vous qui est Sakharov ? ») ; tous étaient prêts à donner leur signature (et, en effet, il faudrait faire davantage de pétitions) ; en même temps, beaucoup étaient très mal informés, et pas seulement sur l'affaire Sakharov. Chose typique, ils n'éprouvaient pas non plus le besoin d'en savoir davantage. J'ai l'impression que les hommes politiques sont tout aussi peu informés sur d'autres problèmes : sans doute sont-ils poussés davantage à l'action qu'à la connaissance, que ce soit sur les problèmes du Nicaragua, de l'énergie, de la médecine, de l'éducation ou des droits de l'homme. Peut-être y a-t-il là aussi une question de prestige, car l'essentiel est de comprendre ce qui est source de prestige. Peu ont lu les textes d'Andréï. A l'assemblée de l'organisation SOS [1], chaque participant recevait une copie de ces documents ; les gens étaient censés s'occuper sérieusement des problèmes des droits de l'homme, mais ils n'en parlaient guère. Pourtant, ailleurs, il y a aussi des personnes qui veulent savoir et faire quelque chose ; ceux-là, on a envie de leur parler parce qu'on sent leur intérêt, on voit des yeux vivants, et non cette distance et ce vide qu'Andréï avait observés dans les yeux de ses collègues en novembre 1984 et en février 1985, lorsqu'il leur avait raconté toute son histoire. Il y a aussi des gens qui parlent beaucoup de leur action et de nous-mêmes... Seulement, il y a un mais.

Je dois à présent exposer une de mes découvertes les plus pénibles. Il en est qui connaissent le nom de Sakharov, qui connaissent même son action et ses opinions, qui signent toujours tout, prennent parfois la parole les premiers, appellent les autres à agir, discutent du cas Sakharov avec des administrateurs soviétiques (de l'appareil d'État ou du secteur scientifique, peu importe). Ces gens-là, je les partage schématiquement en deux catégories : pour les uns, Andréï est un être vivant et ils prennent à cœur tout ce qui le concerne comme s'il s'agissait d'eux-mêmes ; pour les autres, Andréï est un symbole, un jeu, une politique, même une carrière

---

1. « Shcharanski *(Chtcharanski)*-Orlov-Sakharov » (SOS) : organisation de scientifiques américains pour la défense des savants soviétiques dissidents *(NdT)*.

personnelle, bref, un concept, je n'ose dire un homme mort. Je l'ai surtout compris lorsque j'ai été invitée par un haut fonctionnaire des États-Unis.

... La Maison-Blanche possède une entrée « dérobée » à laquelle nous avons accédé par une sorte de sas, en produisant nos laissez-passer. Là, nous fûmes accueillis par mes vieilles connaissances, des diplomates américains qui peut-être, après leur poste à Moscou, s'occupent de ce qu'on appelle le *policy-making*. Mais non, ils n'élaborent pas de politique, et l'expression de leurs visages m'a rappelé une vieille histoire.

Lorsque en 1981 mon fils Alekseï, qui se trouvait déjà aux États-Unis, décida de se marier avec Lisa, il nous fallut faire authentifier la signature de Lisa sur la procuration qu'elle voulait faire parvenir à Ed Kline (notre ami américain), afin qu'il la représentât aux États-Unis pendant la cérémonie du mariage. Nous nous adressâmes au consulat américain à Moscou, car nous savions d'avance qu'aucun notaire soviétique n'authentifierait ce genre de document. Deux jeunes et gentils employés du consulat (nous devînmes ensuite amis avec eux) nous dirent : « Mais bien sûr, nous allons demander conseil à notre avocat. » L'avocat, également jeune, mais moins jeune qu'eux (les Américains ne craignent pas les jeunes), répondit : « Bien sûr », et tous trois promirent de s'adresser au Département d'État, dont ils escomptaient une réponse rapide. Par la suite, j'allai les voir presque toutes les semaines pendant quatre mois ; je venais spécialement de Gorki pour cela. A chaque rencontre, leurs visages se crispaient un peu plus. Je crois même que le timbre de leur voix changeait lorsqu'ils me répétaient à chaque fois : « Vous savez, l'administration est en train de changer là-bas, la réponse n'est pas encore arrivée. » Et enfin, ils m'annoncèrent la réponse positive du Département d'État. Le lendemain, j'y allai, cette fois avec Lisa. Il fallait voir leurs visages épanouis ! Ils ne se gênaient plus ni devant nous ni devant leurs chefs, qui parlaient beaucoup du problème des droits de l'homme et des Accords d'Helsinki (voilà un vrai problème des droits de l'homme : permettre à deux jeunes gens de se marier !). C'est ainsi qu'Ed Kline devint « notre fiancée » par procuration (Andréï lui donna ce surnom, qui lui resta dans nos conversations).

Cette fois-ci, j'étais accompagnée à la Maison-Blanche par Alekseï, Efrem et Ed. Eux ignorent cette expression faite de compassion et de culpabilité avec laquelle nos anciennes connaissances nous ont accueillis. Je me demandais pourquoi on m'avait fait venir, car, après tout, je ne l'avais pas demandé. L'entrée n'avait rien de solennel, juste deux sentinelles au bout du passage. Ce n'était pas comme au Kremlin, où j'étais allée une fois aussi sans avoir rien demandé, sur la convocation d'Anastase Mikoyan, qui avait eu également une expression coupable dans les yeux : lui était en vie, alors que mon père... Ils avaient été amis de jeunesse et avaient monté le même cheval pendant la guerre. Au Kremlin, il y avait beaucoup de sentinelles à tous les niveaux, à tous les étages, tous en uniforme de parade et au garde-à-vous, alors qu'ici c'est plutôt la position « repos ». Au bout du passage, il y a une porte très ordinaire. Tandis qu'au Kremlin, ce sont vraiment des portes, des portes de chêne grandes comme deux fois un homme, larges et lourdes en proportion, et qui s'ouvrent sans bruit : au regard de ces portes puissantes, celle de la Maison-Blanche fait figure d'une petite « provinciale ».

Mais pourquoi comparer la Maison-Blanche au Kremlin, qui est si loin, quand il y a le Congrès des États-Unis, où tout est si spacieux, où il y a tant de halls, de fenêtres, de portes, de salles, de couloirs, d'escaliers ? Au Congrès, les escaliers symbolisent quelque chose qui vous emmène vers le haut, vers le large, ce sont des escaliers semblables à celui du *Cuirassé Potemkine*. Tandis qu'à la Maison-Blanche, l'escalier que j'ai emprunté était très étroit, comme un escalier de chambre de bonne, et les pièces étaient petites, avec des plafonds assez

151

bas. Vue sous cet angle, la Maison-Blanche paraît très miniature.

La pièce où on nous a fait entrer aussi était petite. Il y avait là trois personnes et, avec nous quatre, on se sentait un peu à l'étroit. Nous étions reçus par l'amiral Poindexter. Il exprima le profond respect qu'il vouait à mon mari. Il dit également que l'administration américaine était profondément préoccupée par son sort et par celui de beaucoup d'autres, mais qu'actuellement elle estimait que le meilleur moyen d'agir était l'action discrète. C'est pourquoi on m'avait invitée à Washington afin qu'il me reçoive à la place du président. J'avoue que ce « à la place du président » ne m'a paru prouver ni le respect ni la préoccupation dont il avait été question. Les arguments avancés par l'amiral ne me paraissaient pas neufs non plus. On a déjà défendu dans le passé le principe de la diplomatie « discrète » en tant que meilleur moyen de défendre les droits de l'homme. Je n'ai jamais partagé ce point de vue, en quoi je suis une disciple conséquente de mon mari, car Sakharov considère que la transparence, l'appel à l'opinion publique sont la meilleure arme dans ce domaine. Je crois que l'amiral et moi, nous ne parvînmes pas à nous entendre làdessus. En me quittant, le conseiller du président en matière de sécurité me pria de transmettre ses respects à mon mari. Notre entrevue fut brève. J'avais l'impression que l'amiral n'était pas concrètement informé de l'action de Sakharov pour l'interdiction des essais nucléaires, de ses travaux scientifiques et, en particulier, de ses travaux pionniers sur l'utilisation pacifique de l'énergie thermonucléaire. De tous les problèmes qui occupent Andreï Sakharov depuis tant d'années et qui ont trouvé un écho dans son discours du prix Nobel, on retient parfois seulement le thème des droits de l'homme, de sorte que Sakharov devient alors le dissident soviétique le plus important (parce qu'académicien) et qu'on ne comprend pas son rôle exceptionnel dans le monde moderne. Un tel point de vue se rencontre fréquemment dans les milieux scientifiques et politiques, et témoigne de leur étroitesse de vues.

Je n'avais pas demandé à voir le président ni, à plus forte raison, l'amiral Poindexter. Mais lorsque j'appris cette invitation, je demandai qu'on reportât mon opération d'angioplastie et qu'on me laissât quitter pour trois jours l'hôpital où je me trouvais. Je croyais que l'amiral avait l'intention de me dire quelque chose d'important, ou du moins de neuf. Or, la diplomatie discrète en matière de défense des droits de l'homme, c'est une vieille chanson. Fallait-il vraiment me recevoir précisément à ce moment-là, « à la place du président », et, ce faisant, m'inclure dans je ne sais quel jeu politique manifestement nuisible à la défense de mon mari et des autres dissidents ?

On nous reconduisit par les petits escaliers. En bas, je vis passer en coup de vent un petit groupe de personnes. Alekseï me dit par la suite que c'était le vice-président Bush avec son escorte. Nous repassâmes devant les sentinelles et sortîmes. Je regrette de ne pas avoir vu la fameuse salle ovale et la pelouse où le président avait signé la proclamation instituant une Journée Sakharov[1], de sorte que je ne pourrai pas le raconter à Andréï.

---

1. La première Journée Sakharov fut organisée en 1985, le 21 mai, jour anniversaire de Sakharov *(NdT)*.

Les droits de l'homme. Les organisations et les individus les plus divers en parlent et s'en occupent. Là encore, leur attitude peut être très variable, tantôt purement théorique, abstraite, tantôt vivante et humaine. Je me rappelle toujours avec tristesse une phrase du président Carter. Il avait dit : « Nous nous occuperons du problème des droits de l'homme, mais non des cas particuliers. » Ce disant, il avait détruit l'immense respect qu'il s'était acquis. Il ne peut y avoir de défense des droits de l'homme sans défense des individus. Actuellement, il se trouve des hommes politiques ou des personnalités qui s'occupent du problème général, sans s'occuper des cas particuliers. En réalité, ils ne s'occupent ni de l'un ni des autres. Certains se préoccupent de l'individu et de son sort. Souvent, les deux catégories se rejoignent dans l'affaire Sakharov, généralement dans des périodes « de pointe », autour d'un événement, d'une date, au moment de la Journée Sakharov, lors d'une réception solennelle, avant des élections, etc. Mais, souvent, ces deux catégories divergent complètement. Les uns disent qu'il ne faut pas irriter les Soviétiques : on agira, mais en silence ; les autres disent qu'il faut tout dire ouvertement : ce n'est quand même pas une action criminelle. Les uns se rendent à Moscou pour rencontrer l'*establishment* scientifique et discuter du désarmement, des échanges, des contacts et, bien sûr, pourquoi pas, de Sakharov, mais c'est dans un bureau, discrètement, pour que personne ne le sache (cela n'irrite même pas les Soviétiques), et quant à l'opinion occidentale, on peut rendre compte de son action à son retour. Les Soviétiques ont compris depuis longtemps ce petit jeu et l'ont accepté. Les Occidentaux font semblant de ne pas savoir que c'est un jeu. Or, ils savent, et c'est une forme particulière de la double pensée, qu'on dit toujours caractéristique d'une société totalitaire. Malheureusement, ce n'est pas vrai, il y a aussi une double pensée « occidentale ». Un scientifique m'a dit récemment que la Maison-Blanche ne l'aimait pas plus que le Kremlin n'aimait Sakharov. Je lui ai demandé pourquoi, dans ces conditions, il était ici, c'est-à-dire à Washington, à une réception somptueuse, et pourquoi on l'autorisait si souvent à aller à Moscou (je ne parle même pas des fonctions qu'il occupe), mais il ne me répondit pas, sans doute parce qu'il n'y avait rien à répondre.

L'attitude envers Andréï est très étrange. On dirait que beaucoup ne veulent pas ou ne peuvent pas comprendre (affaire de mentalité, sans doute) qu'on ne peut laisser Sakharov à Gorki plus longtemps, que cela signifierait sa mort à brève échéance. Par contre, ils veulent savoir si les articles qu'ils lui envoient arrivent à bon port (parfois oui, parfois non, parfois avec des cafards, et quand il faudra qu'ils n'arrivent plus, ils cesseront d'arriver). Ils se préoccupent de savoir si Sakharov reçoit assez souvent des visites de ses collègues. Ne vous inquiétez pas, ils viennent assez souvent pour vous embrumer la cervelle, mes chers amis, et pour vous faire croire que Sakharov se livre à son travail scientifique dans d'excellentes conditions. Même après la lettre d'Andréï à Alexandrov, on en trouve pour évoquer l'aide médicale qu'il faudrait lui donner à Gorki. Une aide? De la part de qui? Des médecins qu'il a qualifiés de « Mengele [1] de notre temps » ? On ne peut laisser Sakharov à Gorki, car il peut lui

---

1. Rappelons qu'il s'agit du médecin tortionnaire d'Auschwitz *(NdT)*.

arriver n'importe quoi sans que personne n'en sache rien, et c'est cela qu'on ne veut pas comprendre. Le monde entier continuera à regarder les films pour lesquels le KGB touchera des devises par l'intermédiaire de Victor Louis, et à discuter de l'aspect qu'y aura Sakharov et de ce qu'il aura dit ou n'aura pas dit en réalité... Or, on peut fabriquer de tels films même après la mort de l'un de nous ou de nous deux. On trompe les autres pays et on trompe sa propre population, en même temps. Les deux formes de mensonge font peur.

Encore une question qui me vient à l'esprit. Les collègues de mon mari continueront-ils à mener toutes sortes de pourparlers officieux sur le désarmement, à organiser des rencontres Pugwash [1], etc., sans sa participation, en faisant fi de la seule voix qui, en URSS, soit à la fois indépendante et compétente ? Le 27 avril, je fus invitée par l'Académie nationale à une garden-party. On me présenta un physicien qui s'occupait du problème de l'utilisation pacifique de l'énergie thermonucléaire. Il était pour la collaboration avec les Soviétiques dans ce domaine. Je lui demandai : « Sans la participation de Sakharov, qui est l'auteur de travaux pionniers dans ce domaine et qui est encore en vie ? N'est-ce pas immoral d'agir ainsi ? » Il me répondit : « Peut-être, mais au moins c'est rationnel. Mais nous nous souvenons de votre mari. — Comme on se souvient d'un mort ? — C'est possible. » Au moins, ce scientifique ne souffre pas de double pensée, c'est un réaliste. Pourtant, même ceux qui ont la double pensée ne valent guère mieux. Pour moi, il est préférable d'avoir affaire aux réalistes ; au moins, ils n'essaient pas de vous donner le change. Si l'Allemagne nazie n'a existé que douze ans, c'est peut-être justement parce qu'elle n'habillait pas ses aspirations de belles

1. Mouvement de scientifiques pour la paix et le désarmement lancé en 1955 par Einstein, Bertrand Russel, etc. Ces conférences se tiennent tous les ans depuis 1957, et certaines ont eu lieu en URSS *(NdT).*

paroles. Ses idéologues disaient tout ouvertement : ils ne souffraient ni de double pensée ni de double langage.

Mais trêve de récriminations. J'espère — et je sais — qu'il y a aussi des gens qui comprennent tout, dont le cœur n'est pas enkysté dans l'indifférence et dont la raison n'a pas été obscurcie par la double pensée. Mieux vaut pécher par indulgence que par sévérité excessive. Aux personnes que je viens de citer, le nom de Sakharov n'apporte ni profit ni succès ; parfois, dans leur honnêteté et leur absence de compromission, ils perdent réellement quelque chose — ils ne sont pas élus ici, ils ne sont pas invités là, on leur refuse un visa d'entrée en URSS, on ne les met pas à la place d'honneur, mais c'est par eux que nous sommes en vie et je leur dis : « Mes chers, mes grands amis, sauvez Andréï Dmitrievitch ! » C'est à eux aussi que s'adressait Andréï : « Aidez-nous, nous espérons recevoir votre secours. »

Nous voici parvenus à l'étape ultime du combat d'Andréï pour mon voyage. Elle fut longue et aussi douloureuse que la précédente, ou bien douloureuse d'une autre façon. Elle débuta en automne 1984, lorsque Andréï écrivit sa plainte et sa lettre à Alexandrov. La plainte, il en avait montré la première mouture à Reznikova en mars et il rédigea la version définitive en novembre ou décembre. Au même moment, il tenta de faire passer en Occident sa lettre à Alexandrov et son appel à l'opinion mondiale. Tout cela se passa donc à la fin de l'année 1984. Sa seconde tentative date du début du printemps 1985. De mon côté, je déposai un recours en grâce. Au début, je ne voulais pas le faire à cause de mon réflexe de dissidente selon lequel un recours en grâce est déjà une forme de repentir. Andréï ne l'a jamais pensé et il réussit à me persuader. En mars, je montrai mon recours à Reznikova, car je voulais qu'elle le déposât au Soviet suprême. Il nous paraissait que c'était la meilleure voie. Mais l'avocate refusa. Elle me dit en outre que mon recours n'était pas rédigé convenablement, car il fallait que je porte une condamnation sur mes activités passées. Je lui répondis que je le savais, mais que je ne voulais pas l'écrire de cette façon. Je l'envoyai pour finir par la poste fin mars ou début avril :

Au Praesidium du Soviet suprême de l'URSS,
Elena Guéorguiévna Bonner,
demeurant avenue Gagarine, n° 214, appart. 3,
Gorki 603 137

Le 12 février 1985.

Recours en grâce

Le tribunal régional de Gorki m'a condamnée à cinq années
d'exil intérieur sur la base de l'article 190-1 du Code pénal de
la RSFSR, le 10 août 1984.

Le verdict me reprochait huit épisodes, dont quatre se
rapportent à l'année 1975, lorsque mon mari, l'académicien
Andréï Dmitrievitch Sakharov, reçut le prix Nobel de la paix
et que, sur sa demande et conformément à mes propres
convictions, j'ai reçu le prix et pris part à la cérémonie ; deux
autres épisodes se rapportent à la rédaction, la signature et la
diffusion de deux documents du Groupe Helsinki de Moscou
(en 1977 et 1978) ; le septième point est le récit oral que j'ai
fait de la vie de Sakharov à Gorki ; le huitième est une
interview prise par un journaliste français qui me rendit visite
le surlendemain du jour où un infarctus me fut diagnostiqué.
Tous ces points me furent imputés à crimes.

Je suis née en 1922. Mon père fut arrêté en 1937 et accusé
d'être un traître à la patrie. Bientôt, ce fut le tour de ma mère,
parce qu'elle faisait partie de sa famille. Depuis l'âge de
quinze ans, j'ai fait mes études et travaillé. J'ai vécu avec ma
grand-mère, mon petit frère et ma cousine. Je n'ai jamais cru à
la culpabilité de mes parents. En 1941, je me portai volontaire
à l'armée, laissant ma famille à Leningrad, qui fut bientôt
assiégée. Les enfants survécurent, mais ma grand-mère mourut. En octobre 1941, je fus grièvement blessée et contusion-
née. Fin décembre, après l'hôpital, je fus affectée à un train
sanitaire comme infirmière, puis infirmière en chef. En 1943,
je fus blessée pour la seconde fois, mais ne quittai pas le train.
En 1945, je fus nommée commandant adjoint de la section
médicale d'un bataillon de sapeurs. Je fus démobilisée en août
1945 avec le grade de lieutenant des services de santé et
invalide de deuxième catégorie de la Grande Guerre patriotique. Je fus soignée pendant deux ans dans divers hôpitaux. En
1947, je m'inscrivis à l'Institut de médecine et, pendant mes

études, je travaillai comme infirmière dans un hôpital pour enfants. Au terme de ma scolarité, je travaillai comme médecin traitant et comme enseignante. J'ai derrière moi trente-deux ans de travail irréprochable, bien que depuis l'âge de vingt-deux ans je fusse une invalide. Actuellement, je suis retraitée.

En 1977, mes enfants — mon fils, ma fille et leurs familles — furent contraints d'émigrer et ils vivent actuellement aux États-Unis. Je veux revoir mes enfants, mes quatre petits-enfants, dont je n'ai encore jamais vu la cadette, et ma mère, qui habite actuellement chez eux. Elle est citoyenne soviétique et pourrait rentrer en URSS, mais elle serait alors obligée de vivre seule à Moscou, alors qu'elle a quatre-vingt-quatre ans (mon frère, navigateur au long cours, a péri à Bombay en 1976), ou bien de me rejoindre dans mon exil, dans un isolement total. Cela signifierait concrètement que je lui proposerais de retourner dans une sorte de détention, alors qu'elle a déjà fait dix-sept ans de camp et d'exil et qu'elle en a été libérée après le XXe congrès du PCUS et la réhabilitation posthume de son mari (en l'absence de corps de délit), sa propre réhabilitation et sa réadmission au Parti, dont elle est restée membre plus de soixante ans.

En septembre 1982, j'ai déposé une demande de visa afin de me faire soigner les yeux (dans le passé, j'étais allée aux mêmes fins en Italie, à trois reprises) et aussi de revoir ma famille. Je n'ai toujours pas reçu de réponse.

Je demande qu'on me gracie ou bien qu'on sursoie à l'application de ma condamnation, au moment où l'URSS et le monde entier, sur la décision des Nations unies, commémoreront le quarantième anniversaire de la victoire sur le nazisme, victoire à laquelle j'ai pris aussi ma part infime, avec mes forces et ma santé. Je vous assure que mon voyage n'aura pas d'autre but qu'une visite à mes proches ; nous sommes séparés depuis plus longtemps que n'a duré la Seconde Guerre mondiale. Je vous assure que je reviendrai en URSS afin de purger la peine qui m'a été fixée par le tribunal, autant que me le permettront mes forces.

Très honoré président du Soviet suprême ! Très honorés membres du Praesidium du Soviet Suprême ! Je m'adresse à vous en tant qu'organe suprême de l'État et en tant qu'hommes, en espérant trouver auprès de vous bonté et humanité. Veuillez faire preuve de mansuétude à l'égard d'une femme gravement malade ; d'une grand-mère, d'une mère, d'une fille ; d'un ancien combattant de la Seconde Guerre mondiale et d'un invalide de cette guerre. Votre refus me condamnerait à la mort, sans que j'aie pu revoir ma mère, mes enfants et mes petits-enfants.

Elena Bonner.

Nous n'avions aucune certitude concernant l'arrivée dans le monde libre des documents qu'Andréï y avait envoyés. Andréï pensait que, même si tel n'avait pas été le cas, les physiciens qui nous avaient deux fois rendu visite raconteraient à leurs collègues occidentaux tout ce qu'Andréï leur avait dit. De même, Reznikova (venue chez nous le 15 mars) raconterait les plans d'Andréï à Sofia Vassilievna Kallistratova [1], et même si tout cela restait oral, l'Occident comprendrait ce qui se passait à Gorki. Andréï avait demandé à Reznikova de transmettre à Irina Kristi (par l'intermédiaire de Kallistratova) qu'il lui demandait d'organiser une conférence de presse à Moscou et d'informer la presse occidentale qu'il entamait une nouvelle grève de la faim. Pourquoi Irina Kristi ? Andréï pensait qu'elle risquait moins que les autres d'échouer dans un camp ou en Sibérie, parce qu'elle avait un enfant en bas âge et qu'elle avait demandé à quitter l'URSS, de sorte que probablement on la laisserait partir. De ce point de vue, Andréï croyait que cette conférence de presse ne ferait que hâter l'obtention de son visa de sortie. Nous ignorions que depuis sa visite à Gorki, en 1984, Irina Kristi était littéralement assiégée par le KGB et que son mari, Serge, le supportait très mal. Plus tard, quand Andrioucha entama sa nouvelle grève de la faim, nous reçûmes un télégramme de Macha Podyapolskaïa nous informant qu'Irina

1. Avocate connue, spécialisée dans la défense des dissidents *(NdT)*.

161

Kristi avait été convoquée par l'OVIR et invitée à réunir rapidement les papiers nécessaires pour son départ. A ce moment-là, Andréï pensait que ses textes étaient tombés aux mains du KGB, mais qu'Irina Kristi, dûment informée, avait réussi à en exposer oralement le contenu, ce que confirmait selon lui sa convocation à l'OVIR. En fait, tout s'était passé autrement, et le KGB avait réussi à nous prendre de vitesse, nous, Irina Kristi et tous nos amis.

Le 16 avril, Andréï entama donc sa grève de la faim. On me demande souvent la signification de cette date. Il n'y en a pas. Tantôt Andréï pensait que, pour le quarantième anniversaire de la victoire, je serais certainement graciée et qu'il n'aurait pas à faire longtemps la grève de la faim ; tantôt il se disait qu'au printemps, le jeûne serait plus facile à supporter qu'en hiver ; tantôt c'était moi qui le suppliais d'attendre encore un peu. Au début, il voulait commencer au mois de mars, mais je lui disais : « Tu te rends compte ce qu'ils vont éprouver à Boston, il y aura l'anniversaire de Tania, et toi tu seras en pleine grève de la faim. » Puis je lui demandai d'attendre jusqu'à Pâques : j'avais envie de faire les brioches traditionnelles, non pas tant les manger que les faire. On convint donc qu'à Pâques il mangerait des brioches et la *paskha*[1] traditionnelles, après quoi il commencerait sa grève de la faim.

A Gorki, Andréï n'était pas allé une seule fois à l'église. Je ne dirai rien de son attitude à l'égard de la religion (ou des religions), car ce sujet est trop grave et trop intime pour que je le fasse à sa place. A Moscou, nous allions à l'église pour la messe de Pâques et aussi parfois le Jeudi et le Vendredi saints, le plus souvent seuls, parfois avec les enfants ; fréquemment, nous n'entrions même pas à l'église mais restions à proximité. A Gorki, j'y allai seule en 1981, le Vendredi saint. Nous avons une très jolie église de l'autre côté du pont. Avant de repartir, je me reposai un moment sur un banc dans l'enceinte de

---

1. Dessert pascal à base de fromage blanc *(NdT)*.

l'église. Il y avait plusieurs femmes de mon âge, assises, et deux hommes debout. Leur conversation était parfaitement paisible. L'un des hommes dit à la femme qui était assise près de moi : « Allons-y, parce qu'il va bientôt faire nuit : avec tous les voyous qu'il y a maintenant... » La femme se leva et une autre ajouta : « Il faudrait en fusiller un peu plus. » L'homme acquiesça : « C'est vrai. Faut les fusiller, tous. — Tous, vraiment ? » intervins-je, car je n'y tenais plus : « Vous ne croyez pas que ce serait trop ? — Non, il faut les fusiller, affirma l'autre homme d'un ton convaincu, parce que c'est le laisser-aller, il n'y a plus aucun ordre. » Puis ce fut le tour de la troisième femme : « Faut être plus sec. » Je répondis : « Plus sec ? Vous croyez que c'est possible ? » Mais je sentais que je pouvais être entraînée dans une altercation dont je n'avais nul besoin et quittai le banc ; derrière mon dos, j'entendais déjà des remarques désobligeantes à mon égard, comme si c'était moi qui étais à l'origine du laisser-aller général. Je ne retournai plus à l'église. Je racontai cette histoire à Vera Lachkova et elle me dit : « Mais pourquoi vous étonnez-vous ? C'est partout pareil. » Vera qui n'est plus à Moscou non plus... Tant que je gardai un contact avec Moscou, elle me manqua beaucoup.

La date choisie était donc liée aux brioches et à la *paskha* : ce fut la nuit du 16 au 17 avril. Je fis un lavement à Andréï, il but un laxatif. Tout seul : j'étais très malheureuse de le voir commencer cette action en solitaire. Tout cela me paraissait sans espoir. Physiquement, je ne me sentais pas la force de me joindre à Andréï. C'est pourquoi je cessai de résister à ses projets et j'acceptai, apathique, de me tenir à l'écart de son action, car, disait-il, je ne ferais que tout compliquer. Sans doute aussi avais-je peur, non pas de la grève de la faim, mais de tout ce qu'elle entraînerait. Ces jours-là, je compris vraiment à quel point la maladie pouvait changer quelqu'un.

Le 21 avril, à une heure de l'après-midi, on sonna à notre porte. Entrèrent Oboukhov, cinq ou six hommes et deux

163

femmes. Oboukhov annonça qu'il venait pour emmener Andréï Dmitrievitch à l'hôpital. Andréï refusa. Pendant ce temps, les femmes restaient dans le couloir. L'une d'elles me fit signe de les y rejoindre. Ne comprenant pas pourquoi, j'y allai. Alors, sans même que je m'en rendisse compte, elles me poussèrent dans une petite chambre puis elles m'encadrèrent, et bien qu'elles ne m'eussent pas tenue, je sus que je ne pourrais plus bouger. Elles avaient fermé la porte donnant sur le couloir.

A ce moment-là, j'entendis un cri dans le salon : « Lioussia ! Ils me font une piqûre ! » Puis Andréï cria de nouveau : « Scélérats ! Assassins ! Protège-toi ! » Et de nouveau : « Lioussia, ils me font une piqûre ! »

J'essayai de lui crier quelque chose, mais je sus qu'il m'avait entendue seulement après son retour à la maison. Puis il y eut de nouveau du bruit et enfin le silence, des pas, et la porte de l'appartement qui se refermait. On ouvrit la porte de la chambre où je me trouvais et les deux femmes disparurent très vite. Il ne restait plus dans le couloir qu'un homme, probablement celui qui commandait toute cette opération. Je me précipitai vers lui et lui demandai : « Où et quand aurai-je des nouvelles de mon mari ? » Il me répondit : « On vous le dira », puis : « Tous mes vœux ! » et il referma la porte derrière lui.

Je retournai dans le salon. La table avait été repoussée vers la fenêtre. Une chaise était renversée et le canapé où nous mettons des coussins portait des traces de lutte.

Le lendemain, quand j'allai laver les vitres de notre voiture, une des femmes âgées qui habitent notre immeuble me dit à voix basse en passant près de moi : « Le grand-père, hier, ils l'ont emporté sur une civière. » Peut-être avait-elle entendu des cris ou vu la scène, mais je sus ainsi comment on avait hospitalisé Andréï.

Dès ce moment, je ne sus plus rien de lui. A la différence de l'année précédente où le juge d'instruction Kolesnikov m'avait dit quelque chose (vérités ou mensonges), accepté mes colis, transmis des lettres, je n'eus aucun contact avec Andréï. Par contre, je reçus beaucoup de lettres de Moscou. Des lettres de Macha Podyapolskaïa me racontant comment Irina Kristi se préparait à partir, comment Serge, le mari d'Irina, avait été malade, comment il était sorti de l'hôpital, enfin, le départ d'Irina. Il y eut donc toute une correspondance consacrée à l'émigration d'Irina, car nos amis, contrairement à moi, ne se l'expliquaient manifestement pas.

Je me mis à leur envoyer des télégrammes. Je me rappelle parfaitement que, du 21 avril au 11 juillet, ou plutôt au 23 octobre, je ne terminais jamais mes télégrammes par : « Nous vous embrassons », je ne signais jamais : « Lioussia et Andréï », mais j'écrivais toujours au singulier. Donc, pendant cette période, tout ce qui était au pluriel ne pouvait être qu'un faux. Seule exception : la carte postale du 17 avril qui était écrite « au pluriel » et qui désorienta provisoirement mes enfants. Celle-là était authentique, mais justement elle avait été écrite le 17 avril, c'est-à-dire avant l'hospitalisation d'Andréï.

Dans mes télégrammes, je demandais à Irina et à Macha de se mettre en rapport avec mon avocate. Je devinais que Reznikova n'avait rien dit à Sophie Kallistratova, qui était peut-être malade ou autre chose, je l'ignorais. J'envoyai aussi un télégramme à Reznikova lui demandant de ne pas s'occuper de vendre la datcha tant qu'elle n'aurait pas vu son mandant. Elle aussi me répondit, et je crus qu'elle avait compris l'allusion.

Or, au lieu de mes télégrammes, Macha, Irina et Galia en recevaient d'autres, d'un contenu fort différent. Avec Macha, je poussai la ruse jusqu'à lui envoyer un télégramme en vers : « Je ne comprends pas, je suis comme à un repas funéraire, tandis que vous banquetez — je crois que je mourrai bientôt de rage. » En effet, Macha décrivait les anniversaires, les repas d'adieux des uns et des autres, bref, me mettait au courant des événements de la vie moscovite mais ne réagissait jamais à mes télégrammes. Par ce télégramme « codé », j'essayais de lui faire comprendre qu'à Gorki l'atmosphère n'était pas à la fête et que j'étais seule.

Le jour de l'anniversaire d'Andréï, je reçus une quantité étonnante de télégrammes de félicitations, ainsi que des cadeaux : bonbons de la part de Flora Litvinov [1], thé de Lydia Tchoukovskaïa, gâteaux, chocolats, et je ne sais quoi encore, et aussi des livres envoyés par Irina Kristi assortis de lettres ou de télégrammes nous annonçant qu'elle partait.

Je pris tous les cadeaux et les réexpédiai à Moscou, à une amie, en la priant de les rendre à leurs expéditeurs. Tandis que je faisais mon paquet à la poste, on me donna un télégramme de Macha m'informant du départ d'Irina à l'étranger. Le même jour, j'entendis chez moi *Radio-Liberty* sans aucun brouillage, qui transmettait une déclaration d'Irina Kristi, interviewée à son arrivée en Occident : elle disait qu'elle pouvait certifier que même si Sakharov avait fait une grève de la faim, actuellement ce n'était pas le cas. Sa voix était si nette et si claire que c'était comme si le KGB me disait : « Tiens, écoute ça, tu peux faire tout ce que tu veux, te cogner la tête contre les murs, te pendre, personne n'en saura rien. » J'enrageais contre Irina, sentiment qui dura deux ou trois jours. Ces jours-là, en allant écouter la radio au cimetière, j'appris que mes enfants avaient déjà reçu une carte postale falsifiée, qu'ils comprenaient que les télégrammes signés de nous étaient également des faux et que l'écheveau commençait peu à peu à se dévider. Dès lors, je cessai d'en vouloir à Irina et au contraire craignis qu'on ne l'ait prise pour un agent d'influence du KGB, exercice qu'on affectionne en Occi-

1. Belle-fille de Maxime Litvinov (ministre des Affaires étrangères de 1930 à 1939) et mère du dissident Pavel Litvinov, actuellement émigré *(NdT)*.

dent : moi, je sais qu'elle mourrait plutôt que de faire sciemment quelque chose qui puisse servir le KGB.

Cela se passait le 24 mai. Cinq mois après, à Newton, je regardai les cartes postales envoyées à mes enfants et les télégrammes falsifiés. Aucun qui fût entièrement de ma main. Aucun qui comportât mes demandes réitérées de contact avec mon avocate. Partout des signatures très bien imitées. Détail intéressant, je pus voir ici un accusé de réception, signé de ma main, d'un colis que m'avait envoyé Irina Kristi de Moscou. J'avais ajouté sur cet accusé les mots : « Seulement je te souhaite bon voyage. » J'espérais que le mot « seulement » leur mettrait la puce à l'oreille et aussi le singulier « je ». Mais cette phrase avait été falsifiée et devenait à présent : « Nous te souhaitons... » Le grattage était patent, mais c'est seulement aux États-Unis qu'on s'en aperçut. Les falsificateurs avaient sans doute estimé ce procédé insuffisant et avaient ajouté la signature de Sakharov. Deux falsifications, ce n'est pas trop pour que le monde entier croie que Sakharov se porte normalement. En considérant ces fausses signatures, je me rappelai que j'avais connu un ami qui avait pour dada d'imiter les signatures des grands hommes ; il commençait par Pouchkine, Dostoïevski, Tolstoï, Gorki, Oulianov-Lénine, et terminait par Staline ; beaucoup, dont moi, conservaient ces feuilles qu'il fabriquait à la douzaine.

J'appris un autre épisode de ce genre, cette fois à Moscou. En août, je reçus une lettre de Marina, la petite-fille d'Andréï. Elle lui écrivait qu'elle était admise à l'Université. Je voulus la féliciter et lui envoyai un magnétophone en cadeau, en écrivant sur l'avis postal : « Chère Marina, je te félicite, je suis heureuse pour toi et je suis sûre que, quand ton grand-père l'apprendra, il en sera aussi très heureux. » Cela paraissait suffisamment clair ! Mais quand je vins à Moscou, je sus que tout Moscou parlait du cadeau que le grand-père avait envoyé à Marina, avec un télégramme : donc il était chez lui. Si je relate tous ces détails, ce n'est pas seulement pour compléter ma chronique, c'est aussi pour avertir nos amis : à l'avenir, ne croyez rien si vous n'avez pas eu un contact direct avec nous. Je ne pense pas en effet que la technique moderne ait réussi à imiter les conversations téléphoniques, mais peut-être n'est-ce qu'une question de temps ?

Sitôt que je compris pourquoi on avait laissé émigrer Irina Kristi [1], j'entrepris, à partir de la mi-mai, de manœuvrer pour faire partir Leonid Galperine. Je lui écrivis des lettres et des cartes postales, sachant parfaitement qu'elles passeraient immanquablement par le KGB, car le KGB me voyait toujours poster mon courrier, où que je le fisse. Néanmoins, je faisais exprès de me rendre à l'autre bout de la ville et je faisais semblant de poster mes lettres en cachette. J'écrivais à N., à I. et à d'autres adresses à Leningrad dont je me souvenais, et je fixai à Leonid un rendez-vous secret au cimetière, ou bien je lui indiquai une cachette, toujours au cimetière, où il trouverait une lettre.

Dès lors, j'allai tous les jours au cimetière. J'avais déjà commencé à y aller parce qu'au cours de mes manœuvres, j'avais découvert qu'on y captait assez bien les radios occidentales. Je les écoutais longtemps, de quatre heures de l'après-midi à neuf ou dix heures du soir. Comme les jours étaient longs, je passai outre à l'obligation où j'étais, en tant qu'exilée, de me trouver chez moi à partir de vingt heures. J'estimais d'ailleurs que si j'acceptais de pointer régulièrement à la milice, cela suffirait bien : la limite des vingt heures, c'était trop. Irina Kristi était partie parce que Andréï lui avait confié des informations à transmettre ; j'espérais que peut-être je pourrais aider Leonid de la même façon en faisant semblant de lui confier une mission.

Le 30 mai, on m'apporta une convocation pour le lende-main, à onze heures du matin, chez le président adjoint du

1. Sous-entendu, pour éliminer le principal « contact » moscovite d'Elena Bonner et aussi pour la charger à son insu d'une désinformation *(NdT)*.

comité exécutif du soviet de l'arrondissement de l'Oka. Je croyais que c'était dû à mes infractions au règlement des vingt heures, qui étaient devenues systématiques, car je rentrais seulement quand il commençait à faire nuit ou quand j'étais piquée par les moustiques : il m'était en effet insupportable de rester chez moi et je partais dès le matin, m'achetais du pain blanc, prenais parfois une Thermos de café ou une boîte de jus de fruit.

Mais j'avais été convoquée pour recevoir une réponse à mon recours en grâce de la fin du mois de mars, que j'avais à vrai dire oublié depuis le 9 mai (auparavant, je me disais encore que le quarantième anniversaire de la victoire me vaudrait peut-être d'être graciée).

L'administrateur du soviet, dont j'ai oublié le nom, m'annonça que mon recours avait été examiné par le Soviet suprême de la république de Russie (or, je l'avais adressé au Soviet suprême d'URSS et non à celui de la république de Russie) et refusé. Je lui demandai la date de cette décision, l'intitulé de la signature, le numéro du document, mais il me répondit qu'on ne lui avait pas communiqué ces renseignements. Je lui dis : « Supposons que je veuille déposer un nouveau recours, il faut bien que je me réfère à un document identifiable. — On ne m'a rien communiqué. On m'a seulement chargé de vous transmettre que votre recours a été refusé. » Je repris : « Écoutez, vous travaillez dans une institution de l'État soviétique. J'en sais assez pour être sûre que toute réponse, tout papier a un numéro d'entrée et de sortie, une signature et bien évidemment une date. Si vous l'ignorez, ou bien si vous refusez de me les communiquer, c'est comme si vous ne m'aviez rien dit. Après tout, je ne vous connais pas et vous ne m'avez jamais vue non plus. » Et je partis. De fait, je pris tellement peu cette réponse au sérieux que plus tard, lorsque je revis Andréï, j'oubliai même de lui raconter cette affaire.

Le lendemain, si j'ai bonne mémoire, il se produisit

l'incident suivant. En allant au cimetière, je m'arrêtai en cours de route pour ramasser un petit billot sur lequel je comptais m'asseoir et je le mis dans ma voiture. Aussitôt, je vis accourir les guébistes qui me suivaient dans leurs voitures ; ils exigèrent que je leur montre mon billot. Au début, je ne comprenais pas ce qu'ils voulaient dire, puis, très étonnée, je le leur montrai. Ils le regardèrent sous toutes les coutures, et je compris qu'ils cherchaient une cachette. J'en conclus que ma ruse avait marché, puisque leur vigilance s'était décuplée. Auparavant, il m'était arrivé à plusieurs reprises de ramasser des planches sans éveiller leur intérêt.

Le même soir, je fus convoquée au KGB. Je vis paraître un subalterne jeune, beau, élégant, qui me recommanda d'être prête le lendemain matin à neuf heures et demie parce qu'on viendrait me chercher. Il me demanda très poliment : « Vous n'y voyez pas d'objection ? » A quoi je répondis : « Quel sens y aurait-il à ce que je formule des objections ? Vous me permettriez de rester à la maison dans ce cas-là ? » Là-dessus, il partit.

Et soudain, je ne sais pourquoi, une ou deux heures après son départ, je me dis que j'étais convoquée au KGB parce que Andréï était mort. Cette idée, qui n'était fondée sur rien, me resta dans l'esprit jusqu'au moment où je fus emmenée au KGB. Je ne pleurai pas mais demeurai dans une sorte de prostration.

On m'amena donc au KGB. Il fallait monter au deuxième étage, ce qui me fut difficile ; je suffoquais et je montais, sans lâcher ma trinitrine. J'entrai dans un bureau spacieux appartenant manifestement à un chef et fus accueillie par un personnage dont le visage ne m'était pas inconnu, qui portait un élégant costume gris, avait à peu près mon âge, un homme soigné, assez corpulent, qui me reçut avec un grand sourire, presque à bras ouverts, en me disant : « Elena Guéorguiévna, nous nous sommes déjà rencontrés, rappelez-vous l'instruction de l'affaire du journal intime de Kouznetsov [1] ! Mon nom est Sokolov. »

Je ne me rappelais pas son visage, mais je reconnus le nom et me souvins de l'entretien que j'avais eu avec lui au moment de cette affaire. Mais avant même qu'il m'eût dit quelque chose, je me mis à pleurer, car j'avais compris à l'expression de son visage qu'Andréï était en vie et que rien de ce que j'avais imaginé ne s'était passé. Je pleurais donc à chaudes larmes, et lui me demandait : « Mais qu'avez-vous ? » jusqu'à ce que je lui explique mon état. Alors, souriant d'un air très affable, il me dit : « Mais non, voyons ! Andréï Dmitrievitch va très bien. Tout va très bien. » Et moi, toujours pleurant : « Qu'est-ce qu'il peut y avoir de bien s'il fait la grève de la faim ? — Quelle grève de la faim ? Il n'y a pas de grève de la faim. » Je continue à pleurer, mais je commence déjà à comprendre quelque chose. « Il n'y a jamais eu de grève de la faim ; l'an dernier non plus, il n'y avait rien eu ; juste trois jours peut-être. » Je comprends alors définitivement que, pour eux, s'il y a alimentation forcée, il n'y a plus grève de la faim. C'est une version des choses qui leur est commode et qu'ils présentent au monde entier et à leurs chefs, à Gorbatchev ou à un autre. La grève de la faim, dès lors, n'est qu'une invention de la propagande occidentale.

Peu à peu, je recouvrais mes esprits, même si je ne parvenais pas à me calmer. De son côté, il essayait de m'intimider par des menaces, en me disant qu'il savait que je voulais transmettre des informations à Moscou et que je ne pouvais pas imaginer les châtiments qu'ils m'infligeraient. En même temps, il me disait que je n'irais nulle part et que je ne verrais plus jamais mes enfants. Quant à ma mère, elle pourrait venir à Gorki quand elle le voudrait, à n'importe quel moment, pour elle il n'y aurait pas de problème. Mes enfants,

---

1. Il s'agit du *Journal d'un condamné à mort* d'Edouard Kouznetsov, pour lequel ce dissident fit deux mois de prison en 1973 *(NdT)*.

c'était autre chose, ils étaient vraiment très vilains. Tout cela, il me le répéta à plusieurs reprises. Il me laissa en outre vaguement entendre que, si j'étais un peu plus gentille, il ne me serait pas impossible de revoir mes enfants. Après quoi, il recommença à m'intimider. Et quand je montrai les dents, il me dit avec un sourire charmant : « Elena Guéorguiévna, combien d'infarctus vous faut-il ?... — Pourquoi, pour que je change ? Ils n'y feront rien. » En me quittant, il m'annonça qu'il verrait Andréï le jour même. Alors je lui demandai si je pourrais rencontrer mon mari ensuite, même pour quelques instants. Il me répondit : « Non, cela, je ne vous le promets pas. Mais si vous avez besoin de quelque chose, je vous en prie, adressez-vous à moi. »

Telle fut cette entrevue du 2 juin. Après coup, je me dis qu'à ce moment-là Gorbatchev avait déjà donné l'ordre au KGB d'examiner notre affaire, c'est pourquoi Sokolov était venu à Gorki. Le KGB, de son côté, devait dire à Gorbatchev : « Il n'y a aucune grève de la faim », et menait sa propre politique. De sorte qu'il y avait aussi une lutte entre eux, et on ne savait pas qui était le plus fort des deux.

A la suite de tous ces événements, je compris que ma ruse concernant Leonid Galperine avait pour l'essentiel réussi. Sans doute le thème principal de mon entretien avec Sokolov (mes tentatives de passer des informations) était-il lié à mes manœuvres. Le 2 juin, j'envoyai un télégramme à Leonid : « Félicitations pour ce succès, embrasse maman et les enfants. »

Leonid reçut ce télégramme le 5 juin, avant même d'avoir une réponse positive de l'OVIR à sa demande de visa. Il en comprit évidemment le message et s'étonna à juste titre de me voir connaître à l'avance les résultats de sa démarche. Après son passage à l'OVIR, il m'écrivit une lettre en manifestant notamment le désir de me rencontrer avant son départ pour me faire ses adieux ; mais comme il ignorait la procédure à suivre pour cela, il me demandait d'entreprendre les démarches nécessaires. Je reçus cette lettre le 13 ou le 14 juin.

Le 15 juin, je déposai une demande au KGB de la région de Gorki, adressée à Sokolov, où je sollicitais l'autorisation pour Galperine de venir à Gorki me faire ses adieux avant son départ d'URSS. Il n'y eut pas de réponse. Le 25 ou le 26, je reçus une lettre de Leonid, écrite la nuit précédant son départ. Il disait : « Lorsque tu recevras cette lettre, j'aurai déjà quitté l'URSS. Je devine que notre départ a un lien quelconque avec toi et Andréï Dmitrievitch, bien que je ne sache pas lequel. Je ne voudrais pas être un pion dans le jeu que le KGB joue contre vous. Je remercie le sort de vous avoir rencontrés, d'abord toi, ensuite Andréï Dmitrievitch. J'espère vous revoir. » Une belle lettre d'adieux qu'il concluait ainsi : « Le départ c'est si difficile, c'est à la limite des forces humaines. » Une lettre triste, bien sûr, mais en gros je fus très heureuse de savoir qu'il partait et d'avoir réussi ; ne serait-ce qu'en cela, j'avais été plus maligne que le KGB.

Ma vie continuait. J'écoutais la radio et comprenais que le monde entier était très préoccupé par le sort de Sakharov. Qu'il était informé de certaines vérités concernant notre existence, qu'en même temps il y avait beaucoup d'inexactitudes, de falsifications non encore dévoilées, mais qu'enfin il était clair qu'on ne nous avait pas oubliés. Cela m'inspirait même de l'optimisme, mais l'horreur était que je ne savais toujours rien d'Andréï, je n'en avais aucune nouvelle, j'ignorais ce qu'on lui faisait.

Il m'est difficile de raconter ma vie au cours de cette période, car, d'une part, le temps semblait arrêté, mais, d'autre part, il passait très vite. Quel était mon emploi du temps ? Je me levais assez tard. Je me forçais à prendre un petit déjeuner, comme d'habitude, avec deux tasses de café et du fromage blanc. Le fromage blanc, j'en achetais régulièrement, parce que j'en mange toujours volontiers même quand je n'ai pas faim, et je n'ai pas à me forcer. Je terminais de déjeuner vers onze heures. Puis venaient des occupations domestiques quotidiennes qui me prenaient peu de temps et, si le temps le permettait, je partais, le plus souvent au cimetière. J'emportais avec moi une Thermos de café, des baies (quand elles apparurent) ou des pommes, un sandwich... Je passais presque toute la journée dehors, rentrais après vingt et une heures, parfois à vingt-deux heures. Il faut dire que, pendant tout ce temps, on ne me fit aucune observation sur ces infractions au règlement du régime de l'exilé ; la dernière datait de novembre 1984 quand j'étais allée voir le film *l'Épouvantail*. Et toute la journée j'écoutais la radio.

Grâce à toutes ces radios occidentales (*la Voix de l'Amérique,* la *BBC,* la *Deutsche Welle,* parfois *Radio-Liberty,* les radios canadienne et suédoise), je ne me sentais pas totalement coupée du monde, je réalisais que notre situation suscitait de l'inquiétude, je savais que mes enfants se déplaçaient et prenaient souvent la parole. J'entendis des émissions d'Ottawa au moment même où s'y déroulait une conférence sur les droits de l'homme dans le cadre des Accords d'Helsinki. Je savais qu'un avion survolait la capitale du Canada, avec le slogan : « Le chemin de la paix passe par Gorki. » J'entendis, très brouillées il est vrai, les voix d'Alekseï et de Tania, celle d'Efrem à Londres[1]. Je pus constater très nettement que, lorsque les émissions portaient sur Sakharov, le brouillage augmentait, du moins à Gorki, j'ignore ce qu'il en était ailleurs en URSS.

Le fait que j'avais pu écouter la radio cet été 1985 donnait un contenu à mon existence, et un contenu qui n'était pas entièrement désespéré. En 1984, je me disais que tout au plus nous pouvions espérer qu'on se souvînt vaguement de nous. En 1985, j'avais davantage d'espoir.

Quand les journées étaient pluvieuses, et il y en eut

1. Aux cinquièmes « Auditions Sakharov », les 10 et 11 avril 1985 *(NdT)*.

174

beaucoup, car cet été ne fut pas très beau, je m'efforçais de m'occuper à la maison. Je fis des rayonnages dans le placard de cuisine, je triai tous les produits de ménage et les ustensiles que nous y avions entreposés. Cela me prit environ deux semaines. Puis j'installai une étagère d'environ deux mètres et demi sous le plafond de notre petite chambre (qui fait six mètres carrés) et j'y disposai les collections de *Conquêtes des sciences physiques, Scientific American, Physics Letter,* de façon à libérer un peu la pièce de travail d'Andréï.

Je sciais et rabotais les planches sur le balcon. L'attitude des habitants de Gorki à mon égard était très hostile ; un jour, des femmes qui passaient par là dirent assez haut, afin que je les entende : « La femme de Sakharov est en train de faire son cercueil. »

Les planches, je les ramassais sur les routes, grâce au gaspillage qui règne chez nous dans ce domaine. Je ne sais pourquoi, cette activité de récupération avait le don d'éveiller la hargne de mes guébistes. Ensuite, je lavais ces planches dans la salle de bains, je les séchais sur le balcon, après quoi je pouvais les utiliser dans mes travaux.

Je fis beaucoup de jardinage. Dans la cour, les fleurs que j'avais plantées poussaient mal, en partie parce que les gens marchaient dessus, en partie parce que je ne pouvais pas retourner la terre convenablement, d'autant plus que cette terre ne vaut rien, il faudrait en apporter de la meilleure. Mais, sur le balcon, mes plantations étaient très réussies. Il y avait beaucoup de tabac d'ornement, de giroflées, de pétunias de toutes sortes, de myosotis, beaucoup de calendulas, de matthiolas. Le tabac, les giroflées, les matthiolas avaient un parfum si fort qu'on le sentait en s'approchant de l'immeuble et qu'il pénétrait dans toutes les chambres de notre apparte-ment : le soir, on se serait cru dans un jardin.

L'information diffusée en Occident, selon laquelle per-sonne n'habitait notre appartement puisque les fenêtres n'en étaient pas éclairées, était probablement due au fait que quelqu'un avait regardé l'immeuble du côté de l'avenue Gagarine : les fenêtres qui donnaient de ce côté avaient leurs stores baissés. Le soir, quand je rentrais vers dix heures, je me préparais un repas rapide à la cuisine et je me mettais sur le balcon, où je restais habituellement jusqu'à une heure du matin, après quoi je lisais encore longtemps au lit. Je lus beaucoup de livres de vulgarisation dans le domaine de la physique, ce que j'avais déjà commencé à faire l'été 1984. Je ne pus lire de livres anglais (il n'y en avait plus), mais je lus beaucoup de choses intéressantes dans des revues soviétiques. Je lus un livre d'Eidelman, *Herzen contre l'autocratie*[1], qui me frappa par certaines ressemblances avec ma situation d'alors. Je lus également *le Fou de l'empereur* (dont j'ai oublié l'auteur), qui éveilla en moi tant d'associations d'idées que j'avais l'impression qu'il était spécialement écrit pour nous.

Je ne peux dire que mon temps fût inemployé. Je prenais surtout plaisir au jardinage, car c'était pour moi un contact avec quelque chose de vivant. En outre, j'achetai une armoire, une table ronde, je changeai certains meubles de place, tout cela peu à peu et toute seule. J'essayai aussi (bien que ce fût une tâche désespérée) de classer quelque peu les livres qui s'étaient à nouveau accumulés depuis que nous étions à Gorki. Je lessivai petit à petit les murs et le plafond de la cuisine, les murs du couloir et de la salle de bains. Tout cela très lentement, car je ne pouvais travailler longtemps et intensivement. Or, je n'avais pas envie de m'adresser à des médecins lorsque j'avais des accès de tachycardie. En été 1984, je ne craignais pas encore de faire appel à eux, je sentais alors qu'ils voulaient à tout prix me conserver à peu près en état pour que j'atteigne sans encombre mon procès. A présent, j'avais l'impression qu'ils pourraient avoir une tout autre intention et qu'il valait mieux éviter de m'adresser à

1. Herzen : révolutionnaire russe (1812-1870), auteur notamment de *Passé et Méditations (NdT)*.

eux. A plusieurs reprises, j'eus des crises aiguës de tachycardie et je dus m'astreindre trois fois à rester couchée pendant plusieurs jours. Du reste, je n'avais pas trop à me forcer, car j'étais si faible que je ne pouvais pas sortir et que je n'avais pas même envie de lire.

Enfin, cet été-là, je ne cherchai pas du tout à jeûner, mais sans doute avais-je subi une sorte de stress nerveux, car depuis l'hospitalisation forcée d'Andréï je ressentais un dégoût pour la nourriture. Je me forçais donc à manger trois fois par jour. Le matin, fromage blanc et café ; à midi, une omelette aux pommes de terre sautées, des légumes ou de la salade ; le soir, surtout des sandwichs. Bref, je mangeais bien, je m'achetais des baies, de la crème fraîche, mais en même temps je ne cessais de maigrir : du 27 avril à la fin du mois de juin, je tombai de soixante-sept à quarante-neuf kilos. Je n'avais plus que la peau sur les os et je commençais à avoir des irritations sur le coccyx qui pouvaient annoncer des escarres. Les positions assise et couchée m'étaient douloureuses, et il me fallut acheter un rond de caoutchouc et du camphre. Telle fut en gros ma vie jusqu'au 11 juillet.

Le 11 juillet, je restai chez moi, car il ne faisait pas beau et je ne me sentais pas très bien. Vers trois heures de l'après-midi, le temps s'éclaircit, mais je n'avais plus envie de bouger et je restai à coudre. La sonnette retentit et je fis entrer le docteur Toltchenov et une femme qui se présenta comme un médecin du dispensaire du quartier. Toltchenov était l'adjoint d'Oboukhov, le médecin-chef de l'hôpital, celui qui avait emmené Andréï le 21 avril. Ils me dirent qu'Andréï serait ici dans deux heures, qu'on était en train de le faire sortir de l'hôpital. Il ajouta que, en cas de besoin, nous pourrions nous adresser à cette femme pour recevoir des soins. Puis il dit qu'Andréï se sentait mal, qu'il avait des extrasystoles, mais que les médecins avaient décidé de le relâcher, car il serait mieux chez lui. Tout cela était nouveau, puisque auparavant, ils avaient prétendu au contraire qu'Andréï ne pouvait rester

177

chez lui. Mais ils ne dirent mot de la grève de la faim, comme s'il n'y en avait pas eu.

Je trouvai tous ces discours étranges. Je leur dis très abruptement, comme toujours lorsque je parle à ces médecins : « Mais pourquoi êtes-vous venus ? Quand Andréï viendra, il m'expliquera tout cela lui-même. — Non, nous voulions vous mettre au courant pour que vous puissiez l'attendre dehors. » Je ne compris pas que je devais faire exactement l'inverse de ce qu'ils disaient. Ils repartirent annonçant l'arrivée d'Andréï pour dans une heure. Mais l'idée de l'attendre m'occupait tellement que j'allai dehors et restai là pendant presque une heure.

Une Volga noire ou peut-être une ambulance arriva, et Andréï en sortit. Nous nous embrassâmes et entrâmes dans l'immeuble. Et c'est seulement ici, en Occident, que j'ai compris pourquoi il leur fallait que j'aille accueillir Andréï dehors : toute la scène fut en effet filmée et montrée au monde entier pour donner l'impression qu'Andréï était ramené chez lui comme un malade ordinaire, tranquillement accueilli par sa femme. Il est juste d'ajouter que cette mise en scène sonnait plutôt faux, car aucun Soviétique n'a droit à ce qu'on prévienne sa famille à domicile de son arrivée. Normalement, le malade appelle de l'hôpital, et sa famille vient l'y chercher. Toujours est-il que j'avais fait une bêtise.

Andréï me raconta ce qui s'était passé. Il me dit qu'il avait régulièrement tenté de faire passer des informations par l'intermédiaire de gens qu'il avait côtoyés, malgré une surveillance permanente du KGB. Surtout, il m'expliqua son retour : il avait mis fin à sa grève de la faim le 11 juillet parce que, après la visite de Sokolov qui avait eu lieu, selon lui, le 30 juin, il avait écrit une lettre à Gorbatchev. Le 10 et le 11 juillet au matin, il lui vint à l'esprit que cette lettre serait examinée sous un jour plus favorable s'il mettait fin à son action. Mais, à en juger par l'empressement avec lequel on le fit sortir de l'hôpital, il lui sembla qu'il avait fait une bêtise.

178

Ce jour même, quelques heures après avoir déclaré que son jeûne était terminé, il écrivit une seconde déclaration dans laquelle il spécifiait que, s'il ne recevait pas de réponse de Gorbatchev dans un délai raisonnable, à savoir deux semaines, il se réservait le droit de réitérer son action. A présent, il était déjà convaincu qu'il lui faudrait recommencer dans deux semaines.

Il était épuisé. Mais, en même temps, il était calme et je sentais en lui une force intérieure plus grande qu'en septembre 1984, quand on l'avait relâché de l'hôpital. Il lui semblait par ailleurs qu'au cours de son alimentation forcée, on lui avait fait absorber des psychotropes et que c'est sous leur action qu'il eut soudain envie de déclarer qu'il cessait sa grève de la faim. Mais, bien sûr, l'élément déterminant fut son inquiétude infinie à mon égard et l'ignorance dans laquelle il se trouvait.

Il me raconta qu'il avait lui aussi reçu la visite de Sokolov le 30 juin, et que celui-ci l'avait assuré que sa demande ne serait jamais satisfaite, tout en conseillant à Andréï de renier ses prises de position antérieures et surtout sa lettre à Sidney Drell, « Sur le danger de la guerre thermonucléaire », ajoutant que j'avais une très mauvaise influence sur lui. Mais il se garda bien de promettre quoi que ce soit de positif.

Selon Andréï, son alimentation forcée avait été moins pénible cette fois-ci qu'en 1984, car il avait appris à résister moins violemment : il avait acquis de l'expérience, était devenu un vrai *zek*[1]. Comme la fois précédente, il avait dans sa chambre d'hôpital un voisin qui se prétendait malade mais qui était sans doute du KGB. La chambre voisine était occupée par deux guébistes, il y en avait deux autres dans le couloir, plus un autre dans l'escalier et un dernier à la sortie du bâtiment. Tous les jours, Andréï marchait dans le couloir et faisait peut-être vingt à vingt-cinq kilomètres. A la diffé-

---

1. C'est-à-dire détenu, dans l'argot des camps *(NdT)*.

rence de son séjour en 1984, on ne le laissa jamais se promener dehors ni même sortir sur le balcon, dont la porte fut condamnée sous prétexte qu'elle était détériorée. Autrement dit, il était resté trois mois sans respirer d'air frais. La législation soviétique des lieux de détention prévoit que, même en prison, le détenu a droit à une promenade d'une demi-heure par jour. Au début, on laissa Andréï regarder la télévision dans le couloir. Mais, à la fin, le téléviseur en fut retiré sous prétexte de panne, ce qui priva de télévision tous les malades de cette section.

Le soir du 11 juillet, Andrioucha était encore agité. Nous nous couchâmes tard, vers minuit, mais nous n'avions sommeil ni l'un ni l'autre et nous continuâmes à parler. C'est Andrioucha qui parla le plus : il voulait me convaincre qu'il devrait vraiment recommencer sa grève de la faim dans deux semaines. Parfois, il disait soudain qu'il avait des espoirs, que peut-être tout s'arrangerait avant. Je crois qu'il craignait la reprise de sa grève de la faim et avait très envie de l'éviter. Puis il s'endormit d'un seul coup. Je restai à côté de lui sans bouger et pus sentir sous ma main ses extrasystoles (je ne pus les compter, car je n'avais pas de montre et il faisait trop noir), mais je réalisai que leur nombre était tout à fait incroyable. Tantôt c'étaient plusieurs battements coup sur coup, tantôt deux ou trois battements suivis d'une si longue pause que j'imaginais n'importe quoi. Je me rappelai comment j'avais senti ses extrasystoles pour la première fois, par hasard : ce n'était pas grand-chose, une ou deux par minute, tout à fait comme chez un adolescent ; j'en avais ri, et Andréï m'avait demandé ce que j'avais. Jusqu'à présent, nous ne nous en étions jamais inquiétés. Mais maintenant, il s'agissait d'une tout autre arythmie, je n'y comprenais plus rien, et on était bien loin de l'adolescent. Andréï dormit mal cette nuit-là, il pleurait dans son sommeil et je dus le réveiller deux fois : il rêvait qu'il se trouvait toujours à l'hôpital, ou bien qu'il y retournait.

180

Le 12 juillet, il ne faisait pas beau et nous restâmes chez nous. Le 13, nous allâmes au cimetière pour écouter la radio ; ce jour-là, on parla beaucoup d'Andréï et il fut tout ragaillardi d'entendre son nom : il comprit que l'opinion mondiale se souciait de lui.

Le 14 fut une belle journée. Nous décidâmes d'aller au marché. Andréï était déjà un peu remis de ses émotions, l'expression de son visage avait changé, elle était devenue plus douce peut-être, il se montrait très bon et très gentil. Nous ne pensions plus à la nouvelle grève de la faim qui se préparait, nous vivions. Andréï baptisa d'ailleurs cette période « le temps de vivre ».

Au marché, nous achetâmes quelques fruits, dont les premières pêches de l'année, qui ne plurent pas à Andréï, d'excellents abricots... En retournant à la voiture, nous nous achetâmes des petits pains que nous mangeâmes dans la rue et vîmes une réclame pour un film français que nous décidâmes d'aller voir, un film policier banal. Comme nous avions du temps avant le début de la séance, nous allâmes au bord de la Volga, où nous nous restaurâmes légèrement.

Or, cette journée du 14 juillet fut filmée à notre insu de façon à montrer la « vie normale » des Sakharov. Il faut dire que les films de ce genre, que j'ai pu voir en Occident, contiennent des séquences filmées en 1980 ou 1981, alors qu'ils sont censés montrer notre existence en 1984-1985, tout cela bien entendu pour donner une impression de normalité. Ce grand mensonge est très effrayant, car il peut « faire vrai » et qu'il est plus difficile à réfuter qu'un mensonge absolu. C'est un pur hasard si, à partir d'une carte postale falsifiée, mes enfants ont réussi à dévider tout l'écheveau de désinformation qu'on avait tissé autour de nous. Il se peut fort bien qu'un jour le procédé réussisse et que le monde entier regarde des films démontrant notre bonne santé, alors même que nous ne serons plus en vie.

Nous vécûmes ainsi jusqu'au 25 juillet. Ce fut une période

très heureuse. Tous les jours, nous allions écouter la radio. Nous achetâmes un petit transistor Rossia et décidâmes qu'Andréï essayerait de le prendre avec lui lorsqu'on l'hospitaliserait.

Nous passions de longues heures au petit déjeuner en nous racontant tout ce qui s'était passé pendant notre séparation, et notamment nos tentatives de communiquer des informations à l'extérieur.

Dans la journée, nous sortions. Nous partions en voiture et nous installions dans des bosquets où nous trouvions de l'ombre et une vague impression de nature ; il nous arriva même de ramasser des champignons. Les scènes filmées où l'on voit Andréï de dos, apparemment en train d'uriner, puis nous deux ramassant des champignons, datent de cette période.

Nous allions presque tous les jours dans ces bois, car le temps s'y prêtait. Les guébistes nous suivaient avec leurs deux voitures, presque pare-chocs contre pare-chocs, et nous suivaient aussi à pied dans les bosquets. Nous n'étions pratiquement jamais seuls, à preuve tous ces films tournés sur nous et envoyés en Occident.

Le 25 juillet au soir, deux semaines après sa sortie de l'hôpital, Andréï reprit sa grève de la faim, avec comme d'habitude un laxatif, un lavement et l'envoi d'un télégramme à Gorbatchev. Le 27 était l'anniversaire d'Alekseï. Avant de sortir, Andréï me demanda si j'avais déjà envoyé un télégramme de félicitations pour l'anniversaire d'Efrem, le 25 juin. Je ne l'avais pas fait parce que, depuis que j'avais compris que mes télégrammes étaient falsifiés, j'avais cessé d'en envoyer à Moscou et aux États-Unis. Mais Andréï croyait qu'il faudrait quand même en envoyer un à mon fils, car ce serait trop cruel, et il tenta de m'en persuader.

La matinée avait commencé comme à l'ordinaire. Andréï se mit sur le balcon, je bus du café à la cuisine, puis nous nous apprêtâmes à partir en voiture. Mais ces préparatifs étaient lents, il me restait encore une lessive et plusieurs choses à faire, de sorte que je ne fus prête que vers une heure. Il faut dire que, depuis le 25 juillet, j'avais préparé dans le couloir, pour Andréï, un petit sac contenant du linge, son matériel de rasage, des affaires de toilette, le nouveau transistor que nous avions acheté, du papier, des lunettes et quelques autres objets utiles. Nous savions donc qu'on pouvait venir le chercher à tout moment de la journée. Il n'empêche qu'on a beau s'y attendre, l'événement paraît toujours inattendu. Andréï se sentait bien en cette troisième journée de jeûne ; le matin il avait fait de la gymnastique et il était très alerte.

Au moment où nous nous préparions à sortir, la sonnette retentit et nous vîmes de nouveau apparaître le docteur Oboukhov avec toute son équipe au complet, c'est-à-dire huit hommes et femmes. Oboukhov dit d'un ton presque badin : « Eh bien, Andréï Dmitrievitch, c'est nous, nous venons vous chercher. » Et moi, ne supportant pas l'idée qu'on allait de nouveau le pousser de force sur le canapé et lui faire une piqûre, je m'approchai de lui et lui dis : « Andrioucha, ce n'est pas la peine, vas-y comme ça. » Ils le prirent sous les bras et l'emmenèrent sans qu'il résistât beaucoup. Je fourrai à l'un d'eux le sac que j'avais préparé pour Andréï.

J'étais de nouveau seule, pour un temps indéterminé, avec toujours ce sentiment qu'il était entièrement entre leurs mains, qu'ils pourraient lui faire tout ce qu'ils voudraient, le battre, le piquer, le tuer, l'épargner, tout !

Je partis écouter la radio, bien qu'Andréï, en sortant, m'eût répété : « N'oublie pas l'anniversaire d'Alekseï ! » Mais je n'avais pas envie de télégraphier, car je croyais que cela ne ferait que compliquer les choses. Si ma mémoire ne me trompe pas, je crois que c'est ce jour-là que j'entendis parler à la radio du film où on nous voyait aller au cinéma et mener une vie normale. Mon Dieu ! comme cette émission m'horrifia ! Je compris en effet qu'il nous était impossible de résister à tout ce mensonge, car nous ignorerions toujours quand, où et comment on falsifiait notre existence.

Puis ce furent de nouveau des journées vides, à la fois rapides et lentes. Lecture, raccommodage de vêtements dont personne n'avait plus besoin, lessivage des murs souvent inutile lui aussi, jardinage, tout cela je me contraignais à le faire, en me contractant comme un poing serré. Je ne maigrissais plus et n'avais plus cette sensation de dégoût pour la nourriture que j'avais éprouvée au cours des trois premiers mois d'absence d'Andréï. Et le soir, arpentant le balcon d'un pas mécanique, comme le mouvement du balancier, je me déclamais des poèmes à haute voix, pour ne pas perdre l'habitude de parler et aussi pour répondre à une question que je me posais : « A qui et à quoi sert la poésie ? »

Je multipliais les tentatives de faire passer des informations à l'extérieur. Il y eut en particulier un épisode où normalement tout était prévu pour qu'une information complète soit donnée, mais où, pour des raisons que j'ignore toujours, quelque chose n'a pas marché, de sorte que mon courrier arriva à Newton dix mois après, alors que je m'y trouvais déjà. Peut-être cet échec était-il dû aux personnes à qui j'avais confié cette mission. Mais il est encore trop tôt pour que j'en parle.

Andréï aussi fit des tentatives dans le même sens. Déjà, en avril, il avait réussi à faire passer une information à des personnes habitant Moscou qui, malheureusement, craignirent de publier le texte d'Andréï tel qu'il était. Ils lui firent subir des coupures et même, plus tard, le traduisirent en anglais, ce qui représentait un travail considérable, mais eut pour conséquence que mes enfants ne crurent pas à l'authenticité de ce texte (je crois qu'à leur place j'aurais eu aussi des doutes).

Les jours passaient. C'était déjà le mois d'août. Je reçus un télégramme de Leonid Litinski qui me demandait de lui préciser le jour d'anniversaire de ma mère. Je ne lui répondis pas et n'envoyai pas de télégramme à maman. La radio parlait de plus en plus de nous, et j'en conclus que ma tactique consistant à faire le silence, même au moment des anniversaires, était la bonne. Puisque tout était falsifié, nous devions nous taire.

Le temps passait très lentement. Cette année-là, l'automne était précoce et il faisait déjà froid au mois d'août.

Le 5 septembre, je restai chez moi et entendis une radio annoncer la grève de la faim d'Andréï. A présent, on en parlait de plus en plus. Il était près de trois heures de l'après-midi et je voulais partir en voiture vers quatre heures, quand tout à coup je vis entrer Andréï. Je me précipitai vers lui, mais il me dit, très sur ses gardes : « Attention, je ne suis là que pour trois heures. » Je dus avoir l'air abasourdi, car il m'expliqua aussitôt : « Sokolov est encore venu à Gorki et il m'a proposé d'écrire plusieurs lettres. » Moi, sans même l'écouter, je bondis : « Le KGB peut aller se faire f... ! » Mais Andréï me dit très calmement et même à voix basse : « Écoute d'abord. » Je me tus. Il me dit : « En ce qui te concerne, on te demande de signer un papier où, si l'on t'autorise à te faire soigner à l'étranger et à rencontrer ta famille, tu t'engages à ne pas faire de conférences de presse, à ne pas fréquenter de journalistes, etc. » Quand je compris qu'on exigeait seulement de moi que je me taise devant la presse, je dis : « Mais tant qu'ils veulent ! Et toi ? — Moi aussi, on me demande un papier. » J'omis alors de m'intéresser à ce qu'on attendait de lui précisément. Nous nous racontâmes tout ce qui s'était passé et j'oubliai encore de dire à Andréï que mon recours en grâce avait été rejeté.

Andréï me raconta que Sokolov était venu le voir le matin même et lui avait suggéré les engagements que je viens d'évoquer ; Sokolov ajouta que Gorbatchev avait donné l'ordre de régler l'affaire Sakharov. Je me mis à la machine et interrogeai Andréï sur le destinataire de ma déclaration. Puis je changeai d'avis : « Non, je ne l'adresserai à personne. » Je laissai donc un blanc en haut de la page et me contentai d'écrire : « Le 5 septembre 1985. Au cas où l'on m'autoriserait à me rendre à l'étranger pour rencontrer ma mère, mes enfants et petits-enfants, ainsi que pour m'y faire soigner, je n'organiserai pas de conférences de presse ni ne donnerai d'interviews. Elena Bonner. » Et je donnai ce papier à Andréï. Puis je lui demandai quels étaient les engagements auxquels il devrait souscrire.

Il me montra un projet dans lequel il était écrit : « Je reconnais que le refus de me laisser aller à l'étranger est fondé, car je considère que je détiens des secrets militaires importants, dont certains peuvent être encore actuels. Pour autant, je n'admets pas mon exil et mon isolement à Gorki, que je considère comme illégaux. Par la suite, si ma femme est autorisée à se rendre à l'étranger, j'ai l'intention de me consacrer à la recherche scientifique et à ma vie privée, tout en me réservant le droit d'intervenir sur des problèmes publics dans des situations extrêmes. »

Tel était à peu près le contenu de l'engagement d'Andréï. Il était très pressé de retourner à l'hôpital. Quand nous eûmes fini de rédiger nos papiers, nous nous mîmes sur le balcon. Je lui montrai avec fierté mes plantations, ou du moins ce qu'il en restait. Nous restâmes quelque temps en nous tenant enlacés. Andrioucha me dit que j'avais pris un peu de poids, ce qui devait être vrai. Puis il se hâta de partir, car une voiture devait venir le chercher à six heures et il craignait de la manquer ou bien qu'on l'ait trompé pour qu'il mette fin à sa grève de la faim.

Il croyait apparemment que ces papiers me permettraient de partir et que le problème était résolu. Je pensais que ces papiers avaient été obtenus de lui sous la pression, une pression qui comprenait notre séparation de quatre mois et demi (à l'exception de deux semaines), notre isolement et l'alimentation forcée d'Andréï. Quand je tentai de le lui dire, il me répondit qu'il ne voyait rien de mal à son texte : il

pensait réellement détenir des secrets et il ne voulait effectivement plus se consacrer à des activités publiques, car il n'en
avait plus la force. Il se sentait malade, fatigué, il voulait se
consacrer à la science et vivre avec moi. Dans son journal, que
je pus lire par la suite, il avait écrit : « Je voudrais tellement
être avec Lioussia. Je n'ai jamais autant aspiré à quelque
chose. »

Septembre chez nous, c'est déjà l'automne. Pour la première fois peut-être, je sentis sa venue en restant avec Andréï
sur le balcon ; à travers sa veste, je devinais ses côtes. Mon
pauvre chéri, si maigre ! On l'emmena. Il se hâtait lui-même
de retrouver les souffrances de la faim et de la séparation. De
mon côté, je voyais venir l'automne, les feuilles des capucines
jaunissaient, les asters se fanaient, et il était temps de
ramasser des graines, ce que je faisais au cimetière tout en
écoutant la radio. Alekseï faisait une grève de la faim devant
l'ambassade soviétique à Washington ; le speaker disait qu'il y
faisait très chaud. Chez nous, les froids arrivaient, les jours
diminuaient. Au moment de son passage à la maison,
Andrioucha avait parlé avec enthousiasme de l'action d'Alekseï, qu'il connaissait comme beaucoup d'autres événements
grâce au transistor qu'il avait emporté. Il me dit que c'était
l'action qu'il fallait, au moment qu'il fallait et là où il le fallait.
Par la suite, lors de mon passage à Moscou, on me rapporta
les paroles d'un physicien qui, désapprouvant cette grève de la
faim et, d'une façon générale, notre manière de vivre, avait
dit : « Cette femme est d'une dureté incroyable : elle a même
forcé son fils à faire une grève de la faim. » Et lorsque son
interlocuteur lui rétorqua que je ne pouvais avoir forcé mon
fils, puisque je n'avais aucun contact avec lui, l'autre répondit : « Oh ! pour ça, elle se débrouille toujours. » Andrioucha
avait dit, à propos de mes enfants : « J'ai l'impression qu'ils
vont réussir à nous sortir de ce trou noir. » J'entendis à la
radio que le Sénat et le Congrès des États-Unis avaient voté
une motion nous concernant qui confirmait en quelque sorte

la réflexion d'Andréï ; à la suite de ce vote, mon fils mit fin à sa grève.

Je ressentais alors une telle fatigue que j'avais l'impression que je ne pourrais plus tenir. Mais, tous les jours, je me répétais : « Allez, encore un jour ou deux, et tout sera réglé. » C'est ce qui me faisait vivre. Je marquais sur le calendrier toutes les journées où nous avions été séparés et je notais sur ses feuilles détachables ce qui s'était passé : le temps avait beau paraître immobile, il passait, et des événements se produisaient dans le monde comme au fond de ma solitude. Plus tard, en partant pour les États-Unis, j'achetai à Andréï un calendrier semblable. Lorsqu'il revint de l'hôpital, il lut mes notes, comme je le ferai en rentrant à Gorki.

Pendant les trois premiers jours qui suivirent notre entrevue, je crus qu'Andréï serait bientôt de retour, mais le temps passait, sans changement.

Les derniers jours de septembre furent marqués par l'interview de Gorbatchev dans *Time,* son voyage en France et sa conférence de presse avec Mitterrand, à Paris. Tout cela fut retransmis par la télévision soviétique. C'était intéressant, ne serait-ce que parce qu'on ne nous avait pas gâtés ainsi depuis longtemps en matière de contact avec nos chefs d'État, sans parler des étrangers. C'était effrayant aussi, car à chaque fois on parlait de Sakharov, mais sur un ton sans appel, ne laissant aucun espoir, ce qui me faisait froid dans le dos. Les radios occidentales évoquaient aussi souvent le cas de Sakharov. Puis ce fut octobre, Oslo, la remise du prix Nobel de la paix aux médecins [1], le dixième anniversaire du prix Nobel de Sakharov.

A cette occasion, j'entendis par deux fois une émission où

1. A l'Américain Lown et au Soviétique Tchazov, responsables de l'Internationale des médecins pour la prévention de la guerre nucléaire. Le choix du docteur Tchazov, personnage semi-officiel, fut alors largement critiqué dans le monde et par les défenseurs des droits de l'homme en URSS *(NdT).*

ma fille prenait la parole. La deuxième fois, ce fut dans ma voiture, au crépuscule. La voix de Tania était très nette. Ce soir-là tombait la première neige d'octobre. C'est un moment où il faut faire un vœu. Que de signes ici-bas, qui nous permettent de soulager l'âme... Je sortis de la voiture, pris de la neige dans la main et en déposai un peu dans ma bouche. Pourquoi est-ce seulement dans notre enfance qu'elle a un goût sucré ?

Je crois que je n'avais encore jamais compté les jours comme à cette époque-là. L'automne passa. La neige désormais ne fondait plus. Chez moi, il faisait très froid, car on ne chauffait pas encore l'immeuble et le vent soufflait. Dans le salon, il faisait douze degrés ; dans la chambre à coucher, encore moins. Je ne reprisais plus, ne faisais plus de couture, ne lessivais plus les murs ni les portes. Je restais assise, emmitouflée dans tout ce que j'avais de chaud, même dans une couverture, et j'attendais. Attendais quoi ?... Mon cœur me faisait mal, soit par suite de spasmes, soit parce que j'étais triste, soit parce que j'avais froid. Le matin du 21 octobre était si sombre qu'on ne vit pas le jour se lever, et il neigeait encore. Je n'avais même pas envie de me lever, par ce froid. Soudain, coup de sonnette. J'enfile ma robe de chambre, j'ouvre. C'était un gardien, l'un des plus grossiers de notre « escorte », car ils diffèrent selon leur degré de muflerie. « On vous ordonne de vous rendre à la direction de la milice à onze heures, ce matin. — A onze heures ? Je n'y arriverai pas : il est déjà dix heures. — Je ne veux pas le savoir. Premier étage, bureau 212 [si j'ai bonne mémoire], chez Evguenia Pavlovna Gousseva, à onze heures sans faute. — Je vous dis que je n'y arriverai pas », et je refermai la porte. De fait, sans traîner spécialement, je ne réussis pas à sortir de l'immeuble avant onze heures. La voiture était recouverte d'une couche de neige mouillée qu'il fallut enlever. La résistance qui réchauffait le pare-brise arrière ne fonctionnait plus, bref, je ne m'étais pas encore préparée à la vie hivernale. Enfin, je pus partir et arrivai à la milice vers midi. Le parking y était réservé aux voitures de fonction, mais je m'y garai quand même. J'étais en colère contre mon cœur et contre mes jambes, parce qu'ils me faisaient mal ; contre la neige et le vent qui me transperçaient ; contre cette ville que je maudissais ; contre cette convocation enfin. Je croyais qu'on me faisait venir pour un entretien ou bien pour me punir de mes infractions au règlement. Il est vrai qu'en octobre je ne sortais plus de chez moi passé vingt heures. Le fait que j'étais convoquée par une femme confirmait à mes yeux mon hypothèse, car j'avais pu observer qu'à Gorki (peut-être ailleurs aussi) ce sont des femmes de la milice qui s'occupent des personnes assignées à résidence : par exemple, ceux qu'on appelle les « chimistes[1] » — il y en a beaucoup à Gorki — ou bien les « alimentaires » (dont les salaires sont automatiquement amputés d'une pension alimentaire). Et puis, il y a les exilés intérieurs, dont je crois bien être la seule représentante à Gorki : une sur un million et demi d'habitants.

Enfin, je trouvai l'escalier voulu et m'aperçus en lisant le tableau, dans l'entrée, que j'étais convoquée à l'OVIR. J'en fus très étonnée mais n'eus même pas l'idée que ce pouvait être au sujet de mon voyage à l'étranger. Sur la porte, je vis une pancarte : « Aujourd'hui, l'OVIR ne reçoit pas en raison d'une réunion. » « Ah ! je suis donc attendue » — je savais déjà que les autorités évitaient tout contact entre moi et d'autres habitants de la ville, même occasionnels comme dans une file d'attente. Je m'adressai à une demoiselle au guichet des laissez-passer : « Vous êtes aveugle ou quoi ? aboya-t-elle d'une voix de routine. Vous n'avez pas lu que c'est fermé ? — Mais j'ai été convoquée », lui dis-je d'une voix plus forte ; et je me préparai déjà à dire à la cantonade que j'étais la femme

---

1. Il s'agit d'anciens détenus ou de condamnés libérés sous réserve, employés à des travaux pénibles, comme par exemple dans l'industrie chimique, d'où ce nom d'argot *(NdT)*.

de l'académicien Sakharov, quand tout à coup un quidam accourut et susurra très poliment : « Elena Guéorguiévna, venez, on va venir vous chercher. » Il me poussa vers l'escalier, qui était vide ; il y avait seulement une sentinelle. Quelques instants après, descendit une femme en uniforme d'officier de la milice (elle était major) et, susurrant elle aussi : « Elena Guéorguiévna, venez. » Nous montâmes au premier étage. Elle me reçut dans un bureau où il y avait une table entourée de chaises et qui ressemblait plutôt à un hall qu'on aurait transformé pour la circonstance. Quand je me revis plus tard dans ce bureau (car là encore je fus filmée), je compris que c'était bien une pièce de passage. Si je cite tous ces détails, c'est que je me demande toujours où pouvait bien se trouver la caméra et pourquoi je ne l'ai pas entendue.

Le major, qui s'appelait Gousseva, me dit : « Vous avez déposé une demande de départ, il faut que vous remplissiez de nouveaux imprimés. — Je n'ai jamais demandé à partir, mais seulement à faire un voyage », répondis-je aussitôt. « Oui, oui, bien sûr, je me suis mal exprimée. Installez-vous confortablement et remplissez ces imprimés. — Comment, il faut que je les remplisse ici, à la main, alors qu'on exige toujours qu'ils soient tapés en deux exemplaires ? — Ça ne fait rien, vous pouvez en remplir un seul à la main. »

Je remplis toutes les cases : nom, prénom, adresse. Puis venait la case : « Lieu de destination. » Elle me dicta : « L'Italie. » Je lui dis que j'avais effectivement demandé autrefois l'Italie, mais qu'à présent je voulais aller aux États-Unis et en Italie, qu'en particulier je voulais ramener maman, qui n'était pas une émigrée, mais seulement en voyage : c'est ce dialogue qui fut filmé. J'écrivis donc : « Aux États-Unis et en Italie. » Je remplis tout le reste presque sans réfléchir, et elle me dictait au besoin ; par exemple, à la question : « Quand avez-vous l'intention de partir ? » j'écrivis sous sa dictée : « Aussitôt après l'obtention de mon visa » ; à la question : « Où passerez-vous la frontière ? » elle me dicta :

« A l'aéroport de Chérémétiévo, à Moscou. » Après avoir terminé, je voulus me hâter de rentrer à la maison, car je me disais qu'Andrioucha y était peut-être déjà, bien que je ne fusse pas du tout certaine que mon cas fût positivement réglé. En fait, je n'aspirais qu'à son retour, tandis que mon voyage appartenait encore au domaine de l'irréel. Mais Gousseva me retint : « Vous allez faire des photos d'identité que vous m'apporterez demain, à dix heures. — Mais qui me les fera si vite ? — On va vous emmener, c'est près d'ici, rue Zvezdinka. » On me fit passer devant tout le monde chez le photographe et je filai à la maison. J'eus de la chance de ne pas tomber sur l'inspection routière, car j'étais sûrement en excès de vitesse !

Andréï n'était pas là. Je l'attendais tellement que j'avais peur d'aller sur le balcon, par crainte de ne pas entendre la sonnette. Depuis deux ans, nous laissions la clé dans la serrure, malgré les admonestations des miliciens, parce qu'ils nous abîmaient sans cesse la serrure avec leur passe et j'en avais eu assez. J'attendis Andréï en vain, et toute la nuit je passai au crible ma visite à l'OVIR. Je conclus qu'ils voulaient que je partisse rapidement, mais sans avoir revu Andréï. Je compris aussi que la décision était déjà prise de me donner l'autorisation de voyager, mais que tout ce qui se passait maintenant ne relevait que du KGB, et non des instances qui avaient décidé de m'accorder un visa.

Le matin, j'espérais encore voir arriver Andréï, mais je n'eus aucune nouvelle jusqu'à neuf heures, puis je dus aller chercher mes photos. Après les photos, je ne sais pourquoi, je décidai de ne pas me rendre tout de suite à l'OVIR, mais d'aller chez le coiffeur. Mon escorte parut plus soucieuse que d'ordinaire : apparemment, ils s'attendaient à ce que je me précipite à l'OVIR, tandis que le salon de coiffure aurait pu être un lieu de rendez-vous. Je dois dire d'ailleurs que le comportement de mes guébistes fut étrange jusqu'à mon départ. Car, enfin, j'avais reçu l'autorisation de quitter le pays, donc de mettre fin à mon isolement. Or, ils ne firent que renforcer leur vigilance et ne cessèrent de tourner autour de moi (autour de nous, quand Andréï fut relâché) comme ils ne l'avaient encore jamais fait. Finalement j'arrivai à l'OVIR avec mes photographies.

Tandis que les guébistes m'attendaient dehors, la dame-major m'accueillit en bas, et je lui dis aussitôt que je voulais ajouter quelque chose sur mes imprimés : d'abord, je ne partirais pas aussitôt après l'obtention du visa, mais seulement après avoir revu mon mari, que je n'avais pas vu depuis six mois, exception faite d'une courte période ; ensuite, il n'était en rien obligatoire que je passe par l'aéroport de Chérémétiévo. Je me rappelai alors qu'en 1975 j'étais partie en train, car l'ophtalmologiste avait estimé qu'avec ma tension l'avion était contre-indiqué. Le major commença par m'opposer des objections, ajoutant que je n'avais même pas encore reçu l'autorisation et que je commençais déjà à faire du scandale. Puis elle alla téléphoner. Je restai seule dans cet OVIR totalement désert, qu'on avait certainement vidé de ses collaborateurs parce qu'on nous filmait et que les gens ne devaient pas le savoir. Le KGB faisait confiance à ce major, non au reste du personnel. Je me rappelle, par exemple, qu'à chaque fois que j'allais pointer à la milice, mon guébiste de service m'accompagnait jusque chez la femme-lieutenant qui s'occupait de mon cas : le KGB ne faisait pas confiance à celle-ci.

Gousseva resta sortie pendant plus d'une heure. A son retour, elle me rendit mes imprimés et j'écrivis que je voulais me rendre aux États-Unis et en Italie pour rencontrer ma famille et me soigner, que je partirais dans un délai normal, c'est-à-dire dans les trois mois après la délivrance de mon visa ; à la question portant sur le passage de frontière, j'écrivis : « A n'importe quel poste frontière. » Elle reprit mes imprimés en me disant : « On vous convoquera. »

Je fonçai chez moi. Toujours pas d'Andréï. Cette nuit-là

encore, je ne dormis presque pas. Le matin, je me levai à grand-peine et restai en robe de chambre, la plupart du temps allongée. A trois heures environ, j'entendis la sonnette. C'était l'infirmière Valia qui venait chercher des vêtements pour Andréï Dmitrievitch. En effet, il était parti en survêtement, alors qu'à présent c'était déjà l'hiver. Je lui donnai quelques affaires et lui demandai : « Quand pensent-ils le relâcher ? — Je vais le ramener tout à l'heure, juste le temps de lui apporter ces vêtements. » C'est alors que je crus pour la première fois qu'on me rendrait mon mari, que je verrais ma mère et mes enfants (je ne pensais pas encore que mon cœur pourrait se remettre à marcher). Dans l'heure qui suivit, je crois que je fis cent choses à la fois : j'empoignais ma trinitrine, je mettais la table, je faisais cuire un gâteau aux pommes et un poulet, je faisais ma toilette, j'enfilais ma robe rose... J'eus le temps de tout faire et même d'allumer des bougies sur la table.

Il n'était pas encore cinq heures quand Andréï apparut. Sa veste et son bonnet de fourrure paraissaient trop grands pour lui. Il avait une toute petite figure, très amaigrie et d'une couleur grisâtre. Sans même m'embrasser, il me demanda : « Mais qu'est-ce qui se passe ? — Comment, tu ne sais pas ? J'ai été convoquée à l'OVIR ! » Alors son visage se métamorphosa : je ne voyais plus que ses yeux, si vivants et si brillants (même maintenant, cinq mois après, je ne peux me retenir de sourire en repensant à cette scène). Et puis, tout à coup, il fit un mouvement des hanches, presque comme s'il effectuait un pas de danse, ce que je ne lui avais jamais vu faire. « Alors, nous avons encore vaincu ? — Oui ! » Puis ce fut le repas (tout de suite après l'hôpital, c'était contre toutes les règles), et nous parlâmes.

Andréï n'avait été mis au courant de rien. On venait seulement de lui annoncer qu'il pouvait repartir chez lui, sans qu'il ait mis fin à sa grève et sans que personne ne lui ait dit quoi que ce soit. Hormis l'infirmière, il n'avait vu personne, ni son médecin traitant ni Oboukhov. Il me parla peu de son séjour dans ce pseudo-hôpital. Il me dit que ses voisins changeaient toutes les semaines et que, parmi eux, il y en avait un qui savait l'anglais et qui se présenta, je crois, comme un traducteur technique. Cet homme prêta des revues en anglais à Andréï. Or, on filma justement Sakharov lisant la presse anglo-saxonne et même des hebdomadaires qu'on ne vend jamais en URSS, alors que tous nos magazines en anglais avaient été confisqués au moment de la perquisition. En outre, Andréï fut étonné de recevoir à l'hôpital des articles scientifiques qu'on lui envoyait des États-Unis, lui faisant signer un accusé de réception. Ce n'était encore jamais arrivé, et si ces paquets parvenaient à Gorki, c'était toujours chez nous, non à l'hôpital. Là encore, la scène fut filmée afin de prouver que le courrier arrivait normalement d'Occident et que les accusés de réception étaient vraiment signés par Sakharov.

Andrioucha me raconta également qu'un de ses voisins éphémères lui avait tenu sans cesse des discours sur moi. Andréï avait beau l'arrêter, rien n'y faisait. C'étaient de longs monologues dans le style de Yakovlev. Cet homme, selon Andréï, avait été spécialement entraîné par qui de droit, car il faisait parfois des réflexions qui ne pouvaient provenir que du journal émigré *la Voix russe* ou de l'italien *Sette Giorno*, déjà cités. Andréï décida d'en finir une fois pour toutes et exigea qu'on le débarrassât de cet individu. Comme on ne le faisait pas, il explosa (à ce propos, il me confia que parfois il pouvait être payant de « se monter » exprès jusqu'à l'hystérie). Il se mit à crier, empoigna son oreiller et sa couverture, passa de force dans le couloir et s'y installa dans trois fauteuils. C'était déjà tard le soir et on l'y laissa, peut-être parce qu'on craignait ses cris ou que les chefs étaient absents. Andréï passa trois jours dans le couloir, à la suite de quoi le « yakovlevologue » fut envoyé ailleurs.

Pendant les trois jours qui avaient précédé la dernière visite

195

de Sokolov le 5 septembre, Andréï n'avait pas subi d'alimentation forcée. On lui dit que le médecin femme qui avait dirigé la brigade de ses tortionnaires était tombée malade. C'est ainsi qu'il fut préparé à recevoir les hautes autorités du KGB. La même chose s'était produite avant la venue de Sokolov en juin.

A propos des tortionnaires — toutes des femmes —, je dois ajouter quelques détails dont Andréï m'a fait part. Ce sont plusieurs femmes grandes, corpulentes et très fortes. C'étaient déjà elles qui l'avaient alimenté de force l'année précédente. Elles étaient toujours commandées par un médecin femme d'un gabarit tout aussi impressionnant. Elles poussaient Andréï sur le lit, l'attachaient. Tous les moments désagréables et inesthétiques qui accompagnaient cette alimentation devenaient encore plus pénibles parce que c'étaient des femmes qui le faisaient, et Andréï pensait qu'elles avaient été choisies sciemment pour cela. Du reste, Oboukhov en avait parlé sans se gêner, l'été 1984, quand Andréï Dmitrievitch, qui avait déjà mis fin à sa grève, réclamait qu'on le relâchât de cet hôpital transformé en prison exprès pour lui ; pour un oui ou pour un non, Oboukhov le menaçait ainsi : « Attention, Andréï Dmitrievitch, je vais encore vous envoyer la brigade des femmes. » De la même façon, Oboukhov l'avait menacé de la maladie de Parkinson, oubliant complètement qu'il était médecin. En outre, comme je l'ai déjà dit, Andréï croyait, bien qu'il ne pût le prouver, qu'il y avait des périodes où ces pseudo-médecins lui faisaient absorber des psychotropes qui provoquaient chez lui une somnolence, une sorte de vide intérieur, une apathie évidente, un désir de mourir. Il acheva son récit sur les médecins par cette phrase : « Mes médecins, ce sont des Mengele de notre temps. »

Je ne puis me défaire de cette idée : n'y aurait-il pas, parmi ces médecins, des militants du mouvement de l'Internationale des médecins pour la prévention de la guerre nucléaire, qui eut le prix Nobel de la paix en 1985 ? En tout cas, le docteur Tchazov, responsable de ce mouvement, est cardiologue, et je sais qu'on l'avait sollicité en vain alors qu'on cherchait à nous faire sérieusement soigner, Andréï et moi. Qui sait si ce n'est pas lui ou l'un de ses collègues qui avait autorisé l'alimentation forcée de Sakharov, l'été 1984, alimentation qui eut des conséquences si terribles ? Du reste, l'un des films envoyés en Occident explique que Sakharov a reçu la visite de cardiologues de l'institut que dirige Tchazov. A Moscou et en Occident, on s'obstine à dire que Sakharov a été « *soigné* » par des psychiatres, et on cite en particulier le nom de Rojnov, que je ne connais pas. Mais je sais que Marat Vartanian, l'un des principaux médecins qui appliquent la psychiatrie à des buts de répression politique, joue un rôle important dans l'Internationale des médecins.

En février 1986, j'étais invitée par des amis de mon mari à Palo Alto. Lors d'une réception organisée en mon honneur, le recteur de l'université de Stanford, le docteur Kennedy, me pria de transmettre à Andréï une invitation de ladite université. Lorsqu'on me présenta à lui, je compris que cet homme charmant qui invitait Andréï avait tout récemment reçu Marat Vartanian dans la même salle. Je perdis contenance et n'eus pas la présence d'esprit de lui dire que je ne pouvais être ici après le « docteur » Vartanian. Comme on dit, je me dégonflai : tout était si correct, si joli, si distingué, tout le monde disait des choses si chaleureuses à l'égard d'Andréï (et à moi aussi, par la même occasion). Peut-être croient-ils sincèrement que leurs paroles peuvent nous aider ; c'est pourquoi ils vont à Moscou, y discutent avec des messieurs, des académiciens par exemple, en leur apprenant ce qui est bien et ce qui est mal, mais tout cela en tête à tête, jamais publiquement. Peut-être en m'invitant croient-ils sincèrement qu'ils sauvent ainsi Andréï d'un isolement qui le transforme en cadavre vivant. Peut-être ignorent-ils que les collègues soviétiques des « médecins pour la paix » sont la première arme — et la principale — dans ce crime perpétré contre Sakharov. Mais je ne dis rien de tout cela : en somme, je me conformais à mes hôtes, j'étais devenue polie et muette dans cet environnement sympathique, au milieu de ces mets délicats, ces fleurs, ces belles paroles et des chansons de Joan Baez sur la liberté. Mais, moi, j'avais perdu ma liberté et avalé ma langue. Tandis que je ruminais mon silence, je perdis l'occasion de m'exprimer. Il faut dire qu'en outre, je croyais que mon hôte m'inviterait à dire quelques mots à l'assistance. Mais apparemment celle-ci s'en souciait peu. Je me forçai alors à aborder le recteur et à lui dire ce que je pensais de la réception du docteur Vartanian. Et tout en lui disant cela, je me rendis compte que mon comportement était calqué sur le sien, puisque j'entreprenais d'éduquer cet homme en tête à tête. J'en ai encore honte aujourd'hui ! Peut-être, si je m'étais exprimée devant tout le monde, une conversation honnête et sérieuse eût-elle été possible.

Par la suite, j'eus une expérience similaire avec le docteur Panofsky, à cette différence près que, cette fois, je trouvai la force de lui dire tout ce que je pensais, et c'est justement pourquoi ni lui (je l'espère) ni moi n'avons gardé d'amertume après notre conversation. Celle-ci fit naître en moi l'espoir que les amis d'Andréï comprendront peut-être un jour comment ils peuvent l'aider, lui et d'autres qui se trouvent dans le même cas. Et aussi que ce « jour » arrivera avant qu'il ne soit trop tard.

J'eus aussi une explication désagréable avec le docteur Goldberger, au California Institute of Technology[1]. Je ne voulais pas le vexer, mais je crois que j'avais le devoir de lui dire que les erreurs des collègues occidentaux, lorsqu'ils ont des contacts avec les autorités scientifiques ou gouvernementales soviétiques, ont une conséquence directe et tragique sur notre sort. En tout cas, les collègues de Sakharov devraient le

---

1. Dont ce physicien est le recteur *(NdT)*.

savoir. Je regrette qu'il y ait eu si peu de monde à cet institut pour s'intéresser au sort de Sakharov.

Je passe à présent à des choses plus réconfortantes qui, en dehors de l'essentiel, c'est-à-dire de notre vie commune, sont si rares dans notre existence, à Andréï et à moi. Le 23 octobre au soir, j'allai porter les ordures dans la cour. La nuit était claire et froide. Il avait cessé de neiger et, à présent, cette couche fraîche recouvrait tout, même la grande flaque d'eau (tout à fait conforme aux descriptions que fait Gogol de la province russe) qui règne sur notre paysage au bout de l'avenue Gagarine. Les voitures aussi en étaient recouvertes. Sur notre pare-brise, quelqu'un avait écrit avec son doigt : « BIS ! Bravo ! » La radio n'avait encore rien annoncé, personne, hormis nous, les miliciens et les guébistes, ne savait que j'avais été convoquée à l'OVIR. Donc, personne, sauf l'un d'eux, n'avait pu s'approcher de notre voiture et écrire ces mots. A présent, je regarderai toujours nos miliciens et guébistes en me demandant : « Lequel est-ce ? Celui-là ? »

Le 25 octobre, je fus convoquée à l'OVIR pour treize heures. Nous y allâmes ensemble. La dame-major n'était pas là ; je demandai l'autorisation à la sentinelle de l'appeler par le téléphone intérieur. Mais un guébiste de mon escorte, qui sans doute n'avait pas été mis au courant, se jeta vers l'appareil comme un chat sauvage et appuya sur le levier du téléphone. Il le fit si rapidement et brutalement qu'il me poussa involontairement. Mon cœur bondit. Je saisis ma trinitrine. Un autre guébiste me dit poliment : « Allez-y, Elena Guéorguiévna, il ne savait pas », et se mit à gronder son collègue à voix basse. J'appelai donc la dame, qui descendit nous chercher. Nous trouvâmes dans son bureau un homme en uniforme de la milice, avec des galons de colonel ou de lieutenant-colonel. Sans même se présenter, il nous tint le discours suivant. Maintenant, j'avais reçu mon autorisation, j'avais vu mon mari, il me fallait payer deux cents roubles pour le visa et partir le lendemain pour Moscou ; on

199

m'avait déjà retenu ma place de train, et je partirais le surlendemain au soir pour l'étranger. A Moscou, je devrais me munir d'argent pour le change ainsi que pour le billet (je crois qu'il cita le chiffre de trois cents ou quatre cents roubles). Je partais donc le lendemain ! Je bondis : « Je n'irais nulle part tant que je n'aurais pas vécu avec mon mari quelque temps, il a fait la grève de la faim, il est épuisé, et je dois l'aider à reprendre un état tel que je n'aurais pas peur de le laisser seul... Si vous avez dans la tête de m'expulser, dites-le carrément, et je ne partirai pas. » Je criai très fort, je parlai aussi de l'hôpital, de l'isolement d'Andréï... Andrioucha restait silencieux, me regardait et même parfois souriait, comme si mes cris ne le concernaient pas. Le colonel me répondit, en criant lui aussi, qu'il ne pouvait pas décider cela tout seul, que mon comportement était scandaleux, alors qu'ils avaient fait preuve de compréhension, et que je risquais de ne pas partir du tout. Et moi : « Je sais ce que je risque, de toute façon je ne fais que ça, risquer, donc je ne partirai pas... » Et puis soudain, nous en eûmes tous deux assez de crier. J'ajoutai seulement que je voulais partir après la rencontre Gorbatchev-Reagan et après la remise du prix Nobel de la paix à Tchazov : je ne voulais pas que les journalistes m'interrogent là-dessus. Il me dit : « Bon, atten-dez un peu », et il partit téléphoner, ce qui lui prit plus d'une heure. Il revint de fort mauvaise humeur. Manifestement, ses chefs lui avaient passé un savon parce qu'il n'avait pu me forcer à partir tout de suite. Sans nous regarder, il annonça : « Écrivez une demande. Combien de temps vous faut-il ? » Je dis : « Deux mois. » Alors Andrioucha sourit derechef et dit d'une voix très calme : « Un mois te suffira, tu sais. » Je n'allais tout de même pas discuter avec lui, aussi écrivis-je : « Un mois. »

Puis nous allâmes chez le photographe. Cette nuit-là ainsi que la suivante, nous apprîmes que, selon Victor Louis, je devais arriver le lendemain à Vienne, après quoi j'irais où je voudrais. Nous sûmes également que cette nouvelle avait été confirmée par les ambassadeurs soviétiques à Vienne et à Bonn. Nous fûmes convoqués à l'OVIR. Le chef n'était pas là ; une employée nous annonça que ma demande était satisfaite et que nous devrions lui apporter un reçu pour les deux cents roubles que je verserais pour mon passeport. Elle téléphona par la suite à Andréï que je pourrais finalement acheter mon billet normalement, comme une citoyenne libre. Mais surtout, nous demandâmes ce jour-là que je puisse appeler mes enfants aux États-Unis, sans quoi ils ne croiraient jamais les affirmations de Victor Louis et il y aurait beaucoup de bruit pour rien. La dame ne pouvait régler cette question par elle-même et nous demanda de la rappeler. Par la suite, c'est Andréï qui fut en contact avec elle. Puis se posa le problème de savoir avec quels papiers d'identité je voyage-rais, car les personnes en exil doivent théoriquement être munies d'une feuille de route, sans quoi on peut les arrêter. « Personne ne l'arrêtera », répondit-elle à Andréï d'un ton excédé, comme si elle lui disait : « Allez donc vous faire voir... »

Ces conflits oviresques se répétèrent un mois plus tard, à Moscou, mais sous une autre forme. D'abord, on me dit de me rendre à l'OVIR municipal, où je m'entendis déclarer qu'ils ignoraient où était mon passeport et qu'ils me feraient savoir quand ils l'auraient trouvé. Le surlendemain, on me convoqua chez un nommé Kouznetsov, haut placé dans la hiérarchie, à l'OVIR central. Emil et Nelly m'y emmenèrent, car je ne pouvais pratiquement pas marcher. Kouznetsov me dit : « Donnez-moi votre passeport intérieur et vous recevrez votre passeport international. — Mon passeport ? Mais je n'en ai pas, puisque je suis une exilée. » Il fut décontenancé. « Voulez-vous mon attestation d'exilée ? » repris-je. Il me dit d'attendre, sortit et revint assez vite. Puis il prit du bout des doigts, avec une sorte de dégoût, mon attestation et me tendit mon passeport en ajoutant : « Vous avez là votre visa pour l'Italie ; vous vous ferez remettre à Rome votre visa pour les États-Unis, nous en donnerons l'ordre à nos camarades. » Effectivement, mon passeport ne portait que le visa pour l'Italie. « Je ne veux pas de ce passeport. — Mais pourquoi ? Vous l'aurez à Rome, votre visa américain ; nous le dirons à nos camarades. — Non, les visas doivent être donnés ici, et quant à vos camarades de Rome, je ne veux pas les voir, vous pouvez vous les garder ! » Déjà je criais, je jetai le passeport sur la table et partis en courant vers la salle d'attente. Emil et Nelly étaient là, tout pâles, tant j'avais crié fort. Kouznetsov nous rattrapa dans l'escalier et me dit de revenir à quinze heures. « Alors c'est une autre affaire », répondis-je, et nous sortîmes. Nelly me dit : « Là, tu y vas un peu fort. J'ai peur que maintenant on ne te laisse aller nulle part. » A quinze heures, je recevais mon passeport avec un visa pour « l'Italie et les États-Unis », tandis que le visa précédent, sur l'autre page, était barré, ce qu'on se garda bien de montrer dans l'un des films envoyés en Occident et pour lequel on avait abondamment filmé mon passeport.

Mais je reviens en arrière, à Gorki. « Tes enfants nous ont sortis de ce trou noir », me répéta Andreï après que nous eûmes obtenu un entretien téléphonique avec les États-Unis. La lutte était terminée. Restaient les préparatifs de départ et la suralimentation : nous mangions cinq fois par jour, car nous en avions besoin tous les deux ; j'étais toujours pressée, car je passais beaucoup de temps à la cuisine. Puis nous eûmes de très longues conversations entre nous, matin et soir. Nous restions toujours ensemble et étions très heureux. Mais, au bout de deux semaines, je commençai à sentir qu'il ne me restait plus beaucoup de temps, que le moment de la séparation approchait, tout comme maintenant je sens que le calendrier se rétrécit, que la peau de chagrin de ma liberté se réduit.

J'avais aussi à me soigner les dents. Une de mes couronnes s'était cassée, et je dus limer un de ses éclats avec une lime à ongles métallique, ce qui fut fort douloureux. En outre, mes autres dents couronnées branlaient ; sans doute fallait-il les arracher, car je ne pouvais ni manger ni parler correctement, tout me faisait mal. Qui plus est, j'avais un papillome dans la bouche, ce qui n'est jamais très rassurant. Que faire ? Nous allâmes trouver Oboukhov, puisque toute autre porte nous était interdite.

Oboukhov m'organisa des soins urgents et hautement qualifiés avec prothèse dentaire provisoire. Tout cela fut filmé comme le reste : apparemment, le KGB avait pris goût à cette manipulation cinématographique. On me voit donc dans le bureau d'Oboukhov avec Andréï, puis dans le cabinet du dentiste. Là encore, je n'entendis jamais le ronronnement de la caméra. On nous voit également au marché et au magasin. On voit Andréï réglant des détails de mon voyage par téléphone dans le bureau d'Oboukhov, puis buvant le thé avec lui et discutant du désarmement. Et nous qui nous étonnions de voir Oboukhov perdre des heures entières à nous retenir au lieu de travailler et à bavarder sur des thèmes aussi « officiels » que le désarmement ! Oboukhov devenait une star de cinéma : l'hôpital pouvait attendre. Le 20 ou le 21 novembre, date de notre dernière séance interdisciplinaire avec les cinéastes et les dentistes soviétiques, nous apprîmes qu'Oboukhov venait d'être gratifié du titre de médecin du peuple d'URSS [1]. Avait-on inclus dans ses mérites les tortures infligées à Sakharov dans les murs de l'hôpital de Gorki ?

Enfin, ce fut ma dernière soirée avec Andréï. Ce soir-là, les rues étaient très glissantes et je ne voulais pas qu'Andréï rentre seul en voiture. Aussi, nous prîmes un taxi pour aller à la gare. Là, nous découvrîmes que toute la place était en travaux, de sorte que le taxi s'arrêta assez loin de l'entrée et que nous dûmes nous traîner, Andréï avec mes bagages qu'il ne voulait pas me laisser porter, et moi qui me sentais mal

---

1. Le plus haut titre honorifique des médecins *(NdT)*.

même sans bagages. Nous étions suivis par cinq ou six guébistes. Au moment d'une pause, je lançai à l'un d'eux : « Vous pourriez au moins nous aider ! — Mais non, voyons, dit-il en me narguant, ça n'entre pas dans nos fonctions, mais vous y arriverez bien, vous êtes des gens costauds ! » Nous montâmes dans le wagon. Je trouvai dans mon compartiment une femme de petite taille et au visage trop familier pour ne pas m'écœurer ; à l'extrémité du wagon, j'entrevis celui, tout aussi familier et écœurant, d'un guébiste. Je les revis plus tard dans un film consacré à mon départ. Je revis aussi Andréï, seul sur le quai enneigé, tel qu'il m'est resté dans la mémoire.

Je crois que nous avions tous deux peur. Une fois de plus il fallait tenir bon, il nous fallait supporter la séparation, la solitude (en ce qui concerne Andréï), les maladies et les opérations (en ce qui me concerne). Mais, cette fois, tout cela se déroulait sous le signe de la victoire. Il y a deux jours, j'ai pu téléphoner à Andréï de Newton, et à ma question : « Comment vas-tu ? » il m'a répondu : « Je vis avec l'impression d'une victoire. » Je me suis rappelé alors l'automne 1984, quand il m'avait confié qu'il voulait apprendre à mourir dignement, et non à perdre.

Le lendemain matin, j'arrivai donc à Moscou, où je n'avais pas mis les pieds depuis vingt mois. Boris Altschuler et Emil étaient venus m'attendre à la gare. Nous trouvâmes chez moi Macha, qui avait préparé des pâtés au chou, et aussi des miliciens devant l'entrée (une voiture entière) et trois autres au sixième étage, devant ma porte. Je peux comprendre encore qu'ils m'aient attendue (mais pourquoi tant de monde ?), mais j'appris qu'ils étaient là depuis vingt mois, jour et nuit, et qu'ils avaient même un lit pliant où ils se reposaient à tour de rôle. J'appris aussi que, dès le premier automne de mon exil, le vent avait ouvert la fenêtre, et l'appartement était resté ainsi pendant tout ce temps. Deux jours avant mon arrivée, on autorisa mes amies à venir faire le ménage. Elles trouvèrent l'appartement dans un état indescriptible. C'est que j'avais même laissé de la nourriture dans le réfrigérateur, et comme il était tombé en panne, tout cela avait pourri. Cela ressemblait au temps de guerre, quand les personnes évacuées retrouvent leur logis. Mes amies voulurent faire intervenir une entreprise de nettoiement, mais cela leur fut refusé. Seules Macha, Galia et Lena furent autorisées à nettoyer ce cloaque : elles auraient eu besoin d'hommes pour déplacer les meubles et transporter les ordures, mais... « les hommes n'ont pas le droit ».

Me voilà donc chez moi. Cet appartement avait été attribué à ma mère en pleine vague de réhabilitations, à la fin de l'année 1954 : elle n'avait pas eu de domicile depuis 1937. Le temps avait passé, et peu à peu nous nous étions installés. D'abord, ce fut mon frère, sa femme et leur petite fille. Puis ils eurent leur appartement. Ensuite, ce fut moi qui l'habitai avec ma famille. Pendant longtemps, nous y vécûmes à quatre : ma mère, moi et mes deux enfants. Puis ceux-ci firent leurs études. Tania nous amena son mari. Moi, j'amenai l'académicien Sakharov. Dans cette maison, nous avions fêté trois mariages : celui de Tania avec Efrem, celui d'Andréï avec moi, celui d'Alekseï avec Lisa. C'est là que je vis arriver mon premier petit-fils, Motia. Ces murs avaient vu tant de bonheur... La maison de maman !

Tania et sa famille la quittèrent le 5 septembre 1977 après l'exclusion de Tania de l'université, les menaces adressées au petit Motia, son étrange maladie, les menaces contre Efrem, les poursuites contre Tania.

Après leur départ, Alekseï fut bientôt chassé de son institut. Le 1ᵉʳ mars, nous l'accompagnâmes à l'aéroport. Lisa, sa fiancée, était très sombre.

Le matin du 22 janvier 1980, Andrioucha regarda longuement par la fenêtre comme il le faisait toujours, car nous avions là une belle vue sur Moscou. Puis il partit à son séminaire. Le soir même, un avion nous transporta tous les deux, avec une escorte de huit personnes, jusqu'à Gorki. Des hommes qui se faisaient passer pour médecins nous nourrirent et s'enquirent obséquieusement de notre état.

En mai 1980, ma mère quitta à son tour l'appartement moscovite pour aller voir ses petits-enfants aux États-Unis. Tandis que je l'accompagnais jusqu'au contrôle des passe-ports, tout en la tenant serrée contre moi, je sentis son cœur battre comme celui d'un moineau.

Alekseï nous avait laissé Lisa, et bien qu'une personne ne puisse constituer une famille à elle seule, la maison restait encore debout. Nous fîmes une grève de la faim en novembre-décembre 1981 pour que Lisa puisse rejoindre son mari. Le 19 décembre, à l'aéroport, avant de s'envoler pour les États-Unis, elle me dit : « Elena Guéorguiévna, j'ai envie de rentrer à la maison, j'ai peur. » Et voici que j'y revenais, moi, dans cette maison, et que j'y vivais même cinq jours. Quelle impression étrange : ce n'était plus une maison, mais de simples murs. Mes amis m'y organisèrent une soirée d'adieu. Il y eut beaucoup de monde, bien que je n'aie pas osé espérer que ces murs redeviennent pour un soir ma maison.

A présent, je me trouve sous la véranda. Ce matin, j'ai pu parler au téléphone avec Andréï. Parler n'est pas le mot : ou bien je criais, ou bien je n'entendais rien, puis la communication fut coupée. Malgré tout, Andréï a réussi à me raconter qu'il avait tenté de prendre des Gitanes en auto-stop et qu'il avait été officiellement averti qu'on lui retirerait son permis de conduire pour utilisation de son moyen de locomotion personnel à des fins lucratives. C'était enfin un langage officiel, et non cette « langue d'Ésope » à laquelle nous avions été habitués, avec cafards se répandant sur la table ou pneus crevés ! Andréï m'a demandé aussi ce qu'il devait faire avec mes plantations sur le balcon et j'ai tenté de lui crier (sans doute ce sujet tombe-t il aussi sous le coup d'un interdit) qu'il attende mon retour, car cette année je vais mettre des plants et non des graines, et pour ce faire le mois de juin ne sera pas trop tardif. M'a-t-il entendue ? Dieu sait pourquoi, ils ne veulent pas qu'Andréï sache la date de mon retour. Que manigancent-ils encore ?

Mais je reviens à décembre 1985.
Je craignais tant ce long voyage de Gorki à Newton, et jusqu'aux médecins. Je le craignais physiquement. Je ne quittais pas ma trinitrine et passai la douane sous les regards

207

de mes amis et ennemis. Je regrettai beaucoup d'avoir pris si peu de livres, car on me les laissa tous. Je passai le contrôle des passeports et me retrouvai... ici, c'est-à-dire de l'autre côté de la frontière. Dans la salle d'attente, les gens commencèrent à me reconnaître. Il y avait là des journalistes que je connaissais, mais, chose étrange, personne ne craignait plus de m'approcher ici : il fallait aussi que je m'habitue à cela, ce qui se fit d'ailleurs très vite. Je ne me rappelle rien de mon voyage jusqu'à ce que l'avion ait atterri. Par le hublot, je vis arriver un véhicule de l'aéroport avec un sentiment d'étrangeté : je me trouvais encore mentalement à Gorki, en tout cas à Moscou. Alors je vis Alekseï et Efrem en sortir. C'est à ce moment-là, je crois, que je compris que mon voyage avait réellement eu lieu.

Je ne vis pas l'Italie, mais j'en ressentis la chaleur comme nulle part ailleurs : chaleur des gens, des fleurs, des allocutions — j'aime l'Italie d'une façon que je ne peux même pas expliquer. Mais tout cela se fit très vite, à coups de sirène de la police ; nous nous hâtions tant de nous rendre à Florence et à Sienne que j'eus à peine le temps de voir ces villes. C'est à se demander même comment nous quatre (car Irina[1] se joignit à nous à Rome) pûmes supporter cette cavalcade. Je crois que les deux seuls endroits où je pus reprendre mon souffle et réfléchir furent le Vatican et le salon du Premier ministre. Dans les deux cas, j'en sortis apaisée, sachant qu'on y aimait mon mari, qu'on y pensait à lui sérieusement, et pas seulement en paroles. A cela s'ajoutèrent trois amies chez lesquelles je pus étendre un peu mes jambes, qui me faisaient autant souffrir que mon cœur.

Le 7 décembre, je quittai l'Europe et arrivai le jour même à mon lieu de destination[2]. Dans l'avion, je regrettai beaucoup l'absence d'Andrioucha. Il est vrai que c'est chez moi un

1. Irina Ilovaïskaya-Alberti, rédactrice en chef de *la Pensée russe* (*NdT*).
2. C'est-à-dire, rappelons-le, Newton, dans le Massachusetts (*NdT*).

sentiment permanent, mais cette fois, il y avait à cela une raison particulière : le commandant me fit venir dans le cockpit en tant que VIP.

L'accueil, les discours, les photos, je ne me rappelle plus rien de tout cela, hormis maman et les petits, dont Sacha, la nouvelle, si drôle et déjà bien solide.

Le 9, je commençai mes soins. Andréï m'avait recommandé de parler de tous mes maux aux médecins, de ne rien oublier. La première opération, celle du papillome, fut l'affaire d'un instant, et il s'avéra qu'il était parfaitement inoffensif. A Florence, j'avais vu le docteur Frezzotti pour mes yeux, qu'il avait déjà soignés. Il me dit qu'il ne fallait pas y toucher tant que je ne réglerais pas le problème du cœur. Tous les autres médecins me dirent la même chose. Le 9 décembre, je me rendis donc chez le cardiologue. Il semble que je lui aie donné l'impression de ne pas être trop malade. Peut-être mon caractère m'avait-il encore joué un mauvais tour. Dans un des films qui nous sont consacrés, il est dit que je mène actuellement une vie trépidante. Mais que voulez-vous que je fasse ? On peut se coucher et mourir, décider d'avance qu'on est malade et c'est terminé. On peut aussi tenter sa chance, comme dans la fable des deux grenouilles tombées dans une jatte de lait, dont l'une se résigne à se noyer — et se noie —, et l'autre se débat de rage et finit par battre une motte de beurre, ce qui lui permet de sortir de la jatte.

Donc, on m'examina et on me prescrivit un traitement. La presse américaine en conclut que je n'étais pas si malade que cela. L'information que finit par recevoir Andréï, c'était que j'exagérais la gravité de mon état et que j'avais eu seulement envie d'aller faire un petit tour à l'étranger. Les médicaments prescrits différaient peu pour l'essentiel de ceux que j'avais employés là-bas. Je savais d'avance que cela ne mènerait pas à grand-chose et que le miracle tant attendu par Andréï ne se produirait pas.

Mon médecin ne se hâtait pas de m'envoyer sur la table

d'opération, mais il me fit faire un cathétérisme cardiaque et me fit même un dessin pour me montrer ce qu'ils avaient vu, de sorte que j'ai pu parfaitement me rendre compte de ce qui était obturé, tout comme Andréï, puisque je lui ai envoyé une copie de ce dessin. Cela ne paraissait pas terrible, mais mon cœur me faisait mal, plus peut-être qu'avant le cathétérisme. Un peu avant Noël, mon médecin commença à douter des résultats de mon traitement et me dit qu'après le Nouvel An il m'enverrait chez un chirurgien. En attendant, nous nous préparions pour les fêtes de fin d'année.

La Russie connaît depuis fort longtemps un genre littéraire intitulé « conte de Noël », qui a continué à exister même à l'époque où le mot « Noël » a cessé d'être employé couramment et où la fête officielle est devenue le Nouvel An. Nous qui avons été élevés dans la littérature plus que dans le monde des choses, nous avons gardé une sorte de tendresse indulgente pour ce genre. Mais les choses réelles deviennent attrayantes aussi, dès que nous nous retrouvons dans un monde où elles sont accessibles : nous cessons d'avoir honte de les aimer et nous ne nous mettons plus à genoux devant la littérature. Ici, notre attachement excessif pour la littérature se modère peu à peu, car nous n'éprouvons plus le besoin de compensation qu'elle assouvit là-bas, et nous devenons, au moins sur ce plan, des personnalités mieux équilibrées.

J'arrivai aux États-Unis en décembre, c'est-à-dire précisément au moment où commence la ruée sur les magasins. Ici, c'est le cadeau de Noël qui est le genre dominant, non la littérature. C'est lui qui imprime sa marque à l'ensemble des fêtes, voire à l'année tout entière. L'achat des cadeaux occupe tout le monde, on en parle dans les familles, au café, à l'hôpital (comme partout, l'hôpital est un monde où l'on apprend énormément de choses). J'ai l'impression que tout le monde achetait des cadeaux, les pauvres comme les riches. C'était une manière de défoulement. En effet, il faut bien que l'homme puisse éprouver, ne serait-ce qu'une fois, le sentiment de la satiété : on ne peut toujours « désirer », car cela finit par modifier les sensations, les couleurs, les goûts, les sons et les odeurs du monde animal. Il en est de même sur le plan social : je crois que ceux qui s'occupent des problèmes du tiers monde le savent, bien que, soit dit en passant, certains de ces peuples aient plus de choses que nous autres. Nos hauts dirigeants feraient bien d'être conscients des dangers de la frustration : Dieu sait comment et dans quelle mesure ils sont informés et ce qu'ils ont pu retenir de la période précédant leur ascension.

Je sais que l'émigré a une ardeur de néophyte lorsqu'il se jette sur les marchandises. Ce qui m'a surprise, c'est que les Américains s'adonnent au *shopping* avec autant de joie et d'enthousiasme que les nouveaux arrivés. J'ai aimé la foule des acheteurs américains au moment de Noël : très attentive, active, concentrée. J'ai visité un immense supermarché américain, qui est fait pour les gens simples, non pour les riches — du reste, les Américains sont dans l'ensemble économes et préfèrent dépenser leurs sous là où c'est le moins cher. J'ai observé un couple d'Américains déjà âgés pendant plus d'une heure, violant ainsi quelque peu leur *privacy* ; ils choisissaient, regardaient, palpaient, discutaient avec beaucoup de soin... et prenaient deux caddies entiers : sans doute avaient-ils beaucoup d'enfants, de petits-enfants, d'amis. L'attention et le sérieux dont ils faisaient preuve m'étaient inhabituels, surtout de la part de l'homme. Chez nous, on trouvera peu d'hommes, même attachés au standing, pour lesquels l'achat de cadeaux soit aussi important ; d'ordinaire, c'est une tâche qu'on confie plutôt aux femmes. Peut-être y a-t-il ici également une intimité familiale qui explique qu'on fait ses courses ensemble, même quand l'abondance est totale. Pendant toute la période précédant les fêtes, je me suis étonnée du nombre d'Américains qui passaient leur temps dans les magasins. En revanche, les 23 et 24 décembre, les boutiques étaient presque vides. Bravo, l'Amérique ! Tout le monde a acheté tout son soûl, tout le monde est content, et dans tous les magasins, les cafés, les rues, dans toute l'Amérique, on lit : « *Have a nice holiday !* » Devinez combien de paquets-cadeaux nous avons faits (avec du joli papier, des rubans, des petites cartes) ? Plus de cent. Combien de robes de chambre notre famille a achetées ou reçues en cadeau ? Sept. Un ami de mes enfants qui était là à Noël, au moment de la distribution des cadeaux, nous a demandé : « Pourquoi toutes ces robes de chambre ? » De fait, le salon de ma fille ressemblait alors à un super-marché. Et moi, je me répétais sans cesse mentalement cette comptine russe : « Dans ce petit panier, j'ai de la pommade et du parfum, des rubans, de la dentelle, des chaussures, tout ce que vous voulez. » Pourquoi tant de robes de chambre ? Mais il n'y en a pas tellement, c'est nous qui sommes nombreux : une pour ma mère, une pour Nathalie, une pour Tania, une pour Lisa et trois pour moi-même (une offerte par les enfants, les deux autres par des amis, car en URSS, actuellement, il y a pénurie).

Je sais que des émigrés récents sont opposés à la « société de consommation » et qu'ils dénigrent l'esprit consommateur des Américains. Je n'en ai pas rencontré, mais je serais très curieuse de voir comment ils appliquent leurs principes : achètent-ils quelque chose pour Noël, font-ils des cadeaux à leur femme, à leurs enfants, à leur mère, à leurs amis ou bien s'abstiennent-ils stoïquement de « consommer » ? Leur morale est-elle seulement à usage externe, ou bien s'y astreignent-ils aussi ? Dans ce dernier cas, je crains pour leur équilibre. La sous-consommation est plus déséquilibrante que la consommation. Je crois que la société de consommation est moins terrible qu'on ne nous la présente. Mais la crainte de ses travers peut nous donner des insomnies et même (c'est moins probable, mais qui sait ?) nous empêcher de consommer, tandis que ceux qui propagent cette crainte dorment tranquillement, consomment — et nous trompent.

Noël passa avec son déchaînement de cadeaux. Le Nouvel

An fut tout à fait comme à Moscou ou à Leningrad : nous le fêtâmes en famille. Le 6 janvier, j'avais rendez-vous avec le chirurgien. Il est de ceux qui sont faits pour décider. Dès la première consultation je me suis sentie sous son bistouri et j'ai compris qu'on ne pourrait rien y changer. Le 12, je fus hospitalisée, pour être opérée le 13. J'attache une curieuse importance aux signes.

Le 12 au soir, je signai les papiers décidant de mon « être ou ne pas être » pour l'anesthésiste, le cardiologue, le chirurgien, et je me rappelai un vers de Vsevolod Bagritski : « Jetons-nous à l'eau, les gars. » Le médecin me dit à peu près qu'il fallait que je compte une journée en moins dans ma vie. Enfin, mes enfants partirent. Je pris une douche. Deux infirmières étalèrent par terre une serviette bleue comme l'océan originel, me mirent dessus après m'avoir dépouillée de tout vêtement. Tout à coup j'eus peur, j'eus envie de pleurer, et le froid et la terreur me firent frissonner, tandis que les infirmières, tout en riant doucement et en parlant entre elles, se mettaient à me raser de la tête aux pieds : déjà je n'étais plus qu'un champ opératoire ou une victime sacrificielle. Les infirmières étaient gênées par mes frissons, mais elles finirent leur travail et se mirent à m'arroser abondamment de teinture d'iode ou d'un liquide iodé et à me frotter avec une serviette. Cela devait me piquer, mais je ne le sentais guère, car j'étais terrorisée. On me coucha dans des draps aseptisés et bleus, on me donna quelque chose à boire. Je demandai l'heure : « Onze heures moins vingt » — et cette phrase disparut dans ma conscience. Je fus étonnée par le son de ma voix au moment où je posais ma question : je m'enfonçais dans le non-être, et cette voix était pour moi comme de l'histoire ancienne.

... J'allumais mon réchaud à pétrole pour chauffer l'auto-clave : c'est ainsi qu'on stérilisait les pansements, à l'époque. J'entendis les avions arriver : par ce mauvais temps, c'était étrange. Ils étaient deux. Ils volaient bas et disparurent de

214

mon champ de vision. Je la vis tomber, elle était grande et je
vis qu'elle était déportée vers moi. Déjà je n'entendais plus
rien, ni elle ni les avions, mais je sentis la neige humide sur
mon visage. Et puis plus rien. Pendant combien de temps ? Je
ne sais... Puis j'aperçus au-dessus de moi les étoiles et le ciel,
un ciel d'hiver déjà, et j'ignorais si j'étais encore en vie. Puis
je sentis mes bras, surtout le gauche qui me faisait souffrir.
Mais je ne sentais plus mes jambes, je pensai : « Comment
vais-je faire pour danser maintenant ? » et j'entendis : « S'il te
plaît, ne meurs pas. » Était-ce ma voix ? La suite, je la connais
par les récits qu'on me fit. On m'entendit, on me trouva, on
me déterra. Cette fois-là non plus je n'avais pas existé
pendant presque une journée, du 26 octobre 1941 au matin
jusqu'à l'aube du 27, non loin de la gare Efimovskaïa...

Le retour à la vie fut difficile. Je crois que j'entendis
confusément la voix de Tania, puis celles d'Efrem et de Lisa, à
moins que je n'aie reconstitué ce moment d'après leurs récits.
Mais le sentiment d'être de nouveau dans la vie et non « là-
bas » m'est venu plus tard, avec la voix d'Alekseï qui me
disait : « Maman. » Puis ce fut de nouveau un trou. Puis,
derechef : « Maman, tu m'entends ? Serre-moi la main. »
Peut-être la lui serrai-je, mais je ne la sentis pas. Puis
j'entendis de nouveau sa voix et même je sentis une odeur,
comme s'il venait de fumer. Puis ce fut le vide et une voix de
femme qui parlait en anglais. Je compris que l'opération était
terminée, avec les six pontages (pourquoi six, alors qu'on
avait parlé de trois, à la rigueur de quatre ?). J'entendis ma
respiration — ou bien n'était-ce pas la mienne ? — l'appareil
me poussait dans l'atmosphère, respirait pour moi, un autre
battait à la place de mon cœur.

Je ressens la chaleur de la main d'Alekseï, tellement plus
chaude que la mienne, et j'ai peur qu'il soit malade, comme
lorsqu'il était petit, mais alors pourquoi cette odeur de tabac ?
Tout s'embrouille dans ma tête. Et de nouveau : « Maman,
serre-moi la main. » Alekseï dit en anglais : « Elle m'a

entendu. » Je voudrais lui dire, lui crier : « Oui, je t'entends », mais je ne peux pas.

C'est ainsi que je revins à la vie, à l'aube du 14 janvier 1986, tout comme en 1941.

Puis on m'enleva les appareils, le *monitoring* ; je prononçai quelques mots et je fus ramenée dans ma chambre : tout cela, c'était de la médecine, et de la bonne, tandis qu'avant, c'était quelque chose d'autre, situé entre l'être et le non-être, entre l' « ici » et le « là-bas ». Ensuite, ce fut la routine postopératoire, les jours et les nuits très durs quand, après une première amélioration, j'eus une péricardite et une pleurésie, des douleurs permanentes, comme si j'avais été hachée menue. Je crois que je ne m'étais jamais sentie aussi malade, à telle enseigne que je me demandais s'il n'aurait pas mieux valu que je reste comme j'étais. Même à présent, il m'arrive de me demander si nous avons bien le droit d'intervenir aussi violemment dans notre propre vie. Est-ce bien moi la personne que je suis devenue après tout ce que j'ai supporté ?

Peut-être cette question serait-elle restée sans réponse si on ne m'avait fait visiter le bloc opératoire de mon hôpital, grâce au fait que je suis moi-même médecin et à la complaisance de l'anesthésiste et du docteur Hutter. On entre comme dans une forteresse ou au Pentagone ; on signe un registre (j'ai écrit « Russie » pour indiquer le lieu d'où je venais). J'étais très émue et tremblais légèrement ; je me rappelai que, plusieurs jours auparavant, je m'étais vexée lorsque le docteur Hutter m'avait demandé si je ne m'évanouirais pas : à présent, je me posais la même question. Je m'attendais en effet à trouver mon doute, mon problème incarné dans la réalité, tandis que je vis un travail normal, ordinaire. Bien entendu ce travail était de grande classe, comme on dit, mais enfin, c'était un travail, non une question métaphysique. Je fus très intéressée et ne ressentis aucune émotion, hormis l'admiration pour cet excellent travail. Pour être excellent, il l'était. Il suffisait de regarder l'emploi du temps de la journée : soixante opérations prévues pour ce jeudi 6 mai 1986, dans quarante salles différentes. Certains médecins font deux, voire trois opérations par jour. Le docteur Atkins en avait trois à son programme. Je le vis devant une cage thoracique ouverte et un cœur ouvert à tous vents : à quel point l'expression « opération à cœur ouvert » est exacte ! Ce cœur battait régulièrement, tandis que le chirurgien faisait son travail merveilleux et monstrueux. Aux gros vaisseaux, on joignit des tuyaux en plastique transparent qui s'emplirent de sang, devenant même plus lourds d'aspect, et l'appareil fit pulser ce sang dans des tuyaux à travers toute la salle. La grande et la petite circulation continuaient à fonctionner, mais pas dans le corps du patient. Le cœur devint clair et s'arrêta. Je me rappelle l'effroi que je ressentais dans les salles d'opération lorsqu'on n'entendait plus le cœur de l'opéré. Ici, rien de pareil. On déconnecte le cœur des vaisseaux pour qu'il soit plus facile de l'opérer, et ensuite, telle une dentellière, le chirurgien fait ses pontages. Tout était calme, tranquille, habituel. Deux pontages en une demi-heure, puis les gros vaisseaux furent remis dans leur circuit normal, le cœur frissonna une fois, deux fois, rosit et commença à revenir à la vie. Dans quatre heures, la vie reviendrait aussi au patient. Quant au chirurgien, il devait faire encore deux opérations le jour même.

Dans une autre salle, je vois un petit corps sous des draps bleus : c'est un enfant de deux ans. Tout est comme chez l'adulte, mais en miniature, et il n'y a pas un gramme de graisse sur le cœur. Pour vivre, il lui faut aussi en passer par là : la poitrine ouverte et même le cœur ouvert, il souffre d'une persistance de communication interventriculaire, et le médecin lui rapièce littéralement le cœur, soigneusement, lentement, tranquillement. Il accomplit son miracle, tandis que, dans la pièce réservée à la famille, la mère du petit souffre, attend, espère et doute. Le doute est nécessaire, car il nous rend responsables. Mais comme c'est heureux que ce chirurgien qui opère l'enfant soit si adroit !

217

Après une opération à cœur ouvert, toute autre opération cesse d'être un événement. Pour moi, une seconde angioplastie de la jambe droite se déroula sans émotion particulière. Il est vrai que je souffris beaucoup et longtemps, alors que je m'imaginais, Dieu sait pourquoi, que cette fois-ci, je n'aurais pas mal. Actuellement encore, je me sens lasse, ma poitrine me fait mal et j'ai de la peine à respirer profondément. Et si par inadvertance quelqu'un me touche la poitrine ou qu'un ami m'étreint, la douleur me transperce. Lorsque je tape à la machine, ma poitrine me fait également souffrir. Mais enfin, me voici libre de toute attente d'opération. C'est agréable de savoir qu'on n'a plus à craindre (ou plutôt à attendre) le bistouri. On me prescrit du repos, et je voudrais regarder tranquillement mes enfants. Mais — au diable cette idée que j'ai eue ! — je me suis mise à la machine à écrire. Si au moins, au lieu des robes de chambre, du nouveau costume, des chandails, des chemises et des autres cadeaux, je pouvais mettre ces pages dans ma valise et les apporter à Andréï : ce serait pour lui un cadeau, et il les lirait pendant que je lui ferais cuire une tarte aux pommes ou aux framboises. La tarte, comme je l'espère, il la verra, mais non ces pages. J'en éprouve un regret insupportable. C'est à cause de ces pages que je lui ai écrit peu de lettres. Ces derniers jours, je suis passée au *forcing* final : je me hâte d'achever ce livre.

Réceptions, dîners, lunchs, conversations sérieuses sur Andréï, questions diverses et qui prouvent parfois que celui qui les pose ne sait rien du tout, pas même pourquoi il est venu — sans doute parce que tout le monde le fait, un peu comme en Union soviétique, quand il y a la queue dans la rue et que les gens s'y mettent sans savoir ce qu'on vend... Il en est qui savent beaucoup de choses sur Andréï et qui sont même d'anciennes connaissances, mais qui n'en posent pas moins cette question : « Mais qui s'occupe d'Andréï Dmitrievitch ? Qui mène la maison pendant que vous êtes ici ? » Personne. Il le fait tout seul. T-o-u-t s-e-u-l. Tout seul à faire le ménage, à laver le carrelage de la cuisine, à faire sa lessive, à faire ses courses, à se préparer à manger. « Mais il sait faire tout cela ? » Oui, et toutes ces occupations ne l'ennuient pas, il ne croit pas qu'elles le distraient de causes « éternelles » et « immortelles », il les respecte et il est prêt à les faire même quand je suis avec lui, à telle enseigne qu'il lui arrive de me les arracher littéralement des mains.

Cette attitude ressemble à celle qu'il observe vis-à-vis des gens : pour lui, il n'est pas de petits destins ni de petites gens, et de la même façon, il n'est pas d'occupations méprisables. Lorsqu'on lui dit : « Andréï Dmitrievitch, vous êtes un homme si important, le monde a besoin de vous, etc., pourquoi risquez-vous votre santé en faisant la grève de la faim pour Lisa, Lioussia, Boukovski, Ogourtsov, Moroz ? » il

219

se fâche, se ferme et devient taciturne, car les personnes qui posent ce genre de question ne comprennent pas les mobiles profonds de ses actes. Il lui est arrivé d'entendre : « Pourquoi écrivez-vous au sujet de Dieu sait quel juif auquel on refuse le droit d'émigrer ? » Il était profondément offensé par ces questions, mais également surpris : comment pouvait-on si mal le comprendre ? Il a la même attitude, simple et respectueuse, pour les choses de la vie quotidienne et pour les gens. Mais il manque de temps, car chez nous tout cela en prend beaucoup plus qu'ici.

Autre question : « Et lorsque vous êtes restée sans lui, vous faisiez la même chose ? » Oui. « Mais comment faisiez-vous, avec votre cœur si malade auquel il a fallu faire six pontages ? » Je l'ai fait, c'est tout, et ce que je ne pouvais pas faire, je ne le faisais pas, par exemple laver les fenêtres en automne avant de les calfeutrer pour l'hiver. Je les ai donc laissées sales, car je ne pouvais payer quelqu'un pour le faire : tout contact avec les gens m'est interdit.

Une fois, mon poste de télévision est tombé en panne. Je trouvai le numéro de téléphone d'un atelier de réparation et j'allai téléphoner. A peine eus-je le temps de faire le numéro que le gardien (ou le guébiste, je ne sais comment les appeler pour qu'on ne m'accuse pas de les calomnier) ouvrit brutalement la porte et appuya sur le levier du téléphone. J'eus une explication assez longue avec lui. Il m'expliqua d'une façon assez grossière que je savais parfaitement que je n'avais pas le droit d'utiliser le téléphone ; puis il accepta d'en référer à ses chefs. Deux jours plus tard, le milicien qui montait la garde devant ma porte me dit, tout à fait poliment : « Demain, vous aurez la visite d'un réparateur. »

Question : « Et pourquoi êtes-vous obligée d'aller dans une cabine publique, vous ne pouvez pas téléphoner de chez vous ? » Non, je ne le peux pas. Depuis six ans que l'académicien Sakharov vit à Gorki, il n'a pas le droit d'avoir le téléphone chez lui. Il est déjà arrivé que j'aie besoin de secours médicaux urgents et qu'Andréï Dmitrievitch soit obligé de courir dans le froid pour chercher un téléphone qui marche (en hiver, ils ont pour habitude de marcher encore moins qu'en été). En ce moment il est seul, et s'il a besoin de soins urgents, je ne sais pas ce qui arrivera. Dans les films qui ont été envoyés en Occident, Andréï Dmitrievitch parle beaucoup au téléphone, ce qui peut laisser croire qu'il en a un chez lui. Actuellement, depuis que je suis en Amérique, on nous permet ce luxe, de nous parler longuement au téléphone, et pour ce faire on le fait venir au bureau de poste n° 107, et non au centre des communications internationales. Cette poste a été spécialement équipée pour qu'on puisse y filmer Sakharov sans qu'il s'en aperçoive, et il est ainsi démontré au monde entier comme il est facile, en dépit de toute légalité, d'écouter et d'enregistrer une conversation entre des époux. J'ignore qui a tourné ces films, mais il me semble que les séquences qui étalent ces conversations au grand jour sont manifestement antisoviétiques, car dans tout pays démocratique où les gens sont défendus par le droit et par la loi (et non par l'État), mon mari et moi pourrions gagner un procès contre les auteurs anonymes de ces films et les fonctionnaires qui organisent cette surveillance. Qu'il suffise de rappeler Watergate ! D'autres conversations furent enregistrées dans le bureau du médecin-chef de l'hôpital de Gorki au moment où je m'apprêtais à partir en voyage.

« Écoutez-vous la radio ? » Oh ! oui. Pour cela, nous allons à la périphérie de la ville, à l'hippodrome ou au cimetière, où l'on peut entendre certaines radios occidentales. C'est facile au printemps ou en été, mais en hiver il fait trop froid, les journées sont trop courtes, la ville est mal nettoyée et les rues sont glissantes, de sorte que nous préférons ne pas sortir le soir et n'écoutons presque pas la radio. « Mais pourquoi ne l'écoutez-vous pas chez vous ? » Parce qu'on la brouille. Dans notre immeuble, ou plutôt dans un appartement de l'immeuble, il existe un appareillage qui nous empêche d'écouter la

221

radio, qui perturbe la réception des images télévisées et qui gêne même l'écoute des disques. Cet appareillage fonctionne jour et nuit. « Cela ne peut-il nuire à votre santé ? » Andréï y a réfléchi ; il n'en sait rien, et moi non plus, à plus forte raison. « Pouvez-vous lire la presse ? » La presse soviétique, tant que nous voulons. Les magazines occidentaux que nous avions accumulés depuis quatre ans, avant la perquisition du 8 mai 1984 (des numéros de *Newsweek,* du *Time,* de *l'Express,* de *Paris-Match* et d'autres), nous ont tous été confisqués et jamais rendus, tout comme les coupures de journaux occidentaux. Même les coupures de la presse soviétique ne nous ont pas été rendues.

« Et que lisez-vous d'autre ? » Andréï Dmitrievitch lit beaucoup d'œuvres littéraires que je lui fournis généralement. Il lit surtout des revues scientifiques et des articles qu'on lui envoie. Moi, je lis beaucoup, surtout les revues littéraires soviétiques. Avant, quand je pouvais aller à Moscou, je me fournissais en romans policiers anglo-saxons : mon anglais n'est pas assez bon pour des lectures sérieuses, mais amplement suffisant pour comprendre mes héros préférés, le gros Nero Wolfe et son adjoint Archie[1], si séduisant pour les femmes de tous âges ; je lisais aussi Agatha Christie, John Le Carré (c'était plus difficile) et bien d'autres. Cela arrivait aussi à Andréï.

« Où vous fournissez-vous en livres et en revues russes ? Vous les achetez ? » Nous achetons certains journaux. La majorité des revues et des journaux, nous nous y abonnons tous les ans, ce qui est chez nous assez compliqué, car certains d'entre eux sont « contingentés ». Cela peut paraître étonnant aux Occidentaux, mais c'est ainsi. Cette pénurie s'explique peut-être par un manque de papier, mais elle tombe en tout cas sur les périodiques les plus lus. De même, les livres les plus populaires sont tirés en trop peu d'exemplaires.

1. Dans les romans de Rex Stout *(NdT).*

222

Andréï Dmitrievitch et moi, nous n'avons pas de problème avec les abonnements, de sorte que nous avons tout ce que nous voulons, sauf les magazines *Amérique* et *Angleterre*[1]. Cette facilité s'explique par le fait que je suis invalide de guerre, ce qui me donne ce privilège. En 1986, j'ai dû payer quelque chose comme cinq cents roubles en abonnements, ce qui est beaucoup à l'échelle soviétique, surtout si on sait que ces abonnements sont assez bon marché. Donc, pas de problème pour la lecture.

Les livres, nous les obtenons aussi facilement. Tant qu'Andréï Dmitrievitch est académicien, il peut commander tous les livres vendus à la librairie *Akademkniga* de Moscou. Autrefois, nous y allions tous les mois, et c'était une merveilleuse occupation que de fouiner parmi tous ces livres. Actuellement, nous faisons nos commandes sur un bulletin édité par la librairie et nous recevons les livres par la poste, ce qui est moins drôle. En outre, les meilleurs livres n'arrivent pas, pour des raisons que j'ignore. En moyenne nous commandons des livres pour vingt-cinq à trente roubles par mois.

Les livres et les revues sont le principal « luxe » de notre existence, comme c'était déjà le cas pour moi avant que je rencontre Sakharov. Nous n'avons pratiquement pas acquis d'autres biens, hormis l'ordinaire. Nous n'avons pas acheté de meubles à Moscou, sauf un canapé pour nous deux et quelques meubles de cuisine. A Gorki, j'ai acheté quelques meubles, comme je l'ai déjà dit, ainsi que des lampes. Au cours de notre vie commune, nous n'avons acquis ni tapis ni objet de cristal (ce qui, dans notre société, est un signe de standing), et nous n'avons pas fait d'excès non plus pour nous habiller. Mais je m'aperçois que la question de nos lectures m'a emmenée un peu trop loin, et j'espère que le

1. Périodiques en langue russe publiés par les gouvernements américain et britannique *(NdT)*.

lecteur me le pardonnera, surtout s'il s'intéresse beaucoup à la personne d'Andréï Dmitrievitch.

Un jour, on me posa une question sur l'approvisionnement à Gorki. Il n'est pas catastrophique, et sans doute similaire à ce qu'on peut voir dans les autres villes de province. Pour faire nos courses, nous allons soit en voiture (moi, depuis mon infarctus), soit à pied (Andréï). A l'épicerie, nous trouvons toujours du sucre, du thé (très mauvais), du sel, des gâteaux secs, du riz, de l'huile, plusieurs sortes de bonbons, de la semoule de blé, d'autres types de graines, des pâtes, mais jamais de sarrasin depuis six ans. Pas de beurre, mais de la margarine, parfois du fromage, presque toujours des œufs ; pour les autres denrées, viande, poulets, saucisson, poisson, quand ils arrivent il y a de longues files d'attente. La crémerie : il y a presque toujours du lait et du yaourt liquide dans la première partie de la journée, souvent du fromage blanc et de la crème fraîche, parfois du fromage. Le magasin de légumes : des pommes de terre, des choux, des carottes et des betteraves presque toujours ; très rarement des courgettes ou des choux-fleurs ; pour les pommes, le raisin et les autres fruits, quand il y en a, il y a de longues files d'attente, particulièrement pour les bananes et les oranges. Il y a toujours des jus de fruits. La boulangerie : dans la journée, il y a presque toujours du pain noir et du pain blanc ; le soir, et surtout le vendredi soir, il peut ne pas y en avoir, car les gens qui partent à la campagne en week-end en achètent beaucoup. Et puis, il y a aussi un petit magasin de spiritueux. Il n'y a pas toujours de la vodka, et elle suscite de longues files d'attente.

En tant qu'invalide de guerre, je peux passer devant tout le monde, à condition de montrer ma carte. Parfois j'use de ce droit, surtout quand il y a du fromage blanc et des fruits. Un jour, je m'en servis pour acheter de la vodka. En été 1985, j'avais beaucoup maigri et j'avais des abcès aux aisselles. Craignant que cette infection ne s'étende, je voulus me désinfecter la peau. Comme chez nous l'alcool n'est pas en vente libre, j'allai chercher de la vodka. C'était vendredi, jour où chacun court pour acheter de la vodka, et je brandis ma carte d'invalidité, de sorte que les clients me laissèrent passer devant. Je demandai une bouteille de vodka, puis me repris en en demandant deux. Quand je sortis du magasin, une bouteille de vodka dans chaque main, un guébiste me demanda : « Elena Guéorguiévna, mais vous ne buviez pas, avant ? — Avec vous, il y a de quoi se mettre à boire », lui répondis-je. J'ignore s'il me crut. Cela se passait dans la période la plus sombre du mois de juin 1985.

La ville possède plusieurs marchés kolkhoziens [1]. Les prix y sont en moyenne trois fois plus élevés que ceux du commerce d'État, parfois même plus. Par exemple, dans les magasins, la viande coûte 2 roubles le kilo, et au marché, 6 à 8 roubles. Pour les pommes de terre, les prix sont respectivement de 10 et de 30 à 50 kopecks le kilo. Pour le fromage blanc, 1 rouble et 4 ou 5 roubles.

Les baies et beaucoup de fruits ne se trouvent qu'au marché. En hiver, les marchés sont très pauvres et, pour acheter quelque chose, il faut y aller vers huit heures du matin, heure à laquelle je dors toujours. En été, les marchés sont nettement plus gais : il y a beaucoup de fleurs, de baies et bien sûr de fruits qui, pour l'essentiel, viennent des républiques méridionales, mais les prix sont dissuasifs pour tout le monde. Au cours d'une émission de télévision pour la nouvelle année 1985, un humoriste proposa que la « Section de lutte contre le vol de la propriété socialiste » arrête immédiatement ceux qui entreprennent d'acheter des melons et des poires au marché, car un salaire normal ne permet pas de se les payer. Bien sûr, c'est une exagération, mais il y a du vrai. Néanmoins les marchés sont très fréquentés, et nous y allons aussi, surtout en été et en automne.

---

1. Marchés qui n'appartiennent pas au circuit de l'État et où les paysans viennent vendre leurs produits *(NdT)*.

Les privilèges inhérents à mon invalidité nous permettent de ne pas trop nous soucier de notre approvisionnement. Toutes les villes sont pourvues de magasins spéciaux qui desservent cette catégorie de personnes. Après mon procès et mon exil, j'exigeai le droit d'accès au magasin de Gorki. Auparavant, je m'approvisionnais presque exclusivement à Moscou. Ce droit me fut accordé, et nous allâmes dans le magasin ; c'est un système de commandes où chaque invalide peut se procurer, deux fois par mois, un kilo et demi de viande, un poulet, un kilo de poisson, du sarrasin, des pois secs, de la mayonnaise, six cents grammes de beurre, des conserves, cinq cents grammes de fromage. Ces commandes nous sont d'un grand secours, surtout en hiver. Au début, nous allions au magasin, ce qui était une occasion de contacts avec d'autres invalides ou avec les vendeurs, puis on nous l'interdit, de sorte qu'à présent ces commandes nous sont livrées à domicile.

Malheureusement, les privilèges auxquels ont droit les invalides de la guerre patriotique ne s'étendent pas aux autres invalides, ce qui, compte tenu des difficultés quotidiennes en Union soviétique, soulagerait grandement la vie de ces gens.

L'une des questions qu'on m'a posée le plus souvent est celle-ci : « Jusqu'à présent, Andréï Dmitrievitch n'a pas manifesté le désir d'émigrer. Qu'en est-il maintenant ? » Cette question nous est posée depuis longtemps, je crois depuis 1972, époque où Andréï a commencé à avoir des contacts avec les journalistes étrangers. D'ordinaire, Andréï répondait d'une phrase laconique : « Je ne veux pas discuter de quelque chose d'irréel. »

En 1973, il fut invité pour la première fois à l'université de Princeton en qualité de *visiting professor,* et tout en acceptant cette invitation avec reconnaissance, il ajouta que cela ne signifiait pas pour autant qu'il désirât émigrer. Il précisa à l'époque qu'il ne croyait pas que l'émigration fût pour lui possible et en donna les raisons. La presse déforma ses propos

226

en omettant de citer la seconde partie de cette conversation. Pour autant que je sache, Andréï n'effectua aucune démarche officielle pour se rendre à Princeton.

Lorsqu'il reçut le prix Nobel, il s'adressa à l'OVIR et essuya un refus.

Quelques années après, il fut invité au congrès des syndicats AFL-CIO, aux États-Unis, mais il ne put même pas faire sa demande à l'OVIR, car l'Académie lui refusa un papier indispensable pour son dossier.

Enfin, depuis qu'il est à Gorki, Andréï a été invité par le gouvernement norvégien, au début de l'année 1983, pour vivre en Norvège. Cette invitation fut votée en Norvège à l'unanimité. Andréï répondit à cette invitation par une lettre que je cite *in extenso* :

Au gouvernement de Norvège

Gorki, le 24 février 1983.

J'accepte avec gratitude l'invitation du gouvernement norvégien qui me propose de m'installer en permanence en Norvège avec ma famille. Ma sortie d'URSS dépend de l'autorisation des autorités soviétiques. Jusqu'à présent (en 1975 et en 1977), les voyages à l'étranger m'ont été refusés en raison du secret qui entoure le travail que j'ai effectué jusqu'en juillet 1968. Je vous prie donc d'interroger les autorités soviétiques sur la possibilité d'une telle sortie actuellement.

En cas de refus de la part des autorités soviétiques, je prie le gouvernement norvégien de soutenir cette demande, qui revêt une grande importance pour ma famille : en septembre 1982, ma femme Elena Bonner a déposé une demande pour un voyage en Italie afin de s'y faire opérer des yeux. Elle souffre d'une maladie consécutive à une commotion survenue au front, au cours de la Seconde Guerre mondiale. Du fait des circonstances qui entourent notre vie, ces soins sont actuellement impossibles en URSS. En 1975, nous avions obtenu une telle autorisation et, par trois fois (la dernière datant de 1979), ma femme a pu se rendre en Italie pour s'y faire soigner. A présent, il est indispensable qu'elle y retourne, mais nous n'avons aucune réponse à sa demande depuis déjà six mois. Votre soutien dans cette affaire pourrait être décisif.

Avec mon profond respect,

Andréï Sakharov.

P.-S. : Je vous prie de bien vouloir me communiquer les résultats de vos pourparlers concernant la première comme la seconde question que je viens d'évoquer.

Je crois que j'ai déjà vu six films vendus en Occident par l'intermédiaire du journal ouest-allemand *Bild* [A 10], et je pourrais les examiner un par un ou ensemble, peu importe : de toute façon, ce sont des mensonges arrangés en demi-vérités et donnés pour de la vérité. C'est déjà très difficile de tout décortiquer pour moi-même, et ce l'est encore plus si je veux l'expliquer au public, mais il le faut, car je suis la seule à pouvoir le faire. Ah ! si Andréï était là ! Car lui sait expliquer de façon très neutre et précise, sans mon bavardage. Ma tâche serait plus facile si je pouvais comprendre les motifs de la sortie de chacun de ces films, en dehors de la ligne générale qui les guide, à savoir la désinformation destinée à créer une illusion de vie normale des époux Sakharov.

L'impression qui prévaut est qu'on nous filme depuis longtemps, même avant Gorki. Depuis notre exil à Gorki, nous sommes filmés en permanence : je crois qu'à chaque fois que nous sommes sortis de notre appartement nous avons été filmés de façon que ces images puissent servir un jour. En tout cas, j'ai pu voir des images qui avaient été prises à toutes les périodes de notre séjour à Gorki. Les films sont accompagnés de commentaires toujours lus par la même personne, dont la voix me paraît familière. Qui est-ce ? Un acteur ? Un speaker professionnel du KGB ?

Tous les films commencent par montrer le Gorki touristique, quelle que soit la saison : c'est l'Oka[1], le Kremlin de la ville, deux-trois cathédrales (il n'en reste pas davantage), des jets d'eau, toujours la rue Svedlov, qui est la rue principale, mais jamais l'énorme flaque d'eau qui s'étend au bout de l'avenue Gagarine, tout près de notre immeuble, et qui en été laisse une boue séchée de sorte que le vent soulève des nuages de poussière. En hiver, cette zone est recouverte de congères.

On montre par contre la tombe du soldat inconnu, les plages, les quais, les gens qui se promènent, les enfants qui jouent, la Volga, l'Oka, un paquebot, un aéroglisseur. Le spectateur non averti pourrait croire que tout cela a quelque chose à voir avec notre existence. Peu importe si, depuis six ans, nous ne nous sommes jamais approchés de l'embarcadère : une seule fois, l'été 1984, j'ai tenté de le faire, mais mes gardiens m'ont interdit cet acte effronté et m'ont priée de ne plus m'approcher de cet endroit. De quels paquebots et promenades pourrions-nous rêver : et si nous en profitions pour nous enfuir !

Le premier film annoncé au monde entier par le journal *Bild* arriva en août 1984. D'abord, on y voit le Gorki « de parade » que je viens d'évoquer. Le commentateur parle des usines automobiles, des cathédrales et des églises, du Kremlin, de ces monuments authentiques du passé russe, du jet d'eau qui a cent ans. La ville compte plus de 1 300 000 habitants ; « c'est ici que depuis 1980 habite l'académicien Sakharov, par décision des pouvoirs publics ». Le commentaire ne fait aucune allusion à la légalité de cette « décision des pouvoirs publics » : sous-entendu, ils agissent comme bon leur semble. Puis on montre l'immeuble où loge Sakharov et l'intérieur de l'appartement, filmé en notre absence : les auteurs du film font ainsi la démonstration de ce que signifie l'inviolabilité du domicile.

Puis viennent des scènes datant de l'été 1981 et du prin-

1. Affluent de la Volga *(NdT)*.

temps 1980. Commentaire : « Ils vivent de façon isolée, mais reçoivent volontiers des invités ». Qu'est-ce que cela signifie ? La logique voudrait que si isolement il y a, nous ne recevions pas d'invités. Ou bien faut-il comprendre qu'on nous a « isolés » contre notre gré ? Puis on voit une promenade avec Dima, en automne 1981. Avec Tania et Marina, le 21 mai 1981. Commentaire : « L'académicien ne sort pas de Gorki, E. Bonner a usé de ce droit jusqu'à ces derniers temps. » Cette phrase est construite de telle façon qu'on pourrait croire que le droit de déplacement dans le pays est quelque chose d'exceptionnel, ce qui n'est d'ailleurs pas faux.

Immédiatement après, on voit une scène qui date de 1975, puisque c'est moi qui pars pour l'Italie de la gare de Biélorussie, à Moscou. Or, d'après sa présentation, ce film devait montrer qu'en été 1984 Andreï Dmitrievitch Sakharov était sain, sauf et libre. Alors, que vient faire ici l'année 1975 ?

Suivent des images qui datent effectivement de l'été 1984. On me voit ainsi me rendre au parquet pour un interrogatoire. Un de nos gardiens manipule le magazine *Ogoniok* afin de montrer la date aux spectateurs. On me voit également me promener avec une prétendue « amie » : j'avais été filmée les 25, 26 et 27 juillet 1984 avec mon avocate Reznikova.

Puis on voit Sakharov, avec ce commentaire : « L'académicien a pris deux kilos et demi, il veille à sa santé, sous ce rapport il est attentif et préfère manger seul » : ici, tout est mensonge. Il est vrai qu'Andreï avait alors pris du poids, car il avait mis fin à sa grève de la faim le 29 mai 1984. Mais il n'a jamais préféré manger seul. Je cite une carte postale qu'il m'a envoyée à Newton le 4 mars : « Je ne serai tranquille que quand je te verrai en face de moi à la table de la cuisine (c'était la même chose à l'hôpital). »

Or, dans le film, le mot « hôpital » n'est même pas prononcé, et les personnages ne portent pas de blouses blanches. Commentaires : « L'académicien se repose » ; « Que peut-il y avoir de plus agréable qu'une promenade à l'air pur? » « Que peut-il y avoir de mieux qu'une agréable conversation? » Cette « conversation », c'est ou bien avec le médecin-chef Oboukhov ou bien avec un quidam (du KGB) qu'on ne voit pas. Oboukhov manipule des magazines pour situer la scène dans le temps. La revue *Ogoniok* aux mains du gardien est destinée aux téléspectateurs soviétiques. Pour les Occidentaux, c'est *Paris-Match,* dans les mains d'un personnage plus important qu'un simple guébiste, à savoir le médecin-chef de l'hôpital. Mais peut-être suis-je dans l'erreur et le guébiste est-il d'un rang plus élevé, puisque le médecin n'appartient pas directement au KGB; ce n'est qu'un agent « par procuration ».

Ce premier film était destiné à prouver au monde entier que Sakharov était vivant. Sur ce point il ne mentait pas, mais le montage et le texte du commentaire montraient aussi tout autre chose. On peut fabriquer tranquillement un film semblable et le diffuser dans le monde entier alors que l'un de nous ou même aucun des deux ne sera plus en vie. Tout est prêt pour cela, et ils ont accumulé suffisamment de pellicule pour le faire. Il me reste seulement à prévenir nos amis que les films peuvent être falsifiés tout autant que les lettres, les télégrammes et bien d'autres choses.

Le deuxième film, par ordre de sortie, fut vendu par *Bild* le 29 juin 1985. C'est un film médical, pour ainsi dire. La partie principale est commentée par un médecin. Le commentaire initial rappelle que « Sakharov aurait disparu, à en croire la Ligue des droits de l'homme et Yankélévitch, que les Occidentaux prennent pour le représentant officiel de Sakharov ». Ensuite, on nous montre le Gorki d'apparat, « ville de plus d'un million d'habitants » (pourquoi la population de Gorki varie-t-elle autant d'un film à l'autre?). Commentaire suivant : « Depuis 1980, l'académicien Sakharov vit à Gorki avec sa femme »; « par décision des pouvoirs publics » n'y figure plus. En somme, je ne suis plus une exilée intérieure, je « vis à Gorki ». Ensuite, la parole est au médecin.

« Sakharov est en observation à l'hôpital depuis 1981. C'est un patient discipliné, il se rend régulièrement aux visites médicales, il prend soigneusement ses médicaments... Diagnostic : hypertension, ischémie cardiaque, artériosclérose cérébrale. » Or, Andréï n'a pris aucun médicament en 1985. Dans la seconde partie du film, le même médecin commente : « Depuis 1980, on observe une artériosclérose cérébrale avec insuffisances vasculaires cérébrales et phénomènes de pseudo-parkinsonisme ; athérosclérose de l'aorte, cardiopathie ischémique, arythmie... »

Deux dates pour situer le début de l'observation (1980 et 1981) : laquelle est la bonne ? Je peux dire quant à moi qu'Andréï fut hospitalisé de force pour la première fois le 4 décembre 1981, qu'une autre fois il accepta de l'être (en avril 1984) à cause de son abcès à la jambe. Le 7 mai 1984, le 21 avril et le 27 juillet 1985, il fut de nouveau hospitalisé de force. Ses séjours forcés à l'hôpital se décomposent comme suit : 21 jours du 4 au 25 décembre 1981 ; 123 jours du 7 mai au 7 septembre 1984 ; 171 jours du 21 avril au 11 juillet et du 27 juillet au 23 septembre 1985. Sakharov est resté isolé dans cet hôpital pendant 294 jours au total, isolé du monde entier et même de sa propre femme. Je ne compte pas son séjour en 1981, car nous en avions passé une partie ensemble. Sa seule hospitalisation volontaire n'a duré que 11 jours, du 12 au 21 avril 1984, ce qui est un peu excessif pour un abcès, mais admettons que cela s'explique par une grande inquiétude des médecins quant à l'état de santé de « l'académicien » ; dans les films, le médecin dit toujours : « l'académicien aime... », « l'académicien se repose », « l'académicien préfère... ». Malheureusement, c'est précisément au cours de ces 11 jours que le traitement aberrant qui lui fut administré par le docteur Evdokimova (à ce propos, elle répète dans le film qu'elle est hématologue : pourquoi est-elle alors devenue le médecin traitant de Sakharov ?) a conduit à des troubles graves de son rythme cardiaque.

Depuis 1971, j'ai pu observer les extrasystoles de Sakharov (une ou deux par minute), que sans doute il avait eues toute sa vie. Elles ne causaient aucun souci à Andréï Dmitrievitch, qui ne les sentait même pas. Peut-être furent-elles la raison pour laquelle, en 1941, la commission médicale ne l'a pas laissé entrer à l'Académie militaire. De telles extrasystoles ne nécessitent pas de soins, et en tout cas pas l'usage de la digitaline. En avril 1984, le docteur Evdokimova prescrivit à Andréï de la digitaline et de l'isoptine, ce qui augmenta brutalement le nombre de ses extrasystoles, de sorte que son rythme cardiaque fut parfois bigéminé et trigéminé. De « pratiquement en bonne santé », comme l'écrivait la presse soviétique, ce traitement en fit pendant une période un « pratiquement malade ».

Mais, bien sûr, la conséquence la plus grave des hospitalisations de Sakharov, ce fut la minicongestion cérébrale ou l'attaque consécutive à son alimentation forcée, en 1984. Il est clair à présent que l'autorisation en avait été donnée par le guébiste Sokolov et par un médecin non identifié qui vinrent voir Sakharov à l'hôpital le 10 mai 1984 vers dix heures du soir. C'est le docteur Oboukhov qui les amena dans la chambre d'Andréï et qui les lui présenta comme des médecins. Ils passèrent quelques instants près de son lit, ne l'examinèrent pas, lui posèrent quelques questions insignifiantes et repartirent. Le bruit courut à Moscou que le médecin était le docteur Rojnov. Je l'ignore, et je raconte cet épisode d'après ce que m'en a dit Andréï.

Le lendemain de leur visite eut lieu la première alimentation forcée. Andréï la raconte dans sa lettre à Alexandrov : on se jeta sur lui, on l'attacha, il perdit conscience, urina, puis, lorsqu'il revint à lui, il eut des troubles de vision et d'élocution, son écriture fut altérée. Après son retour à la maison, trois mois après, je pus observer personnellement chez lui une certaine baisse dans la capacité de travail, des tremblements dans les mains et des mouvements involontaires de la mâchoire qui persistent encore actuellement, bien que sous une forme plus atténuée qu'auparavant. Le film cité en fournit une preuve indirecte : dans sa conversation avec le docteur Trochine (qui est neurologue), Andréï répond à une de ses questions et dit que ses tremblements dans les mains ont été forts en juin et en juillet, mais particulièrement après le 11 mai 1984. A ce moment, on voit Trochine détourner aussitôt la conversation.

Pendant presque la moitié du film, on voit Sakharov manger. Ces vues sont destinées à prouver qu'il n'y a pas eu de grève de la faim. Pourtant, à sa façon même de manger, on devine que c'est après un jeûne prolongé. La lettre de Sakharov à Alexandrov explique qu'après le 29 mai 1984, date à laquelle il mit fin à sa grève de la faim, il fut gardé à l'hôpital non pas à cause de son attaque, mais pour qu'il ne puisse témoigner ni assister à mon procès.

Les scènes filmées en 1984 sont présentées comme si elles se passaient en 1985. Je sais par Andréï qu'en 1985 il refusa catégoriquement les médicaments qu'on voulait lui faire prendre à l'hôpital, mais il soupçonnait des médecins de mêler quelque chose à la nourriture qu'on lui faisait absorber de force. Dans le film, on voit Andréï recevoir des cachets d'une infirmière — preuve supplémentaire que la scène a été tournée en 1984 et non en 1985. Evdokimova évoque les visites des cardiologues de Gorki, Vagralik et Saltseva, mais je sais par Andréï qu'il refusa on ne peut plus nettement leur concours et que ce refus date même de 1984. Andréï n'a jamais vu non plus de cardiologues de l'Institut cardiologique de Moscou (dommage, il aurait peut-être vu le fameux Tchazov ?).

Dans le film de mars 1986, le docteur Oboukhova (la femme d'Oboukhov) est satisfaite de l'amélioration des électrocardiogrammes de Sakharov, qu'elle attribue au traitement qu'elle lui aurait prescrit. Or, je sais depuis ma conversation téléphonique avec Andréï, le 3 avril, que depuis le 23 octobre, date à laquelle il a quitté l'hôpital, il n'a pris aucun médicament prescrit par cette femme. C'est justement l'absence de traitement qui ramena ses extrasystoles à un nombre raisonnable (une ou deux par minute). Selon moi, c'est la preuve que durant son séjour à l'hôpital on lui faisait absorber des médicaments avec ses aliments (je parle des médicaments pour le cœur, et non des psychotropes, en l'occurrence), sans quoi son rythme cardiaque se serait normalisé bien avant.

La seconde partie du film est presque entièrement consacrée à l'examen médical de la fin mars ou d'avril 1985, avant qu'Andréï ne commence sa grève de la faim, le 16 avril. Ici il n'y a pas grand-chose à expliquer. Le docteur Evdokimova s'en charge elle-même. Elle dit en effet à peu près ceci : « En Occident, on prétend que Sakharov ne reçoit pas les soins nécessaires, voire qu'il est affamé, et, pour nous [les médecins soviétiques, sans doute], il est offensant d'entendre de pareilles choses, c'est pourquoi nous avons filmé cet examen médical. » Autrement dit, Evdokimova montre au monde entier qu'elle et ses collègues ignorent qu'un médecin n'a pas le droit de filmer son patient à l'insu de ce dernier. Ce patient déboutonne son pantalon, reste à demi-nu, retient son pantalon qui glisse, car sa ceinture est défaite. On lui palpe les ganglions sous les aisselles, on lui pose des questions sur la façon dont il dort et va à la selle, et il répond, car il croit parler à un médecin. Il s'allonge sur une couchette et le médecin se place spécialement de côté pour que le spectateur voie bien le patient.

A peine ai-je eu le temps de souffler un peu à Newton que Moscou m'a « rattrapée » ici en envoyant un nouveau film, dont le message principal était : « Vous voyez, elle a voulu aller à l'étranger ? Pas de problème. Elle a voulu revoir ses enfants ? Rien de plus simple. Elle veut se soigner ? Pourquoi pas ! »

Et, en effet, tout paraît vrai : je suis venue, j'ai vu mes

enfants, je me soigne. Mais pour que ce « paraître » devienne vraiment la vérité, il faudrait ajouter quelques détails : je suis partie le 2 décembre 1985 alors que j'avais déposé ma demande le 25 septembre 1982 : en trois ans, j'aurais aussi bien pu mourir. Avant de me donner une réponse, on a fait de moi une délinquante, et mon mari a dû faire deux grèves de la faim.

Le même film montre une conversation entre Andréï et le médecin-chef de l'hôpital, conversation sérieuse, importante. En fait, Andréï m'avait accompagnée à l'hôpital pour mes soins dentaires. Tandis que j'étais chez le dentiste (j'y restai près de deux heures), Andréï avait attendu dans le bureau d'Oboukhov, et il s'étonna, lorsque nous fûmes rentrés à la maison, que ce médecin n'ait rien eu de mieux à faire que prendre le thé avec lui tout en échangeant des considérations sur de grands sujets. « Lesquels ? » avais-je demandé. « Sur le désarmement et les nouvelles propositions de Gorbatchev. — Tiens, quel intérêt soudain pour l'actualité !... »

Dans le film, on voit donc Andréï devisant tranquillement en buvant son thé. Il est encore très amaigri. Il dit : « Nous disons [1] que nous sommes encerclés par des bases militaires. » J'ignore comment ce passage a été traduit pour la télévision, mais, dans *Bild,* cela donne : « Nous sommes encerclés par des bases militaires. »

Le film suivant arriva à la fin du mois de mars. Là encore, grande conversation sur le désarmement. On ne voit pas celui qui pose la question (d'après la voix, c'est toujours Obou-khov) au sujet des nouvelles propositions de Gorbatchev (du mois de mars), tandis que Sakharov reste le même, amaigri par sa grève de la faim d'octobre 1985. Que les experts comparent les deux films : ce n'est pas le Sakharov de mars 1986, c'est toujours la même conversation de 1985 ; seule la question est nouvelle, et c'est pourquoi elle est posée par une

1. Il veut dire l'URSS *(NdT).*

237

voix *off.* Et voilà que des amis me disent qu'ils s'étonnent des paroles d'Andréï, qu'ils les trouvent inattendues dans sa bouche. Je demande : « Mais où dit-il cela ? » Réponse : « Comment, où ? Mais dans le dernier film. » Or, ce film a été présenté à l'Occident, et donc à tous nos amis ou adversaires, par Victor Louis. Comment nos amis peuvent-ils le croire un instant ? Même eux ont oublié qu'il y a plusieurs années, après les écrits de Yakovlev, Andréï leur a demandé de croire ses textes et ses déclarations seulement lorsqu'elles seraient authentifiées par moi, par mes enfants ou par Efrem Yankélévitch. Cette crédulité est étonnante — et elle fait peur.

Dans le même film, on voit Sakharov entrer dans un immeuble. On a l'impression d'une vie normale : sans doute notre homme est-il invité chez des gens ? En réalité, il rentre chez lui, il s'est acheté des fleurs pour lui-même, mais l'entrée de notre immeuble a été prise du toit de la poste, sous un angle inhabituel, de sorte qu'on ne la reconnaît pas. Tout cela, je l'ai déduit à Newton en regardant la cassette, et j'en ai eu la confirmation peu après. Carte postale d'Andréï du 15 février : « Et moi, j'ai fêté mon anniversaire. J'avais acheté à l'avance un coffret et notre parfum traditionnel, *Elena.* Aujourd'hui, j'ai acheté des œillets — six rouges et trois roses. » Tout cela, je suis à même de le comprendre. Mais les autres ? Ils diront : « Pourquoi prétend-on qu'on ne laisse Sakharov aller nulle part ? J'ai vu qu'il se rendait chez des gens avec des fleurs. »

Le film montre également Sakharov parlant librement avec quelqu'un, dans la rue. Moi, je sais que ce n'est pas du tout un ami, mais l'ingénieur en chef de l'atelier de réparations. Au téléphone, Andréï m'a raconté avec étonnement qu'il avait été convoqué (par l'intermédiaire d'un milicien) à cet atelier, où on avait prétendument mal réparé notre voiture, et que l'ingénieur en chef en était sorti en personne pour lui serrer la main. La seconde réparation ne lui avait rien coûté. Surpris par toutes ces choses inhabituelles, mon mari ignore qu'il est filmé et qu'ensuite toutes ces scènes sont montrées au monde entier. Quant au spectateur, il en déduit que nous mentons lorsque nous nous prétendons totalement isolés.

Autre scène : Sakharov se promène avec un homme ; moi, je sais que c'est D. A. Kirjnitz, physicien de l'Institut de physique de l'Académie des sciences. Là encore, je peux citer la carte postale de mon mari du 28 janvier : « Lundi, j'ai reçu la visite de Kirjnitz et de Linde (ils viennent souvent en ce moment, les physiciens). » Et aussi ce qu'il m'a dit au téléphone le 3 avril, à propos d'une nouvelle visite de ses collègues : « La conversation était entièrement formelle, c'était fatigant. » Dans sa carte postale du 17 décembre : « Une femme est venue me convoquer chez le dentiste de la part d'Oboukhov. » Dans le film : « Il descend d'une voiture avec une femme », et je suis seule à savoir (pas le spectateur) qu'ils se trouvent devant l'hôpital.

Ainsi, toute notre existence est comme placée sous un microscope. Carte postale d'Andréï du 18 mars : « Aujourd'hui, visite d'une infirmière envoyée par Oboukhov : il me demande de lui rendre les journaux qu'il m'a si gentiment prêtés il y a une semaine, il en a besoin pour l'histoire de ma maladie. C'est un peu curieux. » Andréï ne sait rien de la caméra invisible et s'étonne apparemment qu'on lui prête des journaux, qu'on lui demande de les rendre et qu'on y mêle l'histoire de sa maladie. Dans notre conversation téléphonique du 14 avril, j'ai réussi à apprendre que ces journaux était l'*Observer* et qu'Oboukhov avait tenté de faire parler Sakharov sur la lettre qu'il avait écrite à Alexandrov (le président de l'Académie) en essayant de lui démontrer que cette lettre contenait des affirmations mensongères. Qu'on imagine la situation : ce médecin-chef, c'est-à-dire le chef des tortionnaires d'Andréï, entreprend d'expliquer à sa victime qu'elle se plaint à tort des traitements qu'elle a subis.

J'attends le prochain film. La carte postale du 11 février, sans doute après une nouvelle convocation d'Oboukhov, contient la phrase suivante : « Tout à coup, Oboukhov m'a proposé une maison de repos " pour consolider les résultats du traitement " (quel traitement ? Il veut rire ?). » On peut donc s'attendre à ce que cette conversation apparaisse dans le prochain film. Peu importe qu'Oboukhov sache parfaitement que Sakharov n'a jamais été réellement soigné dans son hôpital. Il prononce ces mots, et on les entendra dans le prochain film.

Le dernier film que j'ai vu montre Andréï dans une cabine téléphonique en train de me parler ; je lui demande s'il a eu connaissance de l'interview de Gorbatchev dans *l'Humanité*, où il est question de lui, mais on n'entend pas ma question, seulement la réponse d'Andréï, et le spectateur en retire l'impression que Sakharov admet le bien-fondé de son exil et de son isolement.

Je pourrais multiplier de tels exemples, mais je n'en ai pas la force. Je demande seulement de ne pas croire les prochains films, je peux dire mon effroi à l'idée que je serai bientôt soumise comme Andréï à la surveillance permanente de la caméra et mon horreur d'être sous l'œil omniprésent d'un télécran orwellien.

Ces films, selon moi, sont des productions de ce qu'Orwell dénomme le « ministère de la Vérité ». Chacun d'entre eux est destiné à démontrer quelque chose de précis au spectateur : d'abord, que Sakharov est en bonne santé, puis qu'il est malade, qu'il ne fait pas de grève de la faim, qu'il se repose, qu'il se soigne normalement, qu'il va et vient comme tout le monde, que sa femme est libre d'aller à l'étranger, qu'elle est en bonne santé, etc. Ces films assènent au spectateur la vérité des images qui servent un mensonge dont on a besoin à un moment précis. En cela ils ne diffèrent nullement des déclarations de l'agence Tass, de l'agence de presse Novosti ou simplement des rumeurs qu'on répand à dessein.

Depuis que je suis aux États-Unis, Tass et Novosti se sont empressés d'annoncer que je suis en bonne santé et que je ne suis pas venue du tout pour me soigner, mais sans doute pour me promener et me mettre en valeur, et que personne ne m'a jamais fait promettre mon silence. Parfait, je les prends donc au mot, et personne ne pourra rien me dire au sujet de ce que j'écris en ce moment, sans quoi l'agence Tass serait prise en flagrant délit de mensonge.

Après mon opération et mes six pontages, la thèse de ma bonne santé a été abandonnée. Mais on a écrit qu'à Moscou ces opérations se font sans problème et gratis, et que j'aurais pu rester « là-bas ». La thèse précédente devenait en effet difficile à défendre, car cela aurait signifié que l'hôpital américain faisait subir une opération à cœur ouvert à une personne parfaitement valide. Un commentateur moscovite a déclaré (je l'ai su par Andrioucha au téléphone) que je pourrais repartir me faire soigner quand je voudrais et qu'en réalité personne ne m'avait retenue.

Au même moment, la presse occidentale a reçu l'information selon laquelle mon mari serait échangé le 18 mai 1986 contre une multitude d'espions ; simultanément, la rumeur a couru que je ne voulais plus rentrer là-bas. Nos amis ont commencé à dire : « Pourquoi n'échangerait-on pas Sakharov, on l'a bien fait pour Chtcharanski » (et je pourrais ajouter : Boukovski, Guinzbourg, Moroz, Vins, Dymchits, Kouznetsov). Et, en effet, pourquoi pas Sakharov ?

On s'est mis aussi à dire : « Elle n'est quand même pas venue ici pour retourner là-bas ! » (oubliant l'opération), ou encore : « Sakharov n'a quand même pas fait la grève de la faim pour qu'elle revienne là-bas ! » Tout cela avait déjà été dit en 1977 et en 1979. Cela devient monotone. Mais, chose curieuse, mon juge d'instruction Kolesnikov m'avait fait la morale en me disant à peu près ceci : « Comment pourrions-nous vous laisser aller en Occident pour que vous vous y fassiez soigner ? Vous y resteriez à coup sûr, Andreï Dmitrievitch en souffrirait et, dans son état de santé... » Que dira-t-on encore de moi et de mon mari avant mon départ pour l'URSS ?

En attendant, je suis bombardée de questions sur mon opinion au sujet d'un échange éventuel de Sakharov et de mon non-retour. Je réponds : « Je n'ai pas d'opinion là-dessus, cela ne me concerne pas. Ce qui me concerne, c'est ceci : je suis venue pour voir ma famille et pour me faire soigner. C'est pour me le permettre que Sakharov a fait la grève de la faim. Je rentre en URSS à la fin du mois de mai. Je crois que la nouvelle de l'échange est une provocation, due probablement au fait qu'Andréï aura soixante-cinq ans le 21 mai : on espère sans doute ainsi couper l'herbe sous le pied de ceux qui voudront organiser une nouvelle Journée Sakharov : la date du 18 mai (jour de l'échange annoncé par la rumeur) a été choisie sciemment afin que tout le monde attende ce jour et qu'ensuite personne n'ait plus le temps d'organiser quoi que ce soit. »

Je reviens aux films, à l'aspect moral du problème ou plutôt à leur immoralité, car ils bafouent toutes les normes éthiques, déontologiques (de la profession médicale) et tout simplement humaines.

Tout le monde, à l'Ouest comme à l'Est, a affaire à la médecine, l'activité peut-être la plus morale et la plus humaine qui soit. Parmi ceux qui ont vu ces films, il y a sans doute beaucoup de médecins, et chacun de nous a déjà été un patient. Je voudrais donc poser cette question : accepteriez-vous d'être le patient du docteur Oboukhov et du docteur Evdokimova si l'un d'eux vous disait : « Nous allons filmer votre examen médical ? » Qui est ce « nous » ? Les médecins ? Le KGB ? Evdokimova et Victor Louis ?

Qui accepterait d'être filmé à son insu dans des attitudes humiliantes ? Car ces séquences sont si humiliantes qu'on a envie de rentrer sa tête dans les épaules, de se cacher les yeux avec les mains. Qui a donné à des médecins le droit de faire des choses pareilles à leur patient ? Pendant vingt minutes, un médecin montre son patient en train de mastiquer (après une grève de la faim). Il prend son petit déjeuner et une voix oppressante comptabilise les calories qu'il a absorbées. Le patient prend son déjeuner, son dîner, et la même voix répète ses litanies sur les calories. Le lendemain, le surlendemain, même chose. Que fait-on de cet homme ? Une machine à mastiquer, et ce sont des hommes qui l'ont fait. Je ne peux m'empêcher de citer une réflexion de mon petit-fils qui a quatre ans, au musée des Offices, à Florence, devant une Crucifixion : « Maman, qui lui a planté des clous dans les mains et les pieds ? — Des hommes. — Ça, des hommes ? » En l'occurrence, ces hommes sont des médecins.

L'étonnant est que ces hommes (ou plutôt ces non-hommes) n'aient rien su faire d'autre que du montage de plans pour fabriquer des films. Andréï est resté lui-même, certes vieilli, épuisé, mais il a surmonté toutes ces souffrances, ces intimidations (« on vous empêchera de mourir, mais on fera de vous un invalide »), et il a fini par vaincre en recommençant sa grève de la faim.

Comment se peut-il qu'on n'ait pas vu tout cela en Occident, qu'on n'ait pas réalisé l'extraordinaire immoralité de ce film ? Comment des médecins ont-ils pu discuter des maladies de Sakharov et de l'âge qu'il paraissait avoir (voir l'article dans *Bild*) sans comprendre l'essentiel, à savoir que les agissements des médecins de Gorki sont inadmissibles du point de vue de l'éthique médicale et de la morale commune ? Je prie tous les médecins qui auront vu ces films d'exprimer leur opinion sur ce point et de répondre à une question : est-il admissible qu'un médecin montre ainsi son patient sans que celui-ci le sache ? Je les prie de demander aux médecins, aux scientifiques, aux fonctionnaires et aux hommes d'État soviétiques auxquels ils pourront avoir affaire s'ils accepteraient de poser devant le monde entier avec un pantalon qui tombe ou bien sous l'aspect d'une machine à mastiquer. Quant aux autres gens, je leur demande ceci : « Accepteriez-vous d'avoir recours à des médecins comme ceux de Gorki, les choisiriez-vous librement ? » Par ces questions et ces réponses, ce n'est pas seulement mon mari et moi que vous défendriez, mais aussi la profession de médecin. Sakharov, pas plus que quiconque, ne doit être montré comme un cobaye ou un infusoire examiné au microscope.

Peut-être tout cela paraît-il trop évident : en somme, je réclame seulement qu'on soit humain. Pourtant, je sais que beaucoup ne le comprennent pas, et d'autres croient que je dis de vagues généralités. Or il n'en est rien. Tout cela me concerne très personnellement, il s'agit de nous, de mon mari et de moi. Je crois que nous sommes tous deux sains d'esprit, mais je crains de vivre devant un télécran, et je n'irai jamais consulter un médecin à Gorki parce que je sais qu'il me filmera avec des caméras invisibles. Je suis à l'avance effrayée à l'idée que des caméras me suivront quand je marcherai dans la rue, quand j'irai faire des courses, quand je rajusterai mon bas, discuterai avec mon mari ou le prendrai par la main. Mettez-vous à ma place ! La vie ne vous deviendrait-elle pas pénible ? Personne, même un caractère bien trempé, ne pourrait être assuré dans ces conditions contre la dépression, le suicide...

Je répète donc que les films sont mensongers. Le 2 mai, la presse américaine a publié la photo du défilé du 1er Mai à Kiev : ces visages heureux alors que, dans le monde entier, les gens ouvrent leurs journaux avec angoisse pour lire des nouvelles sur Tchernobyl... Il se peut fort bien que cette photographie date de l'année dernière, selon le procédé employé pour les films sur Sakharov. Mais il se peut aussi que la photo soit de cette année et que les gens désinformés ou non informés soient réellement sortis dans la rue. Dans tous les cas, cette photographie ne dit pas la vérité. La vérité, c'est l'incendie de la centrale nucléaire et le nuage radioactif sur l'Ukraine et sur l'Europe.

Je suis sûre que les Américains sont pour la paix. En l'écrivant, je me comporte tout à fait comme le touriste américain qui vient en URSS pour une semaine et qui tire des conclusions rapides de ce qu'il a vu. Mais j'ai un tout petit peu plus le droit de parler ainsi, car je suis ici depuis plus longtemps, que mes enfants et petits-enfants habitent les États-Unis et que je m'y intéresse peut-être un peu plus profondément.

L'impression générale de New York est assez bonne, en tout cas meilleure que ce qu'on en dit parfois. Les transports urbains sont excellents, le métro fait penser au Metropolitan Museum (sans vouloir faire de jeu de mots). Les gens mangent bien, sont bien habillés. Si on leur demande : « Les Russes veulent-ils la guerre ? » ils répondent tous : « Non. » A partir de ce « non », les Américains bâtissent une théorie selon laquelle il se trouvera bientôt un docteur Spock russe pour dire aux garçons du pays : « N'allez pas à la guerre, les enfants. » Peut-être cet homme miracle sera-t-il le docteur Tchazov, puisqu'il est « médecin pour la paix »… Toujours selon cette théorie, toute guerre deviendrait pour les Soviets un nouveau Vietnam. C'est si simple ! Le touriste sans préjugés qui aura été bien reçu, auquel on aura montré Moscou, Leningrad, voire même Kiev, Boukhara et Samarkand, rentre aux États-Unis et dit : « Les Russes ne veulent pas la guerre. »

Quant à moi, je ne suis pas une spécialiste, à la différence des écoliers qui sillonnent le monde avec une mission pacifique et qui peuvent tout expliquer au sujet des fusées et du reste. Aussi incompétente que le touriste américain, j'affirme que les Américains ne veulent pas la guerre, ils veulent avoir leur maison.

Ils veulent une maison selon la place qu'ils occupent dans l'échelle sociale, selon leur salaire, leur capital, leur héritage, leurs gains à la loterie ou à la Bourse (dans mon ignorance, c'est pour moi presque la même chose, bien que je sache malgré tout qu'on gagne plus souvent à la Bourse qu'à la loterie). Une maison donc, et non un appartement, à l'exception des New-Yorkais, mais New York est presque un autre pays (j'espère que le sympathique et joyeux maire de New York ne m'en voudra pas d'exclure ainsi sa ville du reste des États-Unis). *I love New York* est-il écrit sur l'écharpe qui m'a été offerte par le maire, et c'est précisément ce que j'éprouve. Mais, en dehors de cette ville, les Américains veulent une maison et un lopin de terre. Et c'est tout ! Pour les uns, cette maison sera minuscule, un *cottage* de poupée, et la terre sera le terreau des jardinières ; pour d'autres, les dimensions seront beaucoup plus vastes.

Le désir de posséder sa maison est ici national, et non particulier à une ou plusieurs classes, et il exprime la nature profonde de cette nation, son désir de toujours sauvegarder sa *privacy*. Même un clochard new-yorkais, assis sur une grille de métro et emmitouflé dans sa couverture, se sentira insulté si l'on porte atteinte à sa *privacy*. La maison est ici le symbole de l'indépendance, et d'une indépendance qui n'est pas seulement matérielle, mais à la fois morale et physique, sans qu'on puisse démêler les deux. Les traits essentiels de ce peuple, la *privacy* et l'indépendance, s'expriment précisément dans son attitude à l'égard de la maison (qu'il faudrait écrire ici avec une majuscule).

Mais ce peuple possède aussi un troisième trait qui crée la

246

communauté nationale : c'est une attitude commune face au monde. L'équilibre entre les deux premiers traits d'un côté et ce dernier trait de l'autre crée une harmonie entre l'individu et le peuple.

Je prie le lecteur de ne pas se moquer de moi : c'est ainsi que j'ai senti les choses, et il se peut fort bien qu'il en soit tout autrement. Les Anglais disent : « Ma maison, c'est ma forteresse », notion qui n'est pas pacifique, bien qu'elle ne soit pas agressive non plus. J'ignore la façon dont les autres Européens conçoivent leur maison. Il m'est arrivé d'entendre chez des Français cette réaction, au son inattendu de leur sonnette : « Nous n'attendons personne, donc nous n'ouvrons pas. » C'est aussi une manière de *privacy* mais où il manque le « *Can I help you ?* » qui est par contre un trait bien américain, caractéristique d'un grand et vigoureux adolescent. Sa santé physique le dispense de tout complexe, ce qui ne signifie nullement qu'il soit un imbécile. Il est toujours prêt à aider et on a souvent recours à son aide, c'est pourquoi on ne l'aime pas.

Revenons donc à ce troisième trait que j'ai commencé d'évoquer. Pour les Américains, « ma maison, c'est mon bonheur » et, de la même façon, « ma ville », « mon État », « mon pays, c'est mon bonheur ». Cette attitude à l'égard de la maison n'est en rien agressive ou fermée, elle est pleine d'ouverture, de bonté, d'attention à l'égard de la maison et de tout ce que cela signifie ; la terre des jardinières, le gazon qu'on tond et qu'on arrose avec tant de soin, même s'il ne fait que trois mètres carrés, et, enfin, la terre tout court, je veux dire le monde entier. Hier encore, mon fils m'a dit que, selon un sondage portant sur les loisirs des Américains, 43 % des personnes interrogées préfèrent le jardinage parmi toutes les occupations de plein air.

Les Américains ne veulent pas la guerre, ils veulent une maison. La première dame des États-Unis dit (et tout le pays le sait) que quand le président prendra sa retraite, ils vendront

247

la maison qu'ils habitaient avant qu'il fût élu : les enfants ont grandi et sont partis, cette maison est devenue trop grande et ils s'en achèteront une autre plus petite. Magnifique projet ! Et il est magnifique aussi que le pays le sache. Le président ne veut pas la guerre, il veut une nouvelle maison.

Moi aussi, je voudrais une maison. Aujourd'hui, je quitte une île qui couronne pour ainsi dire toute ma vie passée : je n'ai jamais vu un climat pareil, avec ces palmiers (des noix de coco qui tombent réellement), ce sable sous mes pieds, cette mer chaude et paisible à quelques mètres de moi. Je dirais que c'est un paradis, mais, pour l'homme, le paradis n'est ni un climat, ni le sable, ni la mer, ni même des pommes ; le paradis, c'est être avec ceux qui nous sont chers et ne pas s'inquiéter pour eux.

Je voudrais qu'Andrioucha soit là. Et aussi que maman soit là, dans un rocking-chair à l'ombre des lauriers-roses, et qu'une fois par semaine il me suffise de décrocher le téléphone pour entendre les voix tranquilles de mes enfants. Le « paradis », c'est si simple en fait, et c'est aussi totalement inaccessible pour moi.

Le dernier coucher de soleil sur la mer. J'ai vécu ici cinq jours, qui ont passé comme une seconde. J'ai pu aussi travailler — six pages par jour. La baie est petite : même moi, avec mes jambes malades, j'ai pu atteindre le promontoire de gauche, et le lendemain, celui de droite. Je garderai en mémoire cette plage régulière, cette mer d'un bleu changeant qui ne fait presque pas de vagues, presque pas de bruit, qui murmure je ne sais quoi, mais j'ai peur de devenir sentimentale, si ce n'est déjà fait. C'est la première fois de ma vie que je sens une telle paix dans la mer. Peut-être moi aussi aurai-je trouvé ici une certaine paix ? Peut-être ces cinq journées m'aideront-elles à reprendre mes esprits et à harmoniser mes relations avec mes proches : comprendre que je ne peux rien changer et qu'il ne faut pas que je torture mon cœur (même les six pontages pourraient ne pas tenir) ni les leurs.

Cela me rappelle une histoire ancienne que je croyais avoir oubliée. Je suis étudiante de première année et nous sommes une dizaine autour d'une table de marbre. D'abord, nous lisons un chapitre du manuel, puis nous faisons des travaux pratiques. L'enseignante (jeune et jolie, mais qui me paraissait très sévère à l'époque) nous dit : « Ouvrez le manuel, aujourd'hui nous ferons le cœur. » Je lui demande : « Le cœur ? C'est l'organe des sentiments ? — Bonner, il se peut que chez vous ce soit l'organe des sentiments, mais chez les autres c'est l'organe de la circulation. »

C'est donc avec cet organe que je voudrais une maison, désir qui s'ajoute à présent aux autres (que nous soyons tous ensemble et en bonne santé, qu'il n'y ait pas de guerre). Une maison avec juste un peu de terre autour pour jardiner, à la mesure de mes forces. Peut-être, pour contenter ma nostalgie, planterais-je des bleuets, des pâquerettes et un bouleau... Mais cela peut se trouver facilement ; même la nostalgie, c'est un petit peu un jeu.

Il ne me faudrait pas beaucoup de chambres : une pour nous, une pour maman et une pour les invités (et une aussi qui soit toujours prête pour les petits-enfants), une pièce encore où les livres trouveraient enfin leur place et où Andréï pourrait installer son désordre. Mon Dieu ! quelles sottises j'écris ! Une maison, moi qui devrais déjà compter les heures de liberté qui me restent, liberté même de taper à la machine ces rêves qui me sont inaccessibles !

Savez-vous que je n'ai jamais eu de maison, moi qui ai soixante-trois ans ? Que dis-je, une maison, je n'ai jamais eu de coin à moi. Au début, c'était comme pour tout le monde, c'était l'enfance ; puis ce fut cet étrange état d'orpheline où nous vécûmes tous dans une seule pièce, ma grand-mère, mon frère, ma cousine et moi-même. La pièce voisine (on entendait tout) était habitée par un nommé Fedorov avec sa femme et ses quatre enfants, qu'il battait parce qu'il était toujours soûl. Lorsqu'ils réussissaient à s'enfuir de leur chambre, ils passaient la nuit chez nous, assis sur le coffre qui est resté dans la chambre de ma mère, rue Tchkalov, à Moscou, et qui a servi de siège à bien des journalistes, des scientifiques, des députés du Congrès et des sénateurs. Fedorov n'osait jamais faire irruption dans notre chambre : il craignait ma grand-mère, que, du reste, tout le monde craignait. Au fond, moi aussi j'avais peur d'elle, mais depuis l'arrestation de mes parents, je m'étais interdit ce sentiment pour toute la vie.

Puis ce fut l'armée. Pendant la guerre, j'eus quelque chose qui ressemblait à une maison : c'était mon compartiment dans le train sanitaire où j'étais infirmière en chef.

Après la guerre, j'ai habité une chambre avec des amies, à Leningrad. Puis ce fut l'appartement communautaire où je vécus dans une seule pièce avec mon mari, nos deux enfants et ma mère. Souvent, nous logions également des amis. En tout, il y avait quarante-huit personnes qui vivaient dans cet appartement ; il n'y avait qu'un seul cabinet de toilette et il y avait toujours la queue. Les enfants devaient y aller avec leur pot de chambre ; je craignais les maladies infectieuses, et ils m'en voulaient pour ces corvées que je leur infligeais : à l'évidence, je portais atteinte à leur *privacy*.

Puis ce fut l'appartement de ma mère, à Moscou, où nous vécûmes de nouveau à plusieurs. Sans doute est-ce dans mon exil à Gorki que je suis devenue maîtresse de maison. Cela, je le refuse. Je veux une vraie maison.

Ma fille en a une à Newton, dans le Massachusetts, et cette idée me rend très heureuse. Sa famille a été tourneboulée par nos problèmes, nos horreurs de Gorki, nos souffrances, nos soucis. Ils n'ont pas eu le temps de penser à leur maison, et je voudrais qu'ils s'en occupent un peu, de cette maison. Elle a déjà tant fait pour notre famille, elle a hébergé aussi mon fils, puis sa femme, puis sa fille, puis ma mère, qui ne pouvait plus rentrer car cela aurait signifié l'exil à Gorki, et elle a accueilli enfin bon nombre d'émigrés dont elle fut la première maison sur cette terre.

Je voudrais une maison. C'est un rêve irréalisable pour mon mari et moi, mais je voudrais le concrétiser au moins pour la famille de mon fils. Ce projet est réel, et nous avons vraiment entrepris d'acheter une maison, ce qui m'a fait découvrir beaucoup de choses que j'ignorais. Il faut en effet qu'il y ait une bonne école à proximité pour ma petite-fille, qui a déjà trois ans. Il faut que la maison soit correctement expertisée, et il faut aussi un avocat. On voudrait que ce soit en banlieue, car les vacances sont courtes et on ne voudrait pas que l'enfant respire les fumées de la ville. On voudrait que la maison ne soit pas trop loin du lieu de travail ; or, les parents travaillent tous les deux, et il n'y a qu'une voiture. On voudrait qu'il y ait un sous-sol (préoccupation dont je n'avais jamais entendu parler auparavant). On voudrait trois chambres pour que ma mère puisse venir. On voudrait un bureau, car Alekseï voudrait avoir un lieu où il pourrait faire des mathématiques. On voudrait que la maison ne coûte pas trop cher, or.... Bref, on voudrait, et c'est surtout moi qui voudrais plus que les enfants, alors qu'il est déjà grand temps pour moi de songer à faire ma valise, car je vis « là-bas », avec mon envie de maison.

J'écris ces lignes dans un hôtel de New York qui est en soi une ville, un pays, un monde. Une de mes fenêtres (c'est une chambre d'angle, au septième étage) donne sur la 61e Rue, l'autre sur un parc. Sur le fond du ciel bleu, les silhouettes hautes et grises des immeubles et des lignes à perte de vue... Qui oserait dire que New York n'est pas belle ? Lorsque la ville ôtera enfin les escaliers noirs qui enlaidissent ses façades et que Harlem deviendra une ville verte au lieu de la poubelle qu'elle est actuellement, la nation réunie des New-Yorkais noirs et blancs sera fière de sa ville, peut-être la plus particulière du monde, la ville par excellence. Pour moi, c'est la ville parmi les villes, elle est préparée à l'avenir, et surtout, qu'on m'épargne les discours apocalyptiques, ils me donnent la nausée.

L'avenir sera, et bien entendu les gens ne se contenteront plus des voitures et s'envoleront de ces toits plats avec de petits hélicoptères individuels multicolores ou des Delta-planes, et on entendra dans les hauteurs : « *How a good day to-day !* », ou bien : « *Have a nice day !* »

Quelle différence cela fait-il que Reagan et Gorbatchev se rencontrent en juin ou à un autre moment, et qu'importe de savoir lequel des deux fait des caprices, si c'est Gorbatchev qui fait la coquette qu'on invite à dîner ou si c'est Reagan. Et s'ils se montraient tous deux de galants hommes ? Ces pensées me sont venues à la lecture du journal du 1er avril 1986 : ils sont tous les trois le cadet de mes soucis, le journal comme les deux chefs d'État. Je fais sans doute partie de ceux qui s'inquiètent le moins des problèmes dont Reagan et Gorbatchev menacent de discuter ou de ne pas discuter dans la perspective de leur rencontre ou de leur non-rencontre.

Mon mari m'a dit il y a quatre mois (dire que je ne l'ai pas vu depuis tout ce temps) : « Le monde est aujourd'hui plus éloigné de la guerre qu'il ne l'a jamais été. » Je le crois volontiers et je suis tranquille sur ce point. D'autant que j'ai assez avec mes propres problèmes, émotions et malheurs. Je préfère me rappeler, pour le temps qui me reste, un phénomène extraordinaire que j'ai pu observer par la fenêtre de cette chambre.

Je me suis levée peu après six heures. Sur les arbres du parc, les feuilles commençaient à peine à apparaître, et quant à l'herbe, elle n'était pas encore verte, mais jaunâtre, signe que c'était un nouveau-né. Mais à présent il est midi, les arbres sont auréolés d'une brume verte et l'herbe est devenue toute verte, toute tendre. Le printemps est venu en six heures. Seigneur! comme je voudrais que tout aille bien dans ce monde. Il paraît que la meilleure saison à New York est le printemps. Profitons-en.

Il est temps maintenant de prendre la décision la plus importante et la plus difficile pour nous tous depuis les cinq mois que je me trouve ici. Elle concerne ma mère. Elle était venue rendre visite à ses petits-enfants. Nous espérions que la situation de mon mari s'améliorerait et que, par conséquent, maman pourrait rentrer. A présent, je comprends que c'était irréaliste, du moins dans un proche avenir. L'emmener maintenant avec moi signifierait qu'elle devrait vivre seule à Moscou ou bien s'enfermer dans notre détention, notre isolement et l'illégalité que nous subissons. Elle a déjà vécu le camp soviétique et l'exil. Je ne puis la renvoyer en exil. D'un autre côté, il lui est très difficile de rester six ans dans la situation d'une invitée, sans avoir de logis, de pension ni de possibilité d'aide médicale. Un permis de séjour lui donnerait une sensation de liberté et d'indépendance. Sa situation comporte une difficulté. Depuis 1924, elle a été membre du parti communiste. Bien entendu, elle a cessé de l'être au cours de sa détention, mais après sa réhabilitation, en 1954, elle fut réintégrée dans le Parti. Si elle l'avait refusé, elle aurait perdu son droit à la retraite (quatre-vingts roubles). Depuis mai 1980, elle se trouve aux États-Unis, et son appartenance au PCUS s'est automatiquement interrompue ; en fait, elle a perdu tout lien avec le Parti depuis qu'elle a reçu Sakharov chez elle. Sans doute lui donnera-t-on ici le permis de séjour. Ce pays ouvre si grandes les portes de sa maison que je ne crains pas du tout pour ma mère. Mais pourquoi mon cœur se serre-t-il tant ? Pourquoi est-il si difficile de prendre cette décision dont je veux me dire puérilement qu'elle n'a pas encore été prise ? Est-ce bien décidé ? Oui.

Mon manuscrit s'est mis à grossir à mon insu et il me reste de moins en moins de papier vierge. Mais je n'ai pas encore tout dit, bien que je doive me dépêcher, car je dois terminer avant le 2 juin. C'est mon temps de parole libre.

Je rentre. Pourquoi ? Je n'éprouve nulle nostalgie à l'égard des bouleaux ou des magasins *Beriozka*[1]. Du reste, des Kiéviens ont ouvert à Boston une *Beriozka* qui peut parfaitement satisfaire les besoins culinaires des émigrés d'URSS (ici, tout le monde dit « de Russie ») et leur nostalgie, qui n'a rien de démentiel.

L'émigration. Je vois beaucoup d'amis, de nouvelles connaissances, de vieux émigrés qui se plaignent de leurs difficultés. Mais je n'en ai pas rencontré un seul qui veuille rentrer là-bas. Je ne mets pas en doute les informations de la presse soviétique sur un certain nombre d'émigrés qui ne supportent plus leur situation et demandent à rentrer : simplement, je n'en ai pas rencontré. En revanche, beaucoup m'ont raconté un cauchemar d'émigré, l'un des pires, où l'on rêve qu'on revient là-bas. Je n'ai pas encore eu ce cauchemar, mais je ressens de plus en plus l'impression d'une peau de chagrin qui se rétrécit et d'un tic-tac qui mesure le temps qui me reste.

Le soir, mon fils et ma belle-fille rentrent chez eux, et ma petite-fille me dit : « Embrassons-nous. » Mais moi, je pense : « Combien reste-t-il encore de soirées ? » Le matin, les aînés vont à l'école et me racontent leur emploi du temps. « Combien de fois partiront-ils à l'école en ma présence ? » — cette question m'obsède déjà. Et comme toujours quand on a

---

1. Magasins en devises pour étrangers en URSS *(NdT)*.

peur, je sens le courant froid de l'angoisse qui se lève quelque part au fond de moi. C'est pour bientôt. Nous savons déjà que le 23 mai sera consacré à mes adieux avec tous ceux qui le voudront.

Déjà je fais une liste de courses. Déjà, dans sa carte postale du 25 mars, Andrioucha m'a fait des commandes sous une forme humoristique : « Pitié, seigneur Poisson d'or [1], achète-moi un jean pour la maison, car le mien tombe en morceaux. Et aussi une veste, car je n'ai plus que la rouge. Et aussi ce que Dieu t'enverra, car il ne donnera rien de mauvais. » Déjà je pense au moment où je verrai Washington pour la dernière fois, puis New York. Déjà, déjà, déjà ! Il ne reste presque plus de « encore ».

Récemment, à New York, nous sommes tombés sur un chauffeur de taxi qui était de Minsk. Je lui ai posé tant de questions qu'il m'a demandé : « Dites donc, vous ne seriez pas du KGB, par hasard ? » Il me crut sur parole et, à la fin de notre conversation : « Vous ne seriez pas la femme de Sakharov ? » Il est là depuis déjà cinq ans, il a acheté une licence avec un crédit, bientôt il finira de la payer. Il a plus de cinquante ans, et quand il est arrivé, il ne savait pas l'anglais, mais il se débrouille. Toute sa vie, là-bas comme ici, il l'a passée au volant. Il dit : « Les Russes sont un bon peuple, un très bon peuple » (il est juif). Mais : « L'Amérique c'est un pays, on ne peut pas rêver mieux. Ce n'est pas vrai qu'il n'y a pas de travail, il suffit de vouloir, on vous aide à en trouver. Et quelle abondance ! Quelle liberté ! » Et pour finir : « Comment moi, vieux juif de Minsk, pouvais-je rêver d'aller au Canada, en Floride, en Espagne, en Israël ? »

J'arrive ensuite pour un lunch au *New York Times*. Tout est très beau, la pièce, la table, les fleurs. J'avoue que j'ai craint de ne trouver que cela. Mais je me suis trompée, car la conversation fut tout à fait sérieuse. Ici, on connaissait le cas

---

1. Allusion au conte de Grimm adapté par Pouchkine *(NdT)*.

d'Andréï, il n'y avait pas de questions creuses, tout était sensé. La seule chose qui me faisait rire intérieurement, c'est que j'étais la seule femme avec ces douze hommes et j'avais très envie de leur dire que j'étais comme Fourtseva au Politburo[1]. Pour parfaire la ressemblance, je portais ce jour-là un tailleur gris-bleu que les enfants m'avaient offert. Or, j'avais vu un jour Fourtseva au moment du vernissage de Rockwell Kent[2], et elle portait un tailleur de la même couleur qui me fit très envie à l'époque.

Les réflexions de mon chauffeur de taxi me trottaient dans la tête : la liberté. La liberté d'aller où je veux. Penser ce que je veux, je suis libre de le faire. Mais y aller ou ne pas y aller ? C'est tout à fait comme « être ou ne pas être ». Car je sais parfaitement tout ce qui m'attend là-bas. Je ne parle pas du cadre extérieur, du « couvre-feu » à huit heures du soir, des pointages à la milice, de l'interdiction qui nous est faite de parler à quiconque, de cette ville qui m'est étrangère, qui me donne la nausée, et que les deux grands fleuves russes ne sauvent pas à mes yeux. Peut-être, n'eût été l'exil avec ses humiliations et les cafards qui sortent des colis, aurait-elle pu me plaire, mais le mariage sous la contrainte réussit rarement.

J'ai donc la liberté de choisir : y aller ou rester, choix dont j'ai du reste une expérience exceptionnelle pour une dissidente, car je suis déjà allée plusieurs fois à l'étranger. Chaque fois, ce fut très difficile de rentrer. Chaque fois (depuis 1960) que je traversais la frontière, mon âme était envahie par une sorte de brouillard lourd et ténébreux que je ne saurais décrire. Au début, je revenais pour trouver ma famille au complet, et néanmoins c'était affreux.

Ce sentiment indicible de ne pas être libre d' « aller où je veux » vous enchaîne, vous ligote moralement et même physiquement. C'est par des efforts surhumains qu'on se force

1. Ministre de la Culture, décédée en 1974 *(NdT)*.
2. Peintre américain (1882-1971), très bien accueilli en URSS, prix Lénine 1967 *(NdT)*.

de nouveau à apprendre à respirer sans oxygène, à nager sans eau, à marcher sans éprouver la terre ferme sous ses pieds. On se force à vivre, à assurer la routine quotidienne. Peu à peu, ce quotidien vous ramène à la vie et vous guérit de votre mal. Mais c'est un traitement pénible qu'il est très difficile de supporter.

Chaque fois, le retour par-delà la frontière, dans cet étranger de là-bas, me devient plus douloureux. Ma famille se rétrécit, et là-bas tout devient de plus en plus vide : il ne reste plus que les murs d'une maison qui nous avait tous abrités, à Moscou, plus qu'une ville étrangère, un appartement qui nous est étranger, meublé par l'État, surveillé par une meute innombrable de gardiens et des caméras qui nous scrutent en permanence.

Et derrière tout cela, il reste Andréï, si triste sans moi, si calme et heureux en ma présence. Bon. On arrivera bien à surmonter une déprime de plus !

Mon cas convient parfaitement à un de ces contes de Noël que j'ai déjà évoqués. J'ai été malade, presque morte. Andrioucha a beaucoup souffert et on l'a fait souffrir. Tout a fini par s'arranger. On m'a soignée et le miracle s'est produit : il m'arrivait avant de ne pas quitter ma trinitrine, dont je prenais jusqu'à vingt-cinq pastilles par jour, tandis que maintenant j'oublierais presque que cela existe. J'ai pu voir et embrasser maman. Mes petits-enfants sont adorables. Mes enfants posent mille problèmes comme partout, mais c'est normal, ordinaire. Il ne manque qu'une fin heureuse à ce conte de Noël, mais je ne parviens pas à l'imaginer.

Jusqu'à présent j'ai écrit sans difficulté, comme si je bavardais à la cuisine. (J'observe à ce propos que les Américains quittent peu à peu leur living et leur salon pour se réfugier à la cuisine, car sinon, pourquoi auraient-ils besoin de si grandes cuisines ?) Ce livre, je l'ai écrit si facilement qu'il ne mérite sans doute pas le nom de livre. Aujourd'hui, je regrette d'avoir à mettre le point final et de ne plus avoir le temps d'y retravailler, de le polir quelque peu. J'en demande pardon au lecteur. Je lui demande pardon aussi de ne pas avoir écrit un livre « dissident ». J'ai toujours dit autour de moi : « Je ne suis pas une dissidente, je ne suis que moi-même. » J'en fais ici la démonstration.

Mais où trouver une fin heureuse ? Peut-être dans le fait qu'Andréï et moi, nous restons ensemble. Et aussi que là-bas, au-delà de cette frontière qui nous sépare du monde entier et de vous tous, ma famille, mes amis, mes proches, nous restons libres d'être nous-mêmes.

> Et Dieu merci, tu es en liberté
> En Russie, à Boldino, en quarantaine [1].

Oui, je crois que c'est cela, mon *happy end.*

1. Citation du poète soviétique David Samoïlov qui parle ici de Pouchkine et de son séjour à Boldino, en pleine campagne, en 1830, à la suite d'une épidémie : le poète était en effet libre à l'époque, mais toujours sous surveillance *(NdT).*

Annexes

РСФСР

СВИДЕТЕЛЬСТВО О СМЕРТИ

II-А № 803960

Гр. *Алиханов*
(фамилия)

Геворк Саркисович
(отчество)

умер (ла) *11/XII 1939г. тысяча девятьсот*
тридцать девятого года
(прописью и цифрами год, месяц и число)

возраст *42 года*

Причина смерти *Воспаление легких*

о чём в книге записей актов гражданского состояния о смерти
19 *54* года *Декабря* месяца *2* числа

произведена соответствующая запись за № *660*

Место смерти: город, селение ....

район .... область, край,

республика .... *Москва*
(наименование)

Место регистрации: *Куйбышевское 1-3 ЗАГс.*

местонахождение бюро ЗАГС

4 Декабря 19 *54* г.

Заведующий бюро записей актов
гражданского состояния *Заикин*

М. п.

Гознак. 1946.

1

Certificat de décès du père d'Elena Bonner

N° 803960

Le citoyen : *Guevork Sarkissovitch Alikhanov*
est décédé le : *11 novembre 1939*
à l'âge de : *quarante-deux ans*
Cause du décès : *congestion pulmonaire*
Inscrit au registre d'état civil le : *2 décembre 1954*
au numéro : *660*
Lieu du décès : ville, village : —
arrondissement : —
région, république : —
Lieu d'enregistrement : *Moscou, bureau d'état civil de l'arrondissement de Kouïbychev.*
Date de la délivrance du certificat : *7 décembre 1954.*

Le chef du bureau d'état civil.

2

Andreï Sakharov
Le danger de la guerre thermonucléaire

Lettre ouverte au docteur Sidney Drell, professeur de physique à l'université de Stanford[1] :

Gorki, le 2 février 1983.

Cher ami,

J'ai lu vos remarquables conférences, votre « Discours sur les armes nucléaires » et l'exposé que vous avez fait dans le cadre des auditions du Congrès américain sur les conséquences d'une guerre nucléaire pour le milieu environnant (« *Speech on Nuclear Weapons* » à Grace Cathedral, 23 octobre 1982 ; *Opening Statement to Hearing on the Consequences of Nuclear War before the Subcommittee on Investigations and Oversight*).

Ce que vous dites et ce que vous écrivez sur le monstrueux danger d'une guerre nucléaire me touche de très près et rejoint une préoccupation qui est la mienne depuis de longues années. Aussi ai-je décidé de vous adresser une lettre ouverte, persuadé qu'il est de mon devoir de participer à la discussion de ce problème, l'un des plus importants de ceux qui se posent à l'humanité. Tout en approuvant entièrement votre thèse dans ses grandes lignes, j'expose ici quelques considérations d'un caractère plus concret, dont il est indispensable, à mon sens, de tenir compte au moment de

---

1. Ce texte est paru en français pour la première fois en 1984 — traduit du russe par Nina Antonini — dans la revue *Intervention* dirigée par Jacques Julliard. Nous le reproduisons ici avec l'aimable autorisation de cette revue.

prendre une décision. Ces considérations contredisent en partie certaines de vos affirmations, en partie aussi les complètent et peut-être même les renforcent. Il me semble que mon opinion, exposée ici comme contribution au débat, peut présenter un intérêt, en raison de l'expérience scientifique et psychologique que j'ai acquise au temps de ma participation aux travaux sur l'arme thermonucléaire, et aussi parce que je suis un des rares Soviétiques indépendants du pouvoir et dégagé des préoccupations politiques de ceux qui, en Union soviétique, participent à ce débat.

Je suis entièrement d'accord avec ce que vous dites du danger d'une guerre nucléaire. Étant donné l'extrême importance de ce point, je m'y étendrai plus en détail, quitte à redire peut-être des choses déjà connues.

Ici et plus loin, j'utilise les termes de « guerre nucléaire » et de « guerre thermonucléaire » comme pratiquement synonymes. J'entendrai par « armes conventionnelles » toutes les armes qui n'appartiennent pas aux trois types d'armes de destruction de masse : nucléaires, chimiques et bactériologiques.

Une grande guerre thermonucléaire serait une calamité indescriptible dont les conséquences échappent à toute prévision, les pires hypothèses étant toutefois les plus probables.

Selon les données fournies par l'ONU, le stock mondial d'armes nucléaires à la fin de 1980 s'élevait à 50 000 charges nucléaires. La puissance totale de ces charges (dont la plupart sont comprises entre 0,04 mégatonnes et 20 mégatonnes) représentait, selon les mêmes experts, 13 000 mégatonnes.

Les chiffres avancés par vous ne contredisent pas ces évaluations. De plus, vous rappelez que la puissance totale de tous les explosifs utilisés pendant la Seconde Guerre mondiale ne dépassait pas 6 mégatonnes (et même 3 mégatonnes, selon mes propres sources). Il est vrai que, dans cette comparaison, il faut tenir compte du fait que les petites charges sont, pour une même puissance totale, relativement plus efficaces que les grosses, mais cela ne change rien au caractère colossal de la puissance destructrice des charges nucléaires accumulées actuellement. Vous avancez également des données selon lesquelles, à l'heure présente (année 1982), l'URSS possède dans son arsenal stratégique 8 000 charges thermonucléaires, les États-Unis de leur côté en possédant 9 000. Une grande partie de ces charges consiste en têtes nucléaires à ogives séparables indépendamment guidées (j'écrirai Mirv). Il faut préciser que, pour l'URSS, l'essentiel de l'arsenal (70 % selon une information donnée par l'agence Tass) est constitué de missiles sol-sol géants (en silos) et de missiles de portée intermédiaire sur lanceurs mobiles. L'arsenal des États-Unis est formé, dans la proportion de 80 %, de missiles balistiques lancés à partir de sous-marins, beaucoup plus petits mais moins vulnérables que les missiles sol-sol en silos, et de bombes transportées par bombardiers stratégiques, dont certaines sont apparemment très puissantes. On peut douter que des avions puissent pénétrer en masse et profondément dans le territoire soviétique, mais cette dernière affirmation doit être nuancée, compte tenu des possibilités des missiles de croisière qui seraient probablement en mesure de percer le système de défense anti-aérienne de l'adversaire.

Les plus puissantes fusées américaines qui existent à l'heure actuelle (je ne parle pas des MX à venir) ont une capacité d'emport plusieurs fois inférieure à celle des principales fusées soviétiques, c'est-à-dire qu'elles portent moins d'ogives détachables, ou que la puissance de chaque charge est inférieure. (Il est admis que, quand on répartit sur plusieurs ogives mirvées, dix par exemple, la charge totale d'un missile, la puissance globale diminue plusieurs fois, mais que les possibilités tactiques s'accroissent brusquement en cas de tir sur objectifs compacts. Quant à la capacité de destruction des tirs sur des objectifs étendus, c'est-à-dire essentiellement sur les grandes villes, elle ne diminue que légèrement, en raison surtout du rayonnement thermique. Je me suis arrêté à ces détails parce qu'ils seront peut-être essentiels pour la suite.)

Vous citez l'estimation du journal international de l'Académie royale des sciences de Suède selon laquelle le largage de 5 000 charges d'une puissance totale de 2 000 mégatonnes sur les principales villes de l'hémisphère Nord détruirait 750 millions d'hommes, par le seul effet d'un des facteurs, à savoir l'onde de choc.

A propos de cette évaluation, je peux ajouter ce qui suit :

1° Le total des charges thermonucléaires possédées actuellement par les cinq puissances nucléaires est environ cinq fois supérieur au chiffre indiqué dans cette estimation, et leur puissance totale est de six à sept fois plus grande. Le chiffre moyen de victimes généralement admis pour une seule charge est de 250 000, ce qui n'est pas exagéré si l'on compare la puissance moyenne généralement admise d'une charge thermonucléaire de 400 kilotonnes avec la puissance de l'explosion d'Hiroshima, qui n'était que de 17 kilotonnes, et avec le nombre de victimes provoqué par l'onde de choc qui ne fut pas inférieure à 40 000.

2° Un facteur extrêmement important de la capacité de destruction des charges nucléaires est la radiation thermique. A Hiroshima, les incendies ont été la cause d'une part notable (jusqu'à 50 %) des pertes en vies humaines. Avec l'augmentation de la puissance des charges, le rôle relatif de l'action thermique grandit. C'est pourquoi ce facteur doit accroître notablement le nombre des victimes directes de l'explosion.

3° Dans le cas d'une attaque sur des objectifs ennemis limités et précis (tels que des sites souterrains de lancement de missiles, des postes de commandement, des centres de communication, des institutions gouvernementales et des abris, ou d'autres objectifs d'une très grande importance), il faut supposer qu'une partie considérable des explosions aura lieu au niveau du sol ou à basse altitude. Cela entraîne inévitablement l'apparition de « retombées » radioactives, c'est-à-dire de nuages de poussières soulevés par l'explosion et « imprégnés » de produits de fission de l'uranium. C'est pourquoi, bien que l'influence radioactive immédiate de la charge nucléaire s'exerce dans une zone où tout ce qui vit est de toute façon détruit par l'onde de choc et par le feu, l'action secondaire — par les retombées — n'en est pas moins très réelle. La surface contaminée par des retombées telles que la dose totale de radiations dépasse le seuil critique de 300 roentgen est, pour une charge nucléaire classique d'une mégatonne, de plusieurs milliers de kilomètres carrés !

Au cours de l'essai au sol de la bombe thermonucléaire soviétique en août 1953, des dizaines de milliers d'hommes ont été évacués préventivement de la zone où des retombées étaient possibles. Dans le village de Kara-aoul, les gens n'ont pu rentrer chez eux qu'au printemps de 1954 ! En temps de guerre, une évacuation systématique est impossible. Il se produira une panique au cours de laquelle des centaines de millions d'hommes s'enfuiront d'une zone contaminée vers une autre. Des centaines de millions d'hommes seront inévitablement les victimes d'irradiations radioactives. Des migrations massives de population engendreront le chaos, la perturbation des conditions sanitaires, la famine. Les conséquences génétiques de l'irradiation menaceront la survie de l'espèce humaine et celle de tout ce qui vit sur la terre — animaux et végétaux.

Je suis absolument d'accord avec vous pour penser que l'humanité n'a jamais rien rencontré qui puisse ressembler même de loin, en ampleur et en horreur, à une grande guerre thermonucléaire.

Pour monstrueuses que puissent être les conséquences immédiates des explosions thermonucléaires, nous ne pouvons écarter l'hypothèse que les conséquences secondaires en soient plus importantes encore. Pour notre société moderne, extrêmement complexe et par là même très vulnérable, ces conséquences secondaires peuvent devenir fatales. Les conséquences écologiques sont tout aussi dangereuses. En raison de la complexité des relations d'interdépendance qui unissent les phénomènes de ce genre, les pronostics et les estimations sont des plus difficiles. Je rappellerai quelques points qui ont fait l'objet de publications (les vôtres, en particulier), sans aller toutefois jusqu'à les reprendre à mon compte même si je suis convaincu qu'un certain nombre des dangers indiqués sont parfaitement réels :

1° Une suite ininterrompue d'incendies de forêts peut détruire une très grande partie des forêts de la planète. La fumée dégagée troublera la transparence de l'atmosphère. Une nuit de plusieurs semaines s'abattra sur la terre, après quoi l'oxygène manquera dans l'atmosphère. A lui seul, ce fait, s'il se produit, peut détruire totalement la vie sur la planète. Sous une forme moins marquée, il aura d'importantes conséquences écologiques, économiques et psychologiques.

2° Les explosions nucléaires en haute altitude de la guerre spatiale (en particulier, les explosions des missiles antimissiles et celles des missiles d'attaque destinés à brouiller les radars ennemis) annihileront peut-être, ou du moins endommageront très fortement, la couche d'ozone qui protège la terre contre les rayons ultraviolets émis par le soleil. Les estimations relatives à ce danger sont très incertaines, mais si les estimations les plus fortes sont exactes, ce facteur est également susceptible à lui seul de détruire la vie.

3° Dans un monde aussi complexe que le nôtre, le dérèglement des transports et des communications peut être très considérable.

4° Il n'est pas douteux que seront également perturbés (totalement ou partiellement) la production et la distribution des produits alimentaires, l'approvisionnement en eau et les canalisations, la livraison de combustible et d'énergie électrique, la fourniture des médicaments et des vêtements — tout cela à l'échelle de continents entiers. Le système public de santé sera anéanti, et les conditions d'hygiène de milliards de gens retomberont au niveau du Moyen Age, ou à un niveau plus bas encore. Il sera pratiquement impossible d'assurer une aide médicale à des centaines de millions de blessés, de brûlés et d'irradiés.

5° Dans cette situation de chaos et de ruine, la famine et les épidémies pourront faire encore plus de morts que ne l'auront fait, sur le moment, les explosions nucléaires. On ne peut pas non plus exclure que, parallèlement aux maladies « courantes » qui ne manqueront pas de se répandre très largement — grippe, choléra, dysenterie, typhus, charbon, peste, etc. —, puissent apparaître, à la suite de mutations radioactives des virus et des bactéries, des maladies absolument nouvelles et des formes particulièrement dangereuses des maladies anciennes contre lesquelles les hommes et les animaux ne seront pas immunisés.

6° Il est particulièrement difficile de prévoir une stabilité sociale de l'humanité dans des conditions de chaos général. Inévitablement, d'innombrables bandes se formeront, qui tueront et terroriseront les gens tout en se faisant la guerre entre elles selon les lois du monde du crime : « Meurs aujourd'hui, ce sera mon tour demain. »

Mais, d'un autre côté, l'expérience des bouleversements sociaux et militaires du passé montre que l'humanité possède une résistance à toute épreuve : la « vitalité » des hommes placés dans des situations extrêmes dépasse tout ce qu'on peut imaginer *a priori*. Cela dit, même si l'humanité parvenait à se préserver en tant qu'organisme social, ce qui semble peu probable, les institutions sociales les plus importantes, qui constituent le fondement de notre civilisation, seront anéanties.

En résumé, on peut dire qu'une guerre nucléaire générale serait la ruine de la civilisation moderne, qu'elle ramènerait l'humanité des siècles en arrière, qu'elle entraînerait la mort de centaines de millions ou de milliards d'hommes, enfin, dans une hypothèse extrême impossible à exclure, qu'elle conduirait à l'élimination de l'humanité comme espèce biologique, peut-être même à la disparition de toute vie sur terre.

Il est clair que parler de victoire dans une grande guerre thermonucléaire n'a aucun sens : c'est un suicide collectif.

Je pense que, pour l'essentiel, mon point de vue rejoint le vôtre, ainsi que celui d'une grande partie de l'humanité. Je suis également pleinement d'accord avec vos autres affirmations de base. Je pense comme vous que, si le « seuil nucléaire » vient à être franchi, c'est-à-dire si une nation quelle qu'elle soit utilise, même à une échelle réduite, l'arme nucléaire, la suite des événements sera difficilement contrôlable et que le plus vraisemblable sera une rapide escalade transformant une guerre nucléaire initiale, limitée à l'emploi de certaines armes ou à un théâtre d'opérations défini, en guerre thermonucléaire générale, c'est-à-dire en un suicide général.

Dans ce cas, il est à peu près indifférent de savoir pourquoi le « seuil nucléaire » aura été franchi, qu'il s'agisse d'une première frappe nucléaire, du sursaut désespéré d'un pays conduit au bord de la défaite dans une guerre conventionnelle, ou tout simplement d'un accident consécutif à une erreur technique ou à une faute d'organisation.

Compte tenu de tout ce qui précède, je suis convaincu de la validité de votre proposition fondamentale : *l'arme nucléaire n'a de sens que comme moyen de dissuader un ennemi potentiel de déclencher une agression nucléaire.* C'est-à-dire qu'on ne peut pas envisager une guerre nucléaire avec le but de la gagner. On ne peut pas considérer l'arme nucléaire comme un moyen de contenir un agresseur utilisant des armes conventionnelles.

Vous vous rendez évidemment compte que cette dernière affirmation est en contradiction avec la stratégie de l'Occident au cours de ces dernières décennies. Depuis longtemps, plus précisément depuis la fin des années 1940, l'Occident n'a jamais compté exclusivement sur ses forces armées « conventionnelles » pour repousser un agresseur potentiel et pour empêcher son expansion. Il y a de nombreuses raisons à cela ; la division de l'Occident sur les plans politique, militaire et économique ; son désir d'éviter de recourir en temps de paix à une militarisation économique, sociale et scientifico-technique ; enfin, l'effectif réduit des armées nationales des pays occidentaux. Tout cela alors que l'URSS et les autres pays du camp socialiste possèdent des armées nombreuses qu'ils ne cessent de moderniser sans le moindre souci d'économie. Il n'est pas impossible que, pendant une certaine période, l'équilibre de la terreur ait joué un rôle modérateur sur le cours des événements mondiaux. Mais à l'heure actuelle, l'équilibre de la terreur est une dangereuse survivance du passé ! On ne peut, pour éviter une agression conduite avec des moyens conventionnels, brandir la menace de l'arme nucléaire si son emploi est inacceptable. Une des conclusions à tirer de cela — et vous le faites — est qu'il est indispensable de rétablir l'équilibre stratégique dans le domaine des armes conventionnelles. Vous le dites en d'autres termes et vous n'insistez pas beaucoup sur ce point.

Et cependant c'est une affirmation très importante et nullement banale, sur laquelle il faut s'arrêter plus en détail.

Le rétablissement de l'équilibre stratégique n'est possible qu'à condition d'y consacrer des moyens importants et de modifier profondément la mentalité de l'Occident. Les peuples occidentaux doivent être prêts à certains sacrifices sur le plan économique et — c'est essentiel — comprendre le sérieux de la situation et la nécessité de certains changements. Cela est nécessaire pour éviter, au bout du compte, la guerre nucléaire et la guerre en général. Les hommes politiques occidentaux sauront-ils réaliser cette transformation ? Seront-ils aidés (et non pas gênés, comme cela s'observe souvent à l'heure actuelle) par la presse, par l'opinion publique, par nos collègues scientifiques ? Réussira-t-on à convaincre les hésitants ? L'enjeu est grand : c'est la possibilité pour l'Occident de mener dans le domaine des armements nucléaires une politique qui contribue peu à peu à faire diminuer le danger d'une catastrophe nucléaire.

En tout cas, je suis très heureux que vous (et avant vous, dans un autre contexte, le professeur Panofsky) vous soyez prononcés en faveur de l'équilibre stratégique des armes conventionnelles.

En conclusion, je dois souligner tout particulièrement que, bien entendu, une transformation de la stratégie n'est réalisable que progressivement et avec beaucoup de précautions, pour éviter l'apparition d'un déséquilibre à quelque étape intermédiaire.

En ce qui concerne l'arme nucléaire elle-même, vos réflexions, si je vous ai bien compris, peuvent se résumer comme suit.

Il est indispensable d'effectuer une réduction équilibrée des arsenaux nucléaires, et, comme étape initiale de ce processus, on peut envisager le gel de part et d'autre des arsenaux existants. Je vous cite : « Dans le domaine des armes nucléaires, les décisions doivent être fondées sur un seul critère, celui d'une dissuasion crédible, et non pas sur des exigences supplémentaires relatives à la guerre nucléaire puisque, d'une manière générale, de telles exigences ne comportent pas de limites et ne sont pas réalistes. » C'est là une de vos thèses centrales.

Pour les négociations sur le désarmement nucléaire, vous proposez d'établir un critère d'évaluation des forces nucléaires suffisamment simple et, dans toute la mesure du possible, juste. Le critère que vous proposez consiste à prendre en compte le nombre total des vecteurs et le nombre total des charges nucléaires susceptibles d'être larguées (il faut vraisemblablement entendre par là le nombre maximum de certaines charges standard ou conventionnelles susceptibles d'être larguées par un type donné de vecteurs, avec un fractionnement correspondant du poids utilisable).

Je commencerai par examiner ce dernier point (que vous proposez avec un de vos étudiants, Kent Wisner). Il me semble pratique. Votre critère attribue un coefficient différent à des vecteurs de tonnage différent. C'est très important ; mettre sur le même plan les petits missiles américains et les grands missiles soviétiques était précisément un des points sur lesquels j'ai critiqué en son temps le traité SALT I, que par ailleurs j'approuvais de façon générale, tant pour le seul fait des négociations que pour la conclusion du traité. De plus, à la différence des critères fondés sur la puissance de la charge, qui n'est habituellement pas déclarée officiellement, le nombre de charges fournies est facile à établir. Votre critère tient également compte du fait que, par exemple, les possibilités tactiques de cinq missiles portant chacun une charge sont considérablement plus élevées que celles d'un seul grand missile, portant cinq ogives

272

mirvées. Certes, le critère que vous proposez n'englobe pas des paramètres tels que la distance, la précision du tir, le degré de vulnérabilité : il faudra donc en faire une étude complémentaire ou, dans certains cas, ne pas en tenir compte pour faciliter les accords.

J'espère que votre critère (ou n'importe quel autre critère analogue) sera accepté comme base au cours des négociations tant pour les missiles intercontinentaux que (indépendamment) pour les missiles de moyenne portée. Dans les deux cas, il sera plus difficile que maintenant d'avancer des revendications illégitimes et on pourra passer plus rapidement des paroles à l'action. Il est probable que, pour faire accepter votre critère (ou un critère analogue), une action diplomatique décidée et un grand effort d'explication seront nécessaires, mais cela en vaut la peine.

De cette question relativement particulière, je passe à une question plus générale, plus complexe et plus controversée. Peut-on vraiment, en prenant une décision dans le domaine de l'arme nucléaire, écarter les réflexions et les exigences qui ont rapport aux *scenarii* possibles d'une guerre nucléaire et se limiter au seul critère de la mise en œuvre d'une dissuasion crédible, en entendant par là la possession d'un arsenal suffisant pour permettre une riposte dévastatrice ? Vous répondez oui à cette question — en la formulant peut-être un peu différemment — et vous en tirez des conclusions qui vont loin. Il n'est pas douteux, que dès à présent, les États-Unis possèdent un grand nombre de missiles que l'URSS n'a aucun moyen de détruire, qu'il s'agisse de missiles embarqués sur des sous-marins ou de charges nucléaires portées par des bombardiers stratégiques. Il est également vrai qu'ils possèdent en outre des missiles en silos, certes bien plus petits que leurs équivalents soviétiques, mais en quantité telle qu'en cas d'utilisation de ces charges, il ne resterait pratiquement rien de l'URSS. Vous affirmez que cela a *déjà* créé une situation de dissuasion crédible, indépendamment des forces et des faiblesses respectives de l'URSS et des États-Unis ! C'est pourquoi vous considérez en particulier comme inutile la fabrication des missiles MX, et comme hors sujet les arguments avancés en faveur de leur déploiement, à savoir l'existence en URSS d'un puissant arsenal de missiles intercontinentaux de fort tonnage que les États-Unis ne possèdent pas, et le fait que les missiles soviétiques et les missiles MX ont plusieurs ogives, ce qui permet à un seul missile de détruire plusieurs installations en silos de l'ennemi lors d'un duel nucléaire. C'est aussi la raison pour laquelle vous considérez (avec quelques réserves) comme acceptable pour les États-Unis le gel des arsenaux nucléaires américain et soviétique à leur niveau actuel.

Votre argumentation paraît très forte et convaincante. Mais je considère que cette conception ne prend pas en compte toute la réalité complexe de l'opposition des deux systèmes mondiaux, et je pense qu'il est indispensable (contrairement au point de vue que vous soutenez) de procéder à un examen plus concret, plus objectif et sans préjugés, et non de s'orienter simplement vers une dissuasion crédible (au sens donné plus haut à ce mot, c'est-à-dire offrant la possibilité de représailles dévastatrices). Je vais essayer d'éclairer mon point de vue.

Nous pouvons imaginer que, précisément parce qu'une guerre thermonucléaire générale équivaut à un suicide collectif, un agresseur potentiel pourrait compter sur un manque de résolution du pays agressé qui hésiterait à aller jusqu'au suicide : autrement dit, l'agresseur pourrait escompter que sa victime capitulera pour sauver ce qui peut être sauvé. De plus, si l'agresseur a une supériorité militaire dans certaines formes de guerre conventionnelle, ou — ce qui est également possible *en principe* — dans certaines formes de guerre nucléaire limitée, il s'efforcera, en utilisant la peur d'une escalade future, d'imposer précisément ces formes à l'ennemi. Il n'y aurait pas de quoi se réjouir si, en fin de compte, les espoirs de l'agresseur se révélaient vains et que le pays agresseur était détruit avec le reste de l'humanité !

Vous estimez nécessaire de chercher à rétablir l'équilibre stratégique dans le domaine des armes conventionnelles. Avancez maintenant d'un pas dans la logique : tant que l'arme nucléaire existe, il est également nécessaire d'établir l'équilibre stratégique en ce qui concerne les formes de guerre nucléaire limitée ou régionale qu'un agresseur potentiel pourrait tenter d'imposer. Cela revient à dire qu'il est vraiment *indispensable* d'examiner concrètement les différents *scenarii* aussi bien d'une guerre conventionnelle que d'une guerre nucléaire et de faire l'analyse de leurs évolutions éventuelles.

Il est évidemment impossible d'analyser complètement toutes ces possibilités et d'assurer une sécurité totale. Mais je veux mettre en garde contre l'erreur inverse, celle qui consiste à « fermer les yeux » et à compter sur la parfaite sagesse de l'ennemi potentiel. Comme toujours dans les problèmes complexes de la vie, il faut trouver un compromis.

Je comprends, bien entendu, qu'en essayant de ne prendre aucun retard sur l'agresseur potentiel, nous nous condamnons à la course aux armements, si tragique dans un monde où il y a tant de problèmes vitaux dont la solution est urgente. Mais le danger le plus grand est de voir le monde glisser dans une guerre thermonucléaire générale. Si la probabilité d'une telle issue peut être réduite au prix d'une course aux armements de dix ou quinze ans, peut-être faudra-t-il payer ce prix tout en faisant parallèlement un effort, sur les plans diplomatique, économique, idéologique, politique, culturel et social, pour éviter la guerre.

Bien sûr, il serait plus sage de se mettre d'accord dès maintenant sur la réduction des armements tant nucléaires que conventionnels et sur l'élimination totale de l'arme nucléaire. Mais est-ce possible aujourd'hui dans notre monde empoisonné par la peur et par la méfiance, ce monde où l'Occident redoute une agression de l'URSS, l'URSS une agression de la part de l'Occident et de la Chine, la Chine une agression de la part de l'URSS, et où aucune promesse verbale ni aucun pacte ne peuvent dissiper totalement ces craintes ?

Je sais que les sentiments pacifistes sont très forts en Occident. Je sympathise profondément avec les aspirations des hommes à la paix, à la solution des problèmes mondiaux par des voies pacifiques. Je partage totalement ces aspirations. Mais, dans le même temps, j'ai la conviction qu'il est absolument indispensable de ne pas perdre de vue les réalités concrètes, politiques, militaires et stratégiques de notre époque, et cela en toute objectivité, sans faire de concessions ni aux uns ni aux autres. Ainsi, il ne faut pas attribuer aux pays socialistes *a priori* un esprit pacifique particulier, simplement en raison de leur prétendu progressisme ou des horreurs et des pertes qu'ils ont supportées pendant la guerre. La réalité objective est bien plus complexe et loin d'être aussi simple. Subjectivement, les

275

hommes veulent passionnément la paix aussi bien dans les pays socialistes que dans les pays occidentaux. C'est un élément extrêmement important, mais, je le répète, il n'exclut pas à lui seul la possibilité d'une issue tragique.

Maintenant il faut procéder, à mon sens, à un énorme travail d'explication, afin que tous les hommes aient accès à une information objective, concrète et précise, historiquement et politiquement valable, à laquelle ils puissent se fier et qui ne soit pas déformée par les dogmes et par la propagande. Et sur ce point, il faut noter que depuis longtemps une propagande prosoviétique très habile et très efficace se déploie dans les pays occidentaux, aidée par la pénétration d'éléments prosoviétiques dans nombre de secteurs clés, surtout dans les médias.

L'histoire des campagnes pacifistes contre l'installation des euromissiles est très révélatrice à bien des égards. Après tout, beaucoup de ceux qui ont participé à ces campagnes ignoraient totalement la cause première de la « double décision » de l'OTAN — à savoir, la modification de l'équilibre stratégique en faveur de l'URSS au cours des années 1970 — et, tout en protestant contre les plans de l'OTAN, ne réclamaient de l'URSS aucune contrepartie. Autre exemple : la tentative de l'ancien président Carter de faire un tout petit pas vers l'équilibre des armes conventionnelles, et plus précisément de faire le décompte des hommes mobilisables, a rencontré une résistance considérable. Et pourtant, l'équilibre dans le domaine des armements conventionnels est une condition indispensable de la réduction des armements nucléaires. Pour permettre à l'opinion publique occidentale de mesurer de façon exacte les problèmes globaux, en particulier celui de l'équilibre stratégique des armements aussi bien conventionnels que nucléaires, il est vital de recourir à une approche plus objective qui tienne compte de la situation stratégique réelle dans le monde.

Le deuxième groupe de problèmes dans le domaine de l'arme nucléaire sur lesquels je dois faire ici quelques remarques complémentaires concerne les pourparlers sur le désarmement nucléaire. Dans ces pourparlers, l'Occident doit avoir quelque chose à sacrifier ! L'histoire des euromissiles montre une nouvelle fois combien il est difficile de mener des pourparlers sur le désarmement à partir d'une position de faiblesse. Ce n'est que tout récemment que l'URSS semble avoir cessé d'affirmer contre toute raison que l'équilibre nucléaire est déjà réalisé et que par conséquent tout doit être laissé en l'état. Le prochain pas à faire serait la réduction du nombre de missiles, mais en tenant obligatoirement compte, et de la façon la plus exacte, de la *qualité* des missiles et des autres vecteurs (c'est-à-dire du nombre de charges emportées par chaque vecteur, de son rayon d'action, de sa précision et de son degré de vulnérabilité — qui est plus grande pour les avions, plus petite pour les missiles : il semble qu'il serait rationnel d'utiliser votre critère ou des critères analogues). Et, bien entendu, il s'agira non pas de « transfert » au-delà de l'Oural, mais de *destruction*. En effet, un changement de base est par trop « réversible ». De même, on ne peut évidemment pas mettre sur le même plan, d'une part, les puissants missiles soviétiques à lanceurs mobiles et à ogives multiples et, d'autre part, les *Pershing*-I actuels, les missiles britanniques et français, ou encore les bombardiers à court rayon d'action — ce que la partie soviétique tente parfois de faire à des fins de propagande.

Le problème posé par les puissants missiles sol-sol enterrés en silos n'est pas moins important. L'URSS possède actuellement dans ce domaine une supériorité très nette. Peut-être les pourparlers sur la limitation et la réduction de ces missiles, les plus destructeurs de tous, seront-ils facilités quand les États-Unis posséderont leurs missiles MX (au moins virtuellement : ce serait la meilleure solution). Quelques mots sur les possibilités militaires des grands missiles. On peut les utiliser pour larguer les plus lourdes charges thermonucléaires en vue de détruire les villes et les autres objectifs de grande dimension de l'ennemi (pour la destruction des systèmes antimissiles de l'ennemi, on utilisera vraisemblablement simultanément une « pluie » de missiles plus petits, de faux objectifs, etc. On écrit beaucoup sur la possibilité de perfectionner les systèmes antimissiles en utilisant les lasers superpuissants, des faisceaux de particules accélérées, etc. Mais je doute fort que cela mène à une défense réelle contre les missiles). Pour donner une idée de ce que représente en soi l'attaque d'une ville par des missiles lourds, nous avancerons les chiffres suivants. En admettant que la puissance maximale d'une charge isolée transportable par un grand missile soit de l'ordre de 15 à 25 mégatonnes, nous trouvons que tous les édifices habités seront détruits sur une surface de 250 à 400 kilomètres carrés, que le rayonnement thermique s'étendra sur une zone de 300 à 500 kilomètres carrés et que l'aire des retombées radioactives (en cas d'explosion au sol) aura de 500 à 1 000 kilomètres de long sur 50 à 100 de large !

Autre fait tout aussi essentiel : de puissants missiles mirvés peuvent servir à détruire des objectifs compacts, en particulier des missiles analogues enterrés en silos. Voici, à titre d'exemple, une évaluation de ce que donnerait une attaque de ce type sur des rampes de lancement. Cent missiles MX (c'est le chiffre proposé par l'administration Reagan pour le premier plan de déploiement) peuvent porter mille ogives de 0,6 mégatonne. Chacune de ces ogives, compte tenu de l'ellipse de dispersion au moment du tir et de la « dureté » supposée des rampes de lancement soviétiques, détruit, selon les données publiées par la presse américaine, une rampe de lancement avec 60 % de chances de réussite. Au cours d'une attaque dirigée sur 500 rampes de lancement soviétiques avec deux ogives pointées sur chaque rampe, il en restera 16 % d'intactes, c'est-à-dire « seulement » 80 missiles.

Il y a un danger particulier lié à l'existence des missiles en silos et qui est le suivant. Ces missiles sont relativement faciles à détruire au cours d'une attaque de l'ennemi, comme je viens de le démontrer. Mais, dans le même temps, ils peuvent servir à la destruction des rampes de lancement de l'adversaire (dans une proportion quatre ou cinq fois plus grande que le nombre de missiles utilisés pour l'attaque). Un pays qui dispose d'un grand nombre de missiles en silos (à l'heure actuelle, c'est essentiellement l'URSS, mais si les États-Unis réalisent leur programme MX, ils seront dans le même cas) peut subitement éprouver la « tentation » d'utiliser ces missiles en première frappe, avant que l'adversaire ne les détruise. En d'autres termes, la présence de missiles en silos devient, dans ces conditions, un élément déstabilisateur.

Il me semble, en raison de tout ce qui a été dit plus haut, qu'il est très important d'essayer d'obtenir, au cours des pourparlers sur le désarmement nucléaire, la destruction des grands missiles enterrés dans des silos. Tant que l'URSS aura de l'avance dans ce domaine, il y a très peu de chances qu'elle y renonce facilement. Si, pour retourner la situation, il faut dépenser quelques milliards de dollars pour les missiles MX, peut-être l'Occident devra-t-il le faire. Mais en même temps, si les Soviétiques acceptent, en réalité et non pas en paroles, des mesures importantes et contrôlables de réduction des missiles basés au sol (plus exactement, leur destruction), alors l'Occident doit lui aussi non seulement détruire ses missiles MX (ou ne pas les construire !), mais encore prendre d'autres mesures importantes en matière de désarmement. Dans l'ensemble, je suis convaincu que les pourparlers sur le désarmement nucléaire ont une importance énorme et prioritaire. Il faut les mener sans interruption — pendant les éclaircies qui surviennent dans les relations internationales, mais aussi dans les périodes de tension —, avec insistance, prévoyance, fermeté, en même temps qu'avec souplesse et esprit d'initiative. A cette occasion, les hommes politiques ne doivent évidemment pas songer à exploiter ces pourparlers et le problème nucléaire en général à des fins personnelles : ils ne doivent penser qu'aux intérêts à long terme de leur pays et du monde. L'organisation de ces pourparlers doit avoir sa place, en tant qu'élément essentiel, dans la stratégie nucléaire générale, et sur ce point je suis de nouveau d'accord avec vous !

La troisième série de problèmes dont il nous faut débattre ici est de caractère politique et social. La guerre nucléaire peut avoir pour origine une guerre conventionnelle, et la guerre conventionnelle, comme chacun le sait, a pour origine la politique. Nous savons tous que la paix ne règne pas dans le monde. Les raisons en sont diverses : elles peuvent être nationales, économiques, sociales ou autres encore, comme la tyrannie des dictateurs. Beaucoup d'événements tragiques actuels ont leurs racines dans un passé lointain. Il serait absolument injuste de ne voir partout que la main de Moscou. Et pourtant, en examinant très précisément ce qui se passe sur la terre, dans l'ensemble, on ne peut nier que depuis 1945 s'est mis en marche, inlassablement, un processus de développement de la sphère d'influence soviétique. Objectivement, il s'agit tout simplement d'une expansion soviétique à l'échelle mondiale. Au fur et à mesure que l'URSS se renforce sur le plan scientifico-technique, et qu'elle s'affermit sur le plan militaire, ce processus ne cesse de se développer. Aujourd'hui, il a atteint des proportions qui bouleversent dangereusement l'équilibre international. L'Occident redoute, non sans fondement, que ne soient menacées les routes maritimes mondiales, le pétrole de l'Orient arabe, l'uranium et les diamants, ainsi que les autres ressources de l'Afrique australe.

Un des problèmes essentiels de notre temps est celui du destin des pays en voie de développement, qui constituent la plus grande partie de l'humanité. Mais, pratiquement, pour l'URSS — et également dans une certaine mesure pour l'Occident —, ce problème est devenu un atout dans la lutte pour le contrôle des pays pauvres et des positions stratégiques qu'ils représentent. Des millions d'hommes meurent de faim chaque année, des centaines de millions vivent dans des conditions de sous-alimentation et de misère sans espoir. L'Occident fournit une aide économique et technologique aux pays en voie de développement, mais de façon tout de même insuffisante, en particulier dans la situation actuelle, marquée par l'élévation des prix du pétrole. L'aide de L'URSS et des pays socialistes est en gros inférieure et, plus encore que celle de l'Occident, elle a un caractère militaire qui s'inscrit dans la politique des blocs. De plus, et c'est important, elle n'est en rien coordonnée avec les efforts du reste du monde.

Loin de s'éteindre, les foyers de conflits locaux s'enveniment, menaçant de se transformer en guerres globales. Tout cela provoque une grande angoisse.

La manifestation la plus aiguë et la plus négative de la politique soviétique est l'invasion de l'Afghanistan, qui a débuté en décembre 1979 avec l'assassinat du chef de l'État afghan. Trois ans d'une guerre de répression monstrueusement cruelle ont apporté des souffrances incalculables à ce peuple, comme le prouve le fait que quatre millions d'Afghans se sont réfugiés au Pakistan et en Iran.

C'est précisément ce retournement général de l'équilibre mondial, provoqué par l'invasion de l'Afghanistan et par d'autres événements survenus pendant la même période, qui a été la cause profonde de la non-ratification des pourparlers SALT II. Je le regrette tout autant que vous. Mais je ne peux pas ne pas voir les raisons dont je viens de parler.

Il est encore un sujet étroitement lié au problème de la paix : c'est celui de la société ouverte, c'est-à-dire des droits de l'homme. J'utilise l'expression « société ouverte » dans le sens que le grand Niels Bohr lui a donnée il y a plus de trente ans.

En 1948, les États membres de l'ONU ont adopté une Déclaration générale des droits de l'homme, et ils ont souligné son importance pour le maintien de la paix. En 1975, l'Acte final d'Helsinki, signé par trente-cinq États dont l'URSS et les États-Unis, a proclamé le lien réciproque qui unit les droits de l'homme et la sécurité internationale. Ces droits sont notamment : le droit à la liberté de conscience ; le droit de recevoir et de diffuser librement des informations à l'intérieur de son pays et hors des frontières ; le droit au libre choix du pays de résidence et du lieu de résidence à l'intérieur de ce pays ; la liberté de religion. Et l'assurance de ne pas être interné dans un asile psychiatrique. Et le droit pour les citoyens d'un pays de contrôler les décisions de leurs dirigeants quand il s'agit du destin du monde. Ainsi, nous ne savons même pas comment et par qui a été prise la décision d'envahir l'Afghanistan ! Sur ce qui se passe dans le monde et dans son propre pays, le peuple soviétique ne reçoit même pas une petite partie des informations dont disposent les Occidentaux. Quant à la possibilité de critiquer la politique de ses dirigeants en matière de paix et de guerre, comme vous le faites, vous, en toute liberté, elle n'existe pas dans notre pays. Non seulement les critiques, mais de simples affirmations de caractère factuel portant sur des questions peu importantes entraînent souvent des arrestations et des condamnations à de longues peines de prison, ou des internements en hôpital psychiatrique. Pour rester fidèle au caractère de cette lettre, qui traite de problèmes généraux, je m'interdis ici de m'étendre sur des cas particuliers, mais je ne peux passer sous silence le sort d'Anatoli Chtcharanski qui fait la grève de la faim dans une prison de Tchistopol pour avoir le droit de recevoir des visites de sa mère et de lui écrire, ni celui de Youri Orlov qui, emprisonné pour la troisième fois, purge une peine de six mois dans la prison du camp de Perm, après avoir été sauvagement battu en présence d'un gardien.

En décembre 1982, une amnistie a été proclamée à l'occasion du soixantième anniversaire de l'URSS, mais tout comme en 1977 et lors des amnisties précédentes, en étaient *explicitement* exclues les condamnations pour délit d'opinion. Comme nous sommes loin des principes proclamés en URSS, ce pays qui porte une si grande responsabilité dans le destin du monde !

En conclusion, je souligne encore une fois combien il est important que chacun comprenne que la guerre nucléaire est absolument inacceptable puisqu'elle équivaut à un suicide collectif de l'humanité. Une guerre nucléaire ne comporte pas de vainqueur. Il est indispensable de s'efforcer de façon systématique — mais avec prudence — de parvenir à un désarmement nucléaire total sur la base de l'équilibre stratégique des armes conventionnelles. Tant que l'arme nucléaire existe sur la terre, il est indispensable de maintenir un équilibre stratégique des forces nucléaires qui ne permette à aucun des camps de prendre la décision de déclencher une guerre nucléaire limitée ou régionale. Une authentique sécurité n'est possible que sur la base d'une stabilisation des relations internationales, d'un refus de toute politique expansionniste, d'un renforcement de la confiance internationale, de l'ouverture et de la libération des sociétés socialistes, du respect des droits de l'homme à travers le monde, du rapprochement — de la convergence — des systèmes socialiste et capitaliste, et d'une action coordonnée de tous les peuples du monde pour parvenir à résoudre les problèmes globaux.

A. Sakharov.

3

État de service d'Elena Bonner

Train sanitaire n° 122, le 8 juillet 1945.

Appréciation sur l'état de service d'Elena Guéorguiévna Bonner, née en 1923, lieutenant des services de santé, membre du Komsomol depuis 1939 :

La camarade E. G. Bonner a servi dans le train sanitaire n° 122, d'abord comme infirmière, de décembre 1941 à octobre 1942, et ensuite comme infirmière en chef, d'octobre 1942 au 18 juin 1945. Infirmière de guerre qualifiée, ayant acquis sa qualification sur le terrain, elle s'est révélée une praticienne avisée, patiente et jouissant à juste titre d'une grande autorité, tant parmi les malades que parmi les personnes placées sous ses ordres. Outre ses fonctions normales, consistant à soigner les blessés légers dans le train sanitaire, elle a été également sollicitée pour des opérations de chargement et de déchargement des blessés. Elle a bien mis au point le système de répartition des blessés dans le train.

Elle a pris une part active dans le travail d'éducation politique du personnel du train, en qualité de propagandiste et de responsable de groupe.

De février 1942 à 1945, elle a été secrétaire de la cellule du Komsomol du train. Pour son service exemplaire, elle a reçu plusieurs fois des félicitations et elle a figuré sur le tableau d'honneur du train sanitaire n° 122.

Le chef du train sanitaire n° 122.

4

Andreï Sakharov
A nos amis du monde entier

J'en appelle à mes collègues scientifiques, aux personnalités publiques et gouvernementales, à tous ceux qui ont pris un jour ma défense ou qui sont prêts à le faire maintenant, en ce moment tragique de notre vie.

J'entame une grève de la faim pour obtenir que ma femme, Elena Bonner, soit autorisée à se rendre à l'étranger pour des raisons médicales et pour voir sa mère, ses enfants et ses petits-enfants.

Le 25 avril 1983, elle a été victime d'un infarctus extensif du myocarde. Son état n'est pas encore revenu à la normale, et il s'est même aggravé à certains égards. Il met sa vie en péril. Elle a eu de nouvelles crises cardiaques en octobre 1983 et janvier 1984. Pendant toute cette période, elle a été privée de soins médicaux réels. Ma femme ne peut être efficacement soignée en Union soviétique alors qu'elle est soumise à une campagne de persécution organisée et aux ingérences constances du KGB. En outre, je suis convaincu que ces soins pourraient être extrêmement dangereux. La presse rejette sur elle la responsabilité de mes prises de position publiques. Elle est traitée d'agent de la CIA et d'agent d'organisations sionistes.

Il ne s'agit pas là, à mon sens, de simples calomnies provocatrices, mais d'une partie d'un plan destiné à « résoudre le problème Sakharov ». Il y a de sérieuses raisons de penser qu'une autre partie de ce plan est la destruction physique de ma femme. Les agissements du KGB justifiant ces craintes sont les suivants : une fouille dans un train après une crise cardiaque ; la garde policière placée en permanence à la porte de son appartement de Moscou (cette garde a été postée juste après qu'elle eut souffert d'un malaise cardiaque et a empêché que des médecins autres que ceux de l'Académie ne viennent la voir) ; la coupure de sa ligne de téléphone à son domicile ; des articles et des livres calomnieux publiés en 1983 et dont le tirage a atteint 11 millions d'exemplaires ; le refus opposé par un magistrat à sa plainte en diffamation ; un « pogrom » dans un train en septembre 1983 ; le refus de nous hospitaliser ensemble à l'hôpital de l'Académie en juin-juillet 1983 ; l'interdiction faite à l'académicien N., vivant à Gorki, de lui acheter ses billets de train ; enfin, le silence opposé aux demandes formulées par ma femme et moi pour l'autoriser à voyager à l'étranger.

Elena Bonner a soumis en septembre 1982 sa demande motivée par l'urgence de soins médicaux — des soins post-hospitaliers pour son affection oculaire, nécessitant une nouvelle opération. Le 10 novembre 1983, j'ai écrit à Iouri Andropov pour lui demander d'accorder cette autorisation à ma femme. Le 21 février 1984, j'ai adressé au secrétaire général du parti communiste Konstantin Tchernenko une nouvelle demande d'autorisation de voyager, toujours pour elle. Le 30 mars, j'ai été convoqué au bureau des visas de Gorki, où l'on m'a dit : « Votre demande fait actuellement l'objet d'un examen. Mais la réponse ne sera donnée qu'après le 1er mai. » Cette formule vague et vide montre tout simplement la volonté du KGB de reprendre les choses en main.

En 1981, nous avons été contraints de recourir à une grève de la faim pour obtenir que ma belle-fille soit autorisée à rejoindre son mari à l'étranger. Maintenant, une fois encore, compte tenu des faits que je viens de décrire concernant la demande d'autorisation de voyager formulée par ma femme, je ne vois pas de solution autre qu'une grève de la faim. J'ai pris une décision de principe à ce sujet en septembre 1983. J'ai différé cette grève de la faim de quelques mois à la prière de ma femme. Mais il est impossible d'attendre plus longtemps !

Sa santé l'empêche de participer à cette action. Les dégâts irréversibles qu'elle pourrait lui causer ne feraient qu'aider les plans du KGB. C'est pourquoi je ne veux pas qu'elle se joigne à moi.

J'ai demandé au département d'État américain et à l'ambassadeur américain en Union soviétique d'accorder à ma femme un refuge temporaire à l'ambassade pendant ma grève de la faim. Je crains que si elle n'est pas hors d'atteinte des membres du KGB pendant ma grève de la faim, elle ne soit victime de leur haine et ne disparaisse sans laisser de trace. Nous avons vu comment cela pouvait se produire lors de notre grève de la faim de 1981. On nous a traînés hors de notre appartement après avoir brisé notre porte, on nous a séparés de force et placés dans des hôpitaux différents. Nous n'avons eu aucune nouvelle l'un de l'autre jusqu'à la fin de notre grève. Aujourd'hui, notre situation est infiniment plus précaire.

Ma grève de la faim est d'une durée indéterminée. J'y mettrai un terme seulement quand ma femme recevra l'autorisation de se rendre à l'étranger. Sa mort signifierait la mienne. De nouveau, comme je l'ai fait il y a deux ans, je réclame votre aide. Sauvez-nous !

(Traduit de l'américain
par Marie-France de Paloméra.)

5

Andréi Sakharov
Lettre à l'ambassadeur des États-Unis

Lettre à Arthur Hartman, ambassadeur des États-Unis en Union soviétique, et au Département d'État américain :

Gorki, le 6 avril 1984.

Je vous prie d'accorder provisoirement votre asile à ma femme Elena Bonner dans les locaux de l'ambassade des États-Unis, à Moscou, pendant la grève de la faim que je vais entamer pour exiger qu'on l'autorise à se rendre à l'étranger afin qu'elle puisse s'y faire soigner et rendre visite à sa mère, à ses enfants et à ses petits-enfants. Ce faisant, je ne réclame pas qu'on lui accorde l'asile politique et je ne veux pas vous faire porter la responsabilité de la demande de ce voyage, mais je vous serai reconnaissant si vous estimez possible d'entreprendre des démarches dans ce sens.

Il y a deux ans, ma femme et moi avions fait une grève de la faim pour que notre bru puisse rejoindre son mari ; nous avions été alors hospitalisés de force et séparés, sans aucune nouvelle l'un de l'autre jusqu'à notre dernier jour de grève. Or, actuellement, notre situation est bien plus difficile et dangereuse. Pendant ma grève de la faim, si Elena Bonner ne se trouve pas dans un lieu auquel le KGB n'a pas accès, elle pourra être victime de la haine qu'il lui porte et dont on a vu tant de preuves au cours des dernières années. Je crains qu'elle ne soit soumise à un isolement total et qu'elle ne disparaisse sans que l'on sache où elle est, voire même qu'elle n'y laisse sa vie. C'est pour cette raison que je vous demande de lui accorder un asile provisoire. Si j'ai choisi l'ambassade des États-

Unis, ce n'est pas à la suite d'un quelconque calcul politique ; l'une des raisons qui m'ont dicté ce choix, c'est le fait que votre ambassade est dotée d'un médecin.

Si vous l'estimez possible, je prie le Département d'État américain et l'ambassadeur des États-Unis en Union soviétique d'intervenir auprès du ministère des Affaires étrangères d'URSS afin qu'il autorise ma femme à se rendre à l'étranger.

N'ayant pas d'autre possibilité de le faire, je m'adresse par cette même lettre aux ministères des Affaires étrangères et aux ambassadeurs des autres États occidentaux.

Il se peut que les pouvoirs publics soviétiques ne tiennent pas à ce que cette affaire fasse trop de bruit et qu'ils soient sensibles à vos démarches. Si, par contre, il n'y a aucune réponse favorable dans les cinq jours qui suivront le début de ma grève de la faim, je vous prie de permettre à ma femme de s'adresser à l'opinion mondiale par l'intermédiaire des correspondants étrangers à Moscou. Soumis à un isolement total à Gorki, je suis dans l'incapacité de le faire moi-même.

J'écris cette lettre à un moment tragique de mon existence. J'espère que vous me soutiendrez.

Avec mon plus profond respect,

Andréï Sakharov.

6

Andreï Sakharov
Lettre à sa famille, à Newton

Le 24 novembre 1985.

Chers Ruth Grigorievna, Tania, Aliocha, Lisa et Efrem,

Je vous embrasse. Ces deux dernières années ont été pleines d'épreuves cruelles et d'angoisses, pour nous comme pour vous. Pendant tout ce temps, nous avions perdu toute « liaison » matérielle entre nous. Mais vous avez su, mieux que tous les autres, comprendre ce qui se passait, et c'est votre intuition, votre action intelligente qui nous ont sauvés, Lioussia[1] et moi.

Quelques mots d'abord sur ce que vous ne savez pas entièrement ou que vous ignorez.

En 1984, Lioussia et moi, nous craignions que, si j'entamais une grève de la faim, Lioussia ne tombe aux mains du KGB. Je conçus un plan : pendant toute ma grève de la faim, elle demanderait provisoirement asile à l'ambassade des États-Unis, à Moscou. Lioussia hésitait beaucoup et me faisait constamment ajourner le début de mon action, même après que nous en eûmes fixé la date pour le mois de mars. Pour finir, nous décidâmes que j'entamerais ma grève de la faim le 13 avril. Le 7 avril, Lioussia partit pour Moscou.

Or, au mois de mars, je m'étais blessé au genou avec le seau à ordures et un abcès s'était déclaré. On me l'a ouvert à la polyclinique, en l'absence de Lioussia, mais cette intervention était sans doute insuffisante. Le 12 avril, je reçus la visite de médecins et, le 13, je fus hospitalisé pour une nouvelle incision. Lioussia revint

---

1. Elena Bonner *(NdT)*.

en avion à Gorki le 13 (sans même apporter ses bagages ni ses vêtements chauds : elle n'avait reçu mon télégramme que deux heures avant que des gens de l'ambassade américaine ne viennent la chercher) [...].

A l'hôpital, tandis que j'allais de médecin en médecin, je confiai imprudemment ma sacoche au personnel ; elle contenait des documents importants, que je gardais toujours avec moi [...]. J'avais oublié que je n'avais pas détruit un brouillon de ma lettre à l'ambassadeur des États-Unis. C'est ainsi que le KGB fut informé de mon plan. Lioussia et moi, nous le comprîmes, mais nous ne pouvions plus reculer.

Le 2 mai, Lioussia tenta de prendre l'avion pour Moscou, mais elle fut arrêtée à l'aéroport et subit une fouille. Le KGB put ainsi mettre la main sur un certain nombre d'autres documents, dont la lettre que Lioussia vous destinait. On lui notifia une inculpation en vertu de l'article 190-1. Vous devez bien connaître toute l'histoire de son procès (bien que vous n'ayez pas reçu le texte définitif de ma plainte au procureur).

Avant même qu'on ne la laisse revenir à la maison, j'entamai ma grève de la faim, après avoir absorbé un laxatif. Lioussia était accompagnée du chef du KGB régional, qui prononça un monologue menaçant, qualifiant Lioussia d' « agent de la CIA ».

La suite, vous la connaissez pour l'essentiel. Le 7 mai, je fus hospitalisé de force. Le 11, on entreprit de m'alimenter de force (par perfusion). Le même jour, j'eus une mini-congestion cérébrale (ou une attaque). Le 15, Lioussia reçut un télégramme de mes enfants : « Elena Guéorguiévna, nous, les enfants d'Andréï Dmitrievitch, nous vous demandons, nous vous supplions de faire tout votre possible pour sauver notre père de cette entreprise insensée qui pourrait le conduire à la mort. Nous savons que vous êtes la seule à pouvoir le sauver. Vous êtes la mère de vos enfants, et vous devez nous comprendre. Dans le cas contraire, nous serions contraints de nous adresser au ministère public, en vous accusant de pousser notre père au suicide. Comprenez-nous bien, nous ne voyons pas d'autre solution. Tania, Liouba, Dima. » Ce télégramme cruel, et injuste à l'égard de Lioussia, lui causa des souffrances et des angoisses supplémentaires, alors qu'elle se trouvait déjà dans une situation affreuse, presque insoutenable. Le télégramme donnait le « feu vert » à n'importe quelle action du KGB nous concernant... C'est à cause de lui que je n'ai pas écrit à mes enfants dans les six mois qui suivirent, jusqu'en novembre 1985.

Lioussia vous racontera la suite des événements et l'isolement incroyable, inouï, que nous subîmes au cours de ces dix-huit mois.

En novembre 1984, je fis parvenir (je ne dirai pas comment) une lettre à Alexandrov et au praesidium de l'Académie des sciences, dans laquelle je leur demandais d'appuyer notre demande de visa pour le voyage de Lioussia à l'étranger. J'y décrivais également tout ce que j'avais subi au cours de mon alimentation forcée. J'écrivais en conclusion que j'étais le seul académicien dont la femme ait fait l'objet d'une condamnation illégale comme si elle était une criminelle de droit commun, pour des actes qu'elle n'avait pas commis ou bien qu'elle avait commis en tant que ma représentante, le seul académicien dont la femme ait été victime de calomnies massives et éhontées déversées dans la presse, dont la femme ait été privée d'aide médicale et de toute possibilité de voir sa famille. J'écrivais aussi que je ne voulais pas prendre part au mensonge universel et que je priais mes destinataires de considérer ma lettre comme une démission de l'Académie des sciences, si ma demande n'était pas satisfaite (je donnai initialement le délai limite du 1er mars 1985, puis je le fixai au 10 mai).

Le 16 avril 1985, j'entamai une nouvelle grève de la faim. Le 21, on m'hospitalisa de nouveau de force, toujours à l'hôpital Semachko. Lioussia vous racontera mon séjour (et les séjours suivants) à l'hôpital. Du 21 avril au 11 juillet, je fus soumis à une alimentation forcée. Souvent (mais pas toujours), ma résistance fut symbolique. Parfois, les séances d'alimentation forcée furent extrêmement pénibles. On me ligotait (j'en gardais des bleus), on me pressait les muscles du visage, on ouvrait ma bouche avec une cuiller et on y déversait la bouillie avec une autre cuiller tout en me pinçant le nez. Je refusais immanquablement toute nourriture lorsque la « brigade d'alimentation » n'arrivait pas au grand complet ou bien lorsque je me trouvais en dehors de ma chambre (mais par deux fois on m'y traîna de force avec l'aide des guébistes).

J'ignorais qu'à l'étranger on savait déjà que je faisais la grève de la faim.

Le 11 juillet, ne supportant plus d'être séparé de Lioussia et d'ignorer tout à son sujet, j'écrivis une déclaration par laquelle je mettais fin à ma grève de la faim. Le jour même, on me fit sortir de l'hôpital. Manifestement, le KGB avait besoin de le faire savoir avant la conférence d'Helsinki[1]. Pendant les deux semaines qui suivirent, nous fûmes ensemble, Lioussia et moi, et ce fut pour nous « le temps de vivre » qui nous donna des forces pour une nouvelle action.

Le 25 juillet, je repris la grève de la faim ; le 27, je fus à nouveau hospitalisé. Pendant mon bref séjour en liberté, j'avais été filmé à l'aide d'une caméra invisible, et le résultat en fut le film que vous avez dû voir. Le 23 octobre, je mis fin à ma grève et sortis de l'hôpital. Le 25, Lioussia reçut l'autorisation de se rendre à l'étranger. [...]

Au cours de mon alimentation forcée, j'avais perdu constamment du poids. Mon poids normal est de 77-80 kilos. En avril, je pesais 64,3 kilos ; le 11 juillet, 65,850 kilos. Au cours de ma seconde grève, mon poids minimum fut de 62,8 kilos (le 13 août). A partir de cette date, on me fit des injections et des perfusions de glucose et de protéines. Il y eut en tout 15 injections et 10 perfusions. Ces injections étaient si importantes que mes deux jambes enflaient énormément et me faisaient souffrir.

La mesure la plus cruelle qui nous fut infligée fut notre séparation de dix mois et notre isolement, particulièrement insupportable pour Lioussia. Elle qui ne faisait pas la grève de la faim maigrit davantage que moi (je parle de l'année 1985). Ces dix mois furent une période entièrement rayée de notre vie, comme si nous n'avions pas vécu.

En mars 1985, Lioussia avait déposé un recours en grâce auprès du Praesidium du Soviet suprême, en demandant également qu'on l'autorise à se rendre à l'étranger. En 1984 et surtout en 1985, j'écrivis beaucoup de lettres aux dirigeants soviétiques et au KGB, y compris à Tchebrikov, le 21 mai 1985, et à Gorbatchev, le 29 juillet de la même année. J'y indiquais les raisons pour lesquelles Lioussia avait besoin de ce voyage ; j'arguais de son droit de revoir sa mère, ses enfants et ses petits-enfants. Je soulignais qu'elle était invalide de la Grande Guerre patriotique, à laquelle elle avait pris part

---

1. Depuis la signature des Accords d'Helsinki, des conférences internationales ont lieu régulièrement pour en vérifier l'application, en particulier dans le domaine des droits de l'homme *(NdT)*.

depuis le début jusqu'à la fin, qu'elle était gravement malade ; j'expliquais également en quoi sa condamnation était inique. J'écrivais aussi : « Si ma femme m'a influencé dans mes activités publiques, c'est dans l'attention que j'ai prêtée aux destinées individuelles, c'est dans une attitude plus humaniste, mais en aucun cas dans mes opinions générales... Je suis prêt à assumer la responsabilité de mes actes, bien que je considère comme iniques et illégales les mesures prises à mon égard. Mais je n'accepte pas cette situation où l'on fait porter à ma femme la responsabilité de mes actes. » J'écrivis que j'entendais « cesser totalement de prendre des positions publiques (sauf, évidemment, dans des situations exceptionnelles) » et que je voulais « me concentrer sur la recherche scientifique. Au cas où ma femme serait autorisée à se rendre à l'étranger, je m'adresserais aux scientifiques occidentaux, à tous ceux qui avaient pris ma défense, pour les prier de mettre fin aux actions entreprises pour moi ».

Par deux fois (le 31 mai et le 5 septembre 1985), S.I. Sokolov, haut responsable du KGB, est venu me trouver à l'hôpital. En mai, il a également rencontré Lioussia.

Son premier entretien avec moi fut très dur. Il m'expliqua pourquoi ma demande concernant le voyage de Lioussia (ou bien la venue de ses enfants en URSS) ne pourrait être satisfaite. Il me fit également comprendre que je devrais renier mes prises de positions précédentes, en particulier ma lettre à Sidney Drell, ma déclaration sur l'attentat dans le métro de Moscou et mes vues sur la convergence entre l'Est et l'Ouest. Pendant les deux jours qui précédèrent sa visite, je pus observer un jeûne complet, sans qu'on cherche à m'alimenter de force : on me « préparait » ainsi à cet entretien.

En septembre, Sokolov m'annonça que Gorbatchev avait pris connaissance de la lettre que je lui avais adressée et qu'il avait chargé un groupe de personnes de préparer une réponse. Sokolov me pria de rédiger une déclaration sur l'honneur concernant les secrets militaires dont je suis dépositaire et de transmettre à ma femme qu'on la priait elle aussi d'écrire une déclaration dans laquelle elle s'engagerait à ne pas rencontrer de journalistes à l'étranger et à ne pas donner de conférences de presse. On me donna trois heures pour aller voir Lioussia ; elle et moi, nous écrivîmes ce que l'on attendait de nous. J'écrivis que je reconnaissais le bien-fondé du refus des autorités de me laisser sortir d'URSS, car dans le passé j'avais eu accès à des secrets militaires importants dont certains, peut-être, ont gardé leur actualité (j'attire votre attention sur le fait que cette formulation, tout comme celle que j'employai dans ma lettre à Gorbatchev, ne concernait pas du tout mon exil et mon isolement à Gorki, que je considère comme iniques et illégaux). Cette seconde visite de Sokolov fut suivie de quarante-huit jours d'attente pénible... Vous savez le reste. [...]

Je me sens ému comme si je venais vous voir en même temps que Lioussia, comme si je me plongeais dans votre existence si riche d'événements. J'espère qu'à présent celle-ci pourra suivre un cours plus paisible, plus « familial ». J'espère qu'on fera tout le nécessaire pour Lioussia, y compris son cœur, ses yeux, ses dents, son papillome, et qu'elle reviendra en meilleure santé et tranquillisée sur votre sort.

Je vous embrasse, portez-vous bien et soyez heureux. Embrassez les enfants pour moi.

Andréï.

P.-S. : Aliocha, j'ai remarqué que, dans l'exemplaire dactylographié de mon article « *Cosmic Transitions with Changes in the Metrics Signature* », il manque ma dédicace à Lioussia. Comment est-ce arrivé ? Est-il possible d'ajouter cette dédicace sur les exemplaires qui seront envoyés par la suite ? C'est très important pour moi.

7

Déclarations de l'agence Tass

Du 4 mai au 4 juin 1984, l'agence Tass publia quatre déclarations sur Andréï Sakharov et Elena Bonner, manifestant ainsi un intérêt sans précédent pour un problème de dissidence.

Le texte reproduit ici est un extrait de la première déclaration de l'agence, parue le 4 mai 1984.

LA RAISON D'ÊTRE D'UNE PROVOCATION

[...] Dans ces manœuvres sordides, nos ennemis ont assigné une place de choix à l'antisoviétique Sakharov, de fâcheuse notoriété, dont le comportement a depuis longtemps été condamné par le peuple soviétique.

La femme de Sakharov, E. G. Bonner, doit aussi être mentionnée ; non seulement elle a incité sans relâche son mari à entreprendre des actions hostiles à l'État soviétique et qui ont fait l'objet de rapports répétés dans la presse, mais elle a aussi agi comme agent de liaison entre les cercles réactionnaires de l'Ouest et Sakharov. Pendant plusieurs années, Bonner a alimenté, et non sans contrepartie, les centres antisoviétiques occidentaux en calomnies éhontées et en écrits malveillants diffamant notre pays, notre système et le peuple soviétique.

La preuve irréfutable a été faite que, pour mener à bien ces activités, Bonner a utilisé les services du personnel de l'ambassade américaine à Moscou, qui a envoyé à l'étranger par la voie diplomatique les matériaux fournis par elle. Ce genre d'aide lui a été apportée récemment encore, en particulier par Edmund McWilliams, premier secrétaire de l'ambassade, et par George Glass et Jon Purnell, deuxièmes secrétaires.

Il y a peu de temps, les services soviétiques compétents apprenaient qu'une opération d'envergure avait été mise sur pied avec le concours de diplomates américains, conformément à un scénario très détaillé selon lequel Sakharov devait annoncer qu'il entamait une nouvelle « grève de la faim », Bonner trouvant entre-temps « asile » à l'ambassade américaine à Moscou. Ce plan prévoyait d'exploiter le passage de Bonner à l'ambassade pour organiser des rencontres avec les correspondants de presse étrangers et diffuser à l'extérieur des allégations mensongères sur l'Union soviétique et toutes sortes de contrevérités sur la situation de son mari.

Ces actions conjointes devaient marquer le début d'une campagne antisoviétique, essentiellement aux États-Unis.

Il était en même temps convenu qu'on essaierait d'organiser sous un prétexte peu convaincant, en l'occurrence son état de santé, le départ de Bonner à l'étranger, où elle deviendrait l'une des têtes de file de la racaille antisoviétique payée par les services spéciaux occidentaux.

Grâce aux mesures prises en temps opportun par les services soviétiques responsables de l'application de la loi, l'opération a été déjouée. Une démarche officielle, fournissant la preuve que des membres de l'ambassade américaine à Moscou étaient directement impliqués dans cette provocation et exigeant qu'il soit mis fin à ces agissements intolérables, a été faite auprès des autorités américaines [...].

Tout en ne reconnaissant pas directement la grève de la faim de Sakharov (cette grève ne fut jamais officiellement admise), ni la détention d'Elena Bonner, cette déclaration constituait une première indication, après le fait qu'Elena Bonner ne soit pas venue à Moscou le 2 mai comme prévu, qu'il se passait quelque chose à Gorki. La déclaration, publiée dans les *Izvestia*, incita l'amie des Sakharov, la mathématicienne Irina Kristi, à se rendre à Gorki. Après avoir été retenue toute la nuit par la police, Irina Kristi rentra le 8 mai à Moscou, où elle fit part de la grève de la faim entreprise par Sakharov et des chefs d'accusation qui pesaient sur Elena Bonner.

Les déclarations suivantes de l'agence Tass, largement répétitives, répondaient à la vigoureuse réaction occidentale déclenchée par l'annonce de la grève de la faim. La position soviétique, exprimée à maintes reprises dans les déclarations de l'agence et ailleurs, avait été essentiellement celle-ci :

1° Elena Bonner est en bonne santé et n'a besoin d'aucun traitement spécial à l'étranger.

2° Aurait-elle besoin de soins médicaux, elle peut les obtenir en Union soviétique — les meilleurs qui existent à l'heure actuelle dans le monde — et gratuitement.

3° Lorsqu'elle a reçu précédemment l'autorisation de se rendre à l'étranger sous prétexte de se faire soigner, elle en a profité pour se livrer à des activités antisoviétiques.

4° La prétendue « grève de la faim » annoncée par Sakharov fait partie d'une campagne antisoviétique organisée et coordonnée par les « services spéciaux américains », à laquelle les Sakharov apportent avec empressement leur concours.

Les deux premiers points ont été largement développés dans la déclaration datée du 18 mai :

L'IMAGINATION MALSAINE DES PROVOCATEURS

L'état de santé d'Elena Bonner, femme de l'académicien Sakharov, a suscité des discussions très détaillées à l'Ouest, ces temps-ci. La propagande occidentale fait grand bruit de la situation prétendument « tragique » de Bonner, qui se trouve dans un état « désespéré » et doit, pour cette raison, quitter immédiatement le pays afin de se faire soigner à l'étranger.

En même temps, dans la presse ainsi que dans des organismes très officiels de haut niveau, en particulier aux États-Unis, on affirme que Bonner serait sous mandat d'arrêt et se verrait refuser les soins médicaux dont elle a besoin.

Tout cela n'existe que dans l'imagination malsaine des organisateurs d'une nouvelle campagne de propagande antisoviétique. Tout d'abord, jusqu'à une période récente, la « gravement malade » Bonner a fait régulièrement la navette entre Gorki et Moscou et a mené une vie très active, cette activité se ramenant principalement à des exercices d'antisoviétisme patenté

297

[...] Bonner, tout comme son mari, est soignée gratuitement (ceci à l'attention de messieurs les propagandistes) dans les meilleures cliniques de la ville de Gorki, ainsi qu'à l'hôpital central de l'Académie des sciences d'Union soviétique quand cela se révèle nécessaire. Ces établissements font appel aux services des autorités médicales les plus éminentes. Ainsi, les médecins qui soignent Bonner à l'hôpital régional N. A. Semachko de Gorki ont fait savoir qu'ils avaient procédé à l'examen de Bonner au cours de la troisième semaine d'avril dernier.

Pour plus de précision, nous utiliserons la terminologie médicale en citant les conclusions des médecins : « Aucune modification dynamique du cardiogramme n'a été constatée, comparé au précédent. Aucune déviation de la normale n'a été relevée dans l'échocardioscopie de l'aorte et de la valvule mitrale. La patiente est dans un état satisfaisant. » Elena Bonner, elle-même médecin, rappelons-le, a fait vérifier ce diagnostic dans les services de consultation externe de l'administration des institutions médicales autonomes du soviet de la ville de Moscou. Le diagnostic a été pleinement confirmé.

A sa demande, elle a été également examinée par le professeur G. G. Gelstein, chef du département de diagnostic fonctionnel de l'Institut de chirurgie cardiovasculaire de l'Académie des sciences médicales d'Union soviétique. Notre correspondant a interviewé le professeur Gelstein. Voici ce qu'il a dit : « En raison de facteurs d'âge, la patiente souffre d'insuffisance coronaire. Il y a plus d'un an, elle a eu un infarctus local du myocarde. Son état s'est stabilisé depuis, et je n'ai observé aucun indice de détérioration. L'état de santé de Bonner est satisfaisant. Des soins prophylactiques, habituels dans notre pays, lui ont été recommandés, qui prennent en compte tous les derniers progrès réalisés en cardiologie. »

Bonner a donc reçu les soins nécessaires. Mais elle prétend que son affection oculaire ne peut être soignée qu'en Italie. Bonner a en effet été opérée à une période antérieure dans une clinique ophtalmologique italienne privée. Voici ce qu'a montré un bilan de santé médical de Bonner. D'après les spécialistes soviétiques, l'opération réalisée était très sommaire, une cicatrice grossière subsistant sur le globe oculaire de la patiente. Notre correspondant tient ce détail d'un grand spécialiste des affections oculaires, E. F. Pristavko, qui a examiné Bonner à sa demande. Ce médecin nous a dit, précisons-le au passage, que des opérations semblables à celle subie par Bonner en Italie sont effectuées dans les cliniques ophtalmologiques normales, et à un degré beaucoup moins élémentaire. Il n'est guère besoin de rappeler aux spécialistes occidentaux que beaucoup d'experts soviétiques en matière de chirurgie oculaire jouissent d'une renommée mondiale et que, conformément à la législation soviétique, ils soignent nos citoyens dans des cliniques gratuites [...].

L'article paru le 21 mai dans les *Izvestia*, « Les renégats et leurs amis dévoués » (traduit par David Levy), reconnaissait toutefois que « Sakharov et Bonner ne resplendissent pas de santé », attribuant ce fait à leur âge et à « certaines habitudes et tendances [?] ». Pour la première fois, l'article faisait allusion à des chefs d'accusation retenus contre Elena Bonner, tout en laissant entendre que Sakharov avait déjà été sanctionné conformément à la loi :

[...] Comme on le sait, Sakharov a déjà été puni pour ses activités antisociales. A présent, les organes de la loi et de l'ordre ont pris des mesures, découlant de la législation, à l'égard d'Elena Bonner également.

A la différence des déclarations de l'agence Tass, l'article des *Izvestia* rejetait la faute sur Elena Bonner plutôt que sur les « services spéciaux américains », et il semble avoir été dirigé plus particulièrement contre elle :

[...] On ne doit pas ignorer le fait que, récemment, parmi les provocations organisées à l'Ouest en utilisant le nom de Sakharov, le rôle de sa femme, E. G. Bonner, est devenu de plus en plus haïssable. Elle veut, de toute évidence, occuper le devant de la scène et devenir une sorte de directeur général de menées antisoviétiques et de déclarations calomnieuses à l'égard du peuple soviétique.
Bonner assume depuis longtemps la fonction de lien avec les cercles réactionnaires occidentaux, sans craindre pour autant de s'engager dans des tractations louches. Elle n'agit que par intérêt personnel. Bonner s'est rendue plusieurs fois en Italie, sous prétexte de traitement médical indispensable. Elle a été

autorisée à le faire. Alors qu'elle se trouvait dans ce pays, en 1975, elle a signé un contrat pour vendre, moyennant une somme rondelette, le livre provocateur de Sakharov, *Mon pays et le monde*, à une maison d'édition.

De nouveau en Italie, en septembre 1977, Bonner, au cours d'un séjour de presque trois mois, oubliant tout « traitement médical », s'est plongée jusqu'au cou dans le marécage nauséabond des prétendues « Auditions Sakharov », ce qui eut pour effet d'accentuer encore les effluves empuantis de l'antisoviétisme forcené. En 1979, se trouvant une fois de plus en Italie, elle prit secrètement l'avion pour les États-Unis [...].

[...] Là, elle rencontra de petits groupes d'antisoviétiques, avec la mission d'unifier les diverses franges de renégats incapables de se mettre d'accord. C'est alors qu'elle songea à rester pour de bon en Amérique. Elle en fut néanmoins dissuadée, et on lui suggéra de rentrer en Union soviétique pour essayer de tirer de Sakharov tout ce qui pouvait servir la cause des anticommunistes [...].

[...] Bonner, en sa qualité d'agent provocateur de l'OTAN, était chargée d'entretenir tout le battage fait autour de Sakharov à l'étranger. Quand cette agitation bruyante retomba, elle entraîna son mari dans une farce caricaturale. C'est Bonner qui mit dans la tête de Sakharov l'idée d'entreprendre une « grève de la faim » pour satisfaire les besoins de la propagande américaine. Elle se moque éperdument de la santé de son mari, partant du principe que pire c'est, mieux c'est. Le pire, c'est pour l'académicien ; le mieux, pour elle...

[...] En ce qui la concernait, la chose essentielle était de filer à l'Ouest, comme précédemment, quitte à piétiner, au sens littéral, le cadavre de son mari.

Bien que cet article lui imputât un rôle assez passif, Sakharov était accusé de « haine envers son pays et son peuple », haine qu'il aurait exprimée dans un article paru en 1983 dans la revue *Foreign Affairs* et intitulé : « *The Danger of Thermonuclear War* » (Le danger d'une guerre thermonucléaire). Selon les *Izvestia*, Sakharov exprimait dans cet article l'opinion que « [...] les pays capitalistes doivent se tenir " prêts à sacrifier leur économie " pour parachever leur supériorité et " régler leurs comptes avec le socialisme " ».

Le 30 mai, deux jours après que Sakharov eut renoncé à sa grève de la faim, l'agence Tass publiait une nouvelle déclaration qui, sous le titre « Les guérisseurs de la CIA », reprenait les accusations antérieures. Elle ajoutait : « Quant à la " grève de la faim ", nous citerons des évidences médicales indiscutables : Sakharov se sent bien, il se nourrit normalement, il mène une vie active. »

« On reparle de la santé de Sakharov et de Bonner », titrait l'agence Tass dans sa déclaration du 4 juin, publiée à la suite de l'annonce de la prochaine visite à Moscou du président François Mitterrand. Destinée, semble-t-il, à calmer les critiques suscitées par la décision du président français de se rendre à Moscou malgré l'incertitude subsistant sur l'état de santé et le sort des époux Sakharov, la déclaration tournait en ridicule les bruits insistants relatifs à la mort de l'académicien :

> Les services spéciaux américains et ceux qui les subventionnent ne peuvent se faire à l'idée que leur manœuvre de provocation utilisant Sakharov et Bonner a été un échec sur toute la ligne. Ils continuent à répandre inlassablement des bruits calomnieux qui ne reposent que sur leur seule imagination [...]. Certaines personnes crédules se sont jointes à la campagne antisoviétique lancée à l'Ouest depuis la Maison-Blanche. Malheureusement, ils croient des mensonges plutôt que des faits. Mais les faits, nous le répétons, sont les suivants : Sakharov et Bonner sont en bonne santé. Peut-être ceux qui se trouvent dans les centres de guerre psychologique occidentaux aimeraient-ils apprendre d'autres nouvelles, mais nous ne pouvons rien leur dire d'autre.

(Traduit de l'américain
par Marie-France de Paloméra.)

8

Andreï Sakharov
Lettre à A. P. Alexandrov

Lettre au président de l'Académie des sciences d'URSS, l'académicien A. P. Alexandrov, et aux membres du praesidium de l'Académie des sciences :

Gorki, le 15 octobre 1984

Très respecté Anatoli Petrovitch,
Je m'adresse à vous au moment le plus tragique de mon existence. Je vous prie de soutenir ma demande concernant le voyage à l'étranger de ma femme, Elena Guéorguiévna Bonner, qui voudrait revoir sa mère, ses enfants et ses petits-enfants, et se faire soigner le cœur et les yeux. Je m'efforcerai d'expliquer plus loin pourquoi ce voyage est devenu pour nous absolument indispensable. La situation sans précédent où nous nous trouvons, l'isolement dont on nous a entourés, les mensonges et les calomnies dont nous sommes victimes m'obligent à être circonstancié : ma lettre est longue, et je vous prie de m'en excuser.

Mes prises de position publiques — défenses des prisonniers d'opinion, articles et livres consacrés aux problèmes de la paix, à ceux des sociétés ouvertes et des droits de l'homme (principalement : *Réflexions sur le progrès,* en 1968, *Mon pays et le monde,* en 1975, « Le danger de la guerre thermonucléaire[1] » en 1983 — suscitent une grande irritation des pouvoirs publics. Je n'ai pas l'intention de défendre ou d'expliquer ici mon point de vue. Je ne

---

1. Voir annexe 2 *(NdT).*

ferai que souligner que je porte l'entière responsabilité de mes actes, qui m'ont été dictés par mes convictions, élaborées au cours de toute mon existence. Cependant, depuis qu'en 1971 Elena Bonner est devenue ma femme, le KGB s'applique de façon cruelle et perfide à résoudre le « cas Sakharov » en lui faisant porter la responsabilité de mes actes, en cherchant à l'écarter de moi moralement et physiquement et, par là même, à me briser et à me réduire au silence en me présentant comme la victime innocente des prétendues menées de ma femme (elle-même qualifiée d'agent de la CIA, de sioniste, d'aventurière cupide, etc.). Si autrefois le doute était permis, à présent, la campagne de calomnies contre ma femme en 1983 (à 11 millions d'exemplaires [1]) et en 1984 (deux articles dans les *Izvestia* [2]) et surtout les agissements du KGB à notre égard en 1984 (j'y reviendrai) confirment à l'évidence mon hypothèse.

Ma femme Elena Guéorguiévna Bonner est née en 1923. Ses parents, participants actifs de la révolution et de la guerre civile, sont tombés victimes de la répression en 1937. Son père [3] (premier secrétaire du comité central du parti bolchevik en Arménie, membre du comité exécutif du Komintern) est mort. Sa mère [4] a passé de longues années en camp et en exil en tant que « membre de la famille d'un traître à la patrie ». Dès les premiers jours de la Grande Guerre patriotique, ma femme se porta volontaire et, jusqu'en août 1945, elle resta mobilisée d'abord comme instructeur sanitaire, puis, après sa blessure et sa commotion, comme infirmière en chef d'un train sanitaire. Par suite de cette commotion, elle a contracté une grave maladie des yeux. Elle est invalide de la Grande Guerre patriotique. Après la guerre, bien que gravement malade, elle a mené une vie extrêmement active : études, travail comme médecin et pédagogue, famille, aide active à ceux qui en avaient besoin, proches ou moins proches, respect et amour des gens qui l'environnaient. Quand nos destins se sont mêlés, sa vie changea du tout au tout. En 1977-1978, ses enfants Tatiana et Alekseï (que je

---

1. Sakharov a en vue un chapitre du livre de N. N. Yakovlev, *La CIA contre l'URSS* (Moscou, 1983), publié dans la revue *Smena* (juillet 1983, n° 14) sous le titre : « La chute » *(NdT)*.
2. Le 5 mai et le 21 mai 1984 *(NdT)*.
3. Guévork Alikhanov *(NdT)*.
4. Ruth Grigorievna Bonner *(NdT)*.

considère comme mes propres enfants) furent contraints d'émigrer aux États-Unis, après cinq années de tracasseries, de menaces réitérées contre leur vie : ils étaient pratiquement devenus des otages. La famille fut ainsi déchirée de façon tragique, d'autant plus que nous sommes privés d'une liaison postale, télégraphique et téléphonique normale. Depuis 1980, la mère de ma femme, âgée actuellement de quatre-vingt-quatre ans, se trouve également aux États-Unis. Ma femme, comme tout être humain, a le droit inaliénable de rencontrer ses proches !

En 1974, beaucoup de faits concordants nous prouvèrent déjà qu'elle ne pourrait pas se faire soigner efficacement en URSS, que ce serait même *dangereux* pour elle, à cause des interventions incessantes du KGB et, actuellement, des persécutions planifiées dont nous sommes victimes. Je souligne que cette appréhension concernant ma femme se trouve amplement justifiée si l'on considère aussi les traitements que m'ont fait subir les médecins de l'hôpital de Gorki, sur l'ordre du KGB (j'y reviendrai).

En 1975, grâce au soutien de l'opinion mondiale, ma femme fut autorisée (comme je le suppose, sur ordre de Brejnev) à se rendre en Italie pour faire soigner ses yeux. Elle alla ainsi en Italie en 1975, 1977 et 1979, fut soignée et opérée deux fois pour son glaucome à Sienne, par le professeur Frezzotti. Il est naturel qu'elle se fasse soigner et opérer par le même médecin. En 1982, un nouveau voyage s'imposa. En septembre de la même année, elle déposa une demande de visa pour l'Italie. D'ordinaire, les demandes de ce type sont examinées en quelques semaines, le délai ne dépassant jamais cinq mois. Deux ans ont passé, sans réponse.

En avril 1983, ma femme a eu un infarctus grave (ce qui est confirmé par un certificat de la section médicale de l'Académie des sciences, établi à la demande du parquet). Depuis, son état de santé ne s'est pas amélioré, elle a souffert de plusieurs malaises, qui ont conduit à une extension de son foyer de nécrose (certains de ces malaises sont confirmés par des examens du médecin de l'Académie, par exemple en mars 1984). Sa dernière crise, très grave, a eu lieu en août 1984.

En novembre 1983, j'adressai une demande au camarade Youri Andropov et, en février 1984, une demande analogue au camarade Constantin Tchernenko. Je les priai d'autoriser ma femme à se rendre à l'étranger. J'écrivis par exemple : « Pour nous, ce voyage (...) est devenu une question de vie ou de mort. Il n'a pas d'autre but qu'une rencontre avec la mère, les enfants et petits-enfants de ma femme, ainsi que les soins qu'elle veut recevoir. Je m'en porte garant. »

En septembre 1983, je parvins à la conclusion que nous ne pourrions obtenir une autorisation de voyage pour ma femme sans une grève de la faim (tout comme en 1981, lorsque nous avions voulu obtenir le départ de Lisa Alekséïéva, notre bru). Ma femme comprenait que, pour moi, le pire était l'inaction. Mais elle me fit ajourner ma décision à plusieurs reprises. En fait, lorsque j'entamai ma grève de la faim, le 2 mai 1985, ce fut pour répondre aux actes perpétrés par les autorités.

Un mois avant, le 30 mars, j'avais été convoqué à l'OVIR de la région de Gorki. L'employée m'avait dit : « De la part de l'OVIR de l'URSS, je vous annonce que votre demande de visa est en cours d'examen. Mais la réponse vous sera communiquée après le 1er mai. »

Le 2 mai, ma femme devait aller à Moscou en avion. A l'aéroport, je vis qu'on l'arrêtait et qu'on l'emmenait dans une voiture de police. Je retournai chez moi, absorbai un laxatif et commençai une grève de la faim pour obtenir que ma femme puisse se rendre à l'étranger. Deux heures après, elle réapparut à notre domicile, accompagnée du chef du KGB régional qui fit un discours menaçant, en qualifiant ma femme d'agent de la CIA. A l'aéroport, elle avait été fouillée, on lui avait annoncé qu'elle était inculpée en vertu de l'article 190-1 du Code pénal, on lui avait fait signer un engagement de ne plus sortir de Gorki. Telle était la réponse qu'on m'avait promise !

Au cours des mois suivants, ma femme fut régulièrement (trois ou quatre fois par semaine) convoquée pour des interrogatoires. Les 9 et 10 août se déroula son procès, à l'issue duquel elle fut condamnée à cinq années d'exil intérieur. Le 7 septembre, la Cour suprême de la république de Russie organisa une session spéciale à Gorki et rejeta le pourvoi en cassation déposé par ma femme. Le lieu d'exil choisi était Gorki : en nous laissant ensemble, les autorités se donnaient ainsi une apparence d'humanité, alors qu'en fait, ce n'était qu'un assassinat déguisé !

Sans aucun doute, le KGB avait organisé toute cette procédure judiciaire afin d'empêcher autant que possible la seule décision équitable, celle autorisant le voyage de ma femme à l'étranger. Son procès, tel qu'il apparaît dans l'acte d'accusation final et le verdict, est typique de l'arbitraire et de l'iniquité qui accompagnent généralement ce genre de procédure et, en l'occurrence, d'une façon encore plus évidente que d'habitude.

L'article 190-1 du Code pénal vise la diffusion de calomnies préméditées sur le système social et politique soviétique ; autrement dit, il s'agit de fausses assertions dont l'accusé connaît la fausseté, alors que dans les pratiques judiciaires que j'incrimine et dont le procès de ma femme est un exemple, il s'agit d'affirmations émises en toute sincérité, donc d'*opinions* personnelles des accusés. Pour l'essentiel, l'acte d'accusation reproche à ma femme de citer *mes propres* déclarations ou écrits (de plus, il les extrait de leur contexte). Ces déclarations concernent toutes des points secondaires au regard de mon propos. Par exemple, dans mon livre *Mon pays et le monde,* j'expliquais en passant ce que sont les « certificats » et observais qu'il existe en URSS deux sortes de monnaie, sinon plus. Cette affirmation, absolument incontestable, fut citée par ma femme lors d'une conférence de presse en Italie, en 1975, et elle lui fut reprochée au procès comme s'il s'agissait d'une calomnie. La responsabilité de toutes ces déclarations devrait m'être en tout cas imputée à moi, et non à elle, qui, tout en agissant selon ses convictions, n'a fait que me représenter.

L'un des points de l'accusation se sert d'une exclamation de ma femme, interviewée à l'improviste par un journaliste français le 18 mai 1983, soit *trois jours après qu'on lui eut diagnostiqué un infarctus du myocarde.* Comme vous le savez, en 1983 nous avions sans succès réclamé une hospitalisation conjointe à l'hôpital de l'Académie des sciences. Le journaliste lui demanda donc : « Que va-t-il se passer maintenant pour vous ? » Ma femme s'exclama : « Je ne sais pas, je crois qu'on est en train de nous tuer. » Il est clair qu'elle ne parlait pas d'un assassinat au moyen d'un pistolet ou d'un poignard. Quant à un assassinat indirect (en tout cas de ma femme), nous avons suffisamment de raisons pour le supputer.

Ma femme était également accusée d'avoir rédigé et diffusé un document du Groupe d'Helsinki de Moscou, en 1977. Ce point était manifestement fondé sur un faux témoignage et fut entièrement réfuté par l'avocat sur la base de la chronologie des événements. En effet, le témoin déclara au procès qu'un membre du Groupe d'Helsinki lui avait dit qu'en 1977 ma femme avait — du moins le prétendait-il — sorti d'URSS le document incriminé. Or, ce témoin avait été arrêté le 16 août 1977, c'est-à-dire avant le départ d'Elena Bonner pour l'Italie, le 5 septembre ; il ne lui était donc pas possible de rencontrer quelqu'un de libre après cette date. Au cours de son interrogatoire, ce témoin déclara d'ailleurs qu'il avait appris cette nouvelle en juillet ou en août, c'est-à-dire avant le départ de ma femme. Mais l'accusation n'a jamais prouvé que le document avait été rédigé avant le départ de ma femme (il ne porte pas de date, ce qui le prive déjà de toute signification sur le plan juridique) et n'a rien produit à l'appui du témoignage que je viens de citer, qui, de plus, se réfère au dire d'un homme [1] ayant quitté définitivement l'URSS en 1977. Or, en dépit de toute logique, cet épisode figure dans le verdict et dans la décision de la Cour suprême. Et pour cause ! Si celle-ci avait renoncé à ce point de l'accusation, elle eût été obligée de casser le jugement, car le seul témoignage du procès se serait trouvé invalidé, les autres épisodes remontant à 1975 étant, eux, abandonnés en raison de leur ancienneté. Mais, par-dessus tout, l'acte d'accusation *dans son ensemble* n'a rien à voir avec l'article 190-1 du Code pénal (qui vise, comme je l'ai dit, des calomnies sciemment diffusées).

Pratiquement, l'exil de ma femme a entraîné pour elle des privations bien plus grandes que celles qui sont prévues par la loi : elle ne peut plus avoir aucun contact avec sa mère et ses enfants, elle est totalement isolée de ses amis, elle peut encore moins qu'avant se faire véritablement soigner, les biens qui se trouvent dans son appartement à Moscou (attribué à sa mère en 1956, après la réhabilitation de mes beaux-parents) sont devenus pour elle inaccessibles, comme s'ils lui avaient été confisqués.

On cherchera en vain, dans le verdict, les accusations dont ma femme a été l'objet dans la presse : ses prétendus crimes passés, sa « mauvaise moralité », ses « relations » avec les services secrets étrangers. Tout cela n'a jamais été mentionné au cours du procès. Il

---

1. Le général Grigorenko *(NdT)*.

est clair que ce sont là des calomnies destinées au grand public, au *vulgum pecus* tant méprisé par les chefs d'orchestre du KGB. Le dernier exemple de ces calomnies a été un article des *Izvestia* en date du 21 mai 1984. Son auteur prétend avec insistance que ma femme cherche constamment à sortir d'URSS, même s'il faut pour cela « enjamber le cadavre de son mari », qu'en 1979 elle avait déjà voulu rester aux États-Unis, mais qu'elle en avait été « dissuadée » (par la CIA, comme l'insinue le contexte de cette phrase). Toute l'existence tragique et héroïque de ma femme, depuis qu'elle est mariée avec moi, réfute cette insinuation. J'ajouterai qu'avant même son mariage avec moi, ma femme était déjà allée à l'étranger : en Irak (un an de travail pour la vaccination antivariolique), en Pologne, en France, sans avoir jamais songé à « rester ». En fait, le KGB voudrait que ma femme m'abandonne, ce qui serait la meilleure confirmation de ses assertions. Mais je doute qu'ils y comptent vraiment, car ils sont trop « psychologues ». Ils ont tout fait pour me cacher l'article du 21 mai, sans doute pour ne pas me renforcer dans ma propre détermination et mon libre arbitre.

Pendant quatre mois, du 7 mai au 8 septembre, ma femme et moi avons été entièrement isolés l'un de l'autre ainsi que du monde extérieur. Ma femme se trouvait totalement seule dans notre appartement vide, en faisant l'objet d'une surveillance renforcée. Outre le milicien habituel près de la porte d'entrée, il y avait plusieurs postes de surveillance qui fonctionnaient jour et nuit, une camionnette spéciale où se relayaient des agents du KGB qui empêchaient tout contact, même le plus « anodin », avec des personnes extérieures. On l'empêchait de s'approcher de l'hôpital où je me trouvais.

Le 7 mai, alors que j'avais entamé depuis le 2 ma grève de la faim, je l'accompagnai pour un interrogatoire ; je fus saisi alors par des agents du KGB vêtus de blouses blanches qui m'emmenèrent de force à l'hôpital régional Semachko de Gorki. J'y fus gardé et martyrisé pendant quatre mois. Toute tentative de fuite échouait immanquablement du fait de l'intervention des agents du KGB qui montaient la garde nuit et jour dans l'hôpital.

Du 11 au 27 mai, je fus soumis à une alimentation forcée, extrêmement pénible et humiliante. *Hypocritement, on présentait cette opération comme si elle devait me sauver la vie ; en fait, les*

médecins agissaient sur ordre du KGB, afin que ma demande
concernant le voyage de ma femme ne puisse pas être satisfaite!

Les procédés d'alimentation forcée furent changés à plusieurs
reprises : on cherchait le meilleur moyen de me faire plier. Du 11 au
15 mai, on me fit subir des perfusions. On me poussait sur mon lit et
on m'attachait les bras et les jambes. Au moment d'introduire
l'aiguille, les infirmiers me maintenaient les épaules. Le 11 mai
(premier jour de l'alimentation forcée), l'un d'eux s'assit sur mes
jambes. Le même jour, avant d'opérer la perfusion, on m'injecta un
produit que j'ignore. Je perdis conscience et urinai. Lorsque je
revins à moi, les infirmiers s'étaient déjà écartés de mon lit. Leurs
silhouettes me parurent terriblement déformées, brouillées comme
sur un écran de télévision lorsqu'il y a de fortes perturbations.
Comme je l'appris par la suite, ce trouble de la vision est
caractéristique d'un spasme des vaisseaux cérébraux ou d'une
congestion cérébrale.

J'ai conservé les brouillons de mes lettres à ma femme que j'avais
écrites à l'hôpital (presque aucune d'entre elles ne lui fut communiquée ; il en va de même à mon égard des lettres et des livres qu'elle
m'envoya). Dans ma lettre du 20 mai (la première qui suivit le début
de mon alimentation forcée), tout comme dans un brouillon datant
du même jour, on est frappé par mon écriture tremblante, avec des
lettres très déformées et répétées plusieurs fois dans un même mot
(par exemple la « maiiin », etc.), ce qui est également un signe très
caractéristique des attaques cérébrales. Mes lettres ultérieures sont
encore écrites d'une main tremblante, bien qu'il n'y ait plus de
répétition de lettres. Ma lettre du 10 mai (avant mon alimentation
forcée, le neuvième jour de jeûne), est encore parfaitement
normale. Je me rappelle très confusément mes sensations au cours
de la période d'alimentation forcée (contrairement à celle des 9 et
10 mai). Dans ma lettre du 20 mai, j'écrivais : « Je marche à grand-
peine. J'apprends. » Comme on le voit, l'attaque du 11 mai n'était
pas le fruit du hasard, mais une conséquence directe des mesures
que les médecins avaient prises à mon égard sur ordre du
KGB !

Du 16 au 24 mai, on m'alimenta à l'aide d'une sonde nasale. Ce
procédé fut abandonné le 25 mai sous prétexte qu'il avait occasionné
des petites plaies et des irritations ; en réalité, je crois que ce moyen

leur paraissait trop clément, trop supportable pour moi (bien que douloureux). Dans les camps, il est parfois utilisé pendant des mois entiers, voire des années.

Du 25 au 27 mai, j'eus à subir le procédé le plus pénible, le plus humiliant et le plus barbare. On me poussait sur le lit, on m'attachait les bras et les jambes. On me serrait fortement le nez avec une pince, de sorte que je ne pouvais respirer que par la bouche, et lorsque je l'ouvrais, on m'y introduisait une cuillerée de bouillie ou de potage contenant de la viande hachée. Parfois, on me forçait à ouvrir la bouche au moyen d'un levier placé entre mes gencives supérieures et inférieures. Puis on me fermait la bouche jusqu'à ce que j'avale la bouillie, cela afin d'éviter que je ne la recrache. Néanmoins, je réussissais souvent à la recracher, mais cela ne faisait que prolonger cette torture. Ce procédé était particulièrement pénible car je suffoquais constamment, d'autant plus que ma tête et mon corps étaient placés dans une position inconfortable. Je sentais battre mes veines sur mon front et j'avais l'impression qu'elles allaient se rompre d'un moment à l'autre. Le 27 mai, je demandai qu'on cessât de me pincer le nez, promettant d'avaler la bouillie de mon plein gré. Malheureusement, cela signifiait que j'allais mettre fin à ma grève, ce que je ne comprenais pas encore à l'époque. Et c'est ce que je fis. Je projetais alors de renouveler mon action très vite (en juillet ou en août), mais j'en ajournais sans cesse la date. Il me fut difficile de me condamner à nouveau à cette torture illimitée de la suffocation. Il est beaucoup plus facile de poursuivre un combat que de le recommencer.

Dans les mois qui suivirent, des « discussions » totalement stériles avec mes voisins de chambre me prirent beaucoup de forces. C'était une chambre à deux lits dans laquelle on ne me laissait jamais seul, ce qui faisait aussi manifestement partie de la tactique très élaborée du KGB. Mes voisins changeaient souvent, mais ils s'efforçaient tous de me faire comprendre que j'étais un homme naïf et confiant, un profane en matière de politique (tout en me flattant sur mes qualités de savant). Je souffrais beaucoup d'une insomnie presque totale, due à une surexcitation consécutive à ces conversations et encore plus au sentiment d'être dans une situation tragique, due aussi à mes inquiétudes pour ma femme gravement malade, isolée, aux reproches que je me faisais pour mes erreurs et mes faiblesses.

310

En juin et en juillet, je souffris beaucoup de très fortes migraines à la suite de l'attaque du 11 mai provoquée par les médecins.

Je ne pouvais me résoudre à recommencer ma grève de la faim, en particulier parce que je redoutais de ne pas la mener jusqu'à la victoire et de ne faire qu'allonger le temps de séparation d'avec ma femme (je ne pouvais supposer alors que, de toute façon, nous serions séparés pendant quatre mois).

En juin, je remarquai que mes mains tremblaient beaucoup. Le neurologue me dit que j'avais la maladie de Parkinson. Les médecins entreprirent de m'expliquer de façon insistante qu'une reprise de ma grève de la faim conduirait immanquablement à une aggravation catastrophique de la maladie de Parkinson (je connaissais les derniers stades de cette maladie, grâce à un livre que le médecin-chef m'avait donné « pour information », ce qui était un autre moyen de pression psychologique). Au cours d'une conversation, le médecin-chef O. A. Oboukhov me dit : « Nous vous empêcherons de mourir. Je vais encore vous envoyer une brigade de femmes pour vous alimenter en vous pinçant le nez, et puis nous vous réservons aussi d'autres petites choses. Mais vous allez devenir un invalide impotent. » (L'un des médecins m'expliqua que je ne pourrais même plus mettre mon pantalon tout seul.) Oboukhov me fit comprendre qu'une telle issue arrangerait parfaitement le KGB, qu'on ne pourrait en l'occurrence rendre personne responsable de ce qui m'arrivait (la maladie de Parkinson ne peut être inoculée).

Ce que je dus subir à l'hôpital de Gorki au cours de l'été 1984 me rappelle de façon frappante la célèbre anti-utopie d'Orwell, intitulée, par une coïncidence étonnante, *1984*. Dans un cas comme dans l'autre, les tortionnaires essayaient d'obtenir de leur victime qu'elle trahisse la femme aimée. La cage aux rats dans le roman d'Orwell est devenue la maladie de Parkinson dans mon propre cas.

Malheureusement, c'est seulement le 7 septembre que je me décidai à recommencer ma grève de la faim, et, le 8 septembre, on me fit sortir de l'hôpital en toute hâte. Je fus placé devant ce choix difficile : ou bien, pour revoir ma femme après quatre mois de séparation et d'isolement, je mettais fin à mon action, ou bien je la poursuivais dans la mesure de mes forces avec la perspective d'être à nouveau séparé d'elle, d'ignorer tout d'elle, et cela pour un temps indéterminé. Je ne pus me résoudre à la seconde solution, mais à présent je souffre cruellement à l'idée d'avoir peut-être laissé échapper une chance de sauver ma femme. C'est seulement lorsque je l'ai revue que j'ai appris que son procès avait déjà eu lieu, et elle, que j'avais été soumis à la torture de l'alimentation forcée.

Je m'inquiète particulièrement de la santé de ma femme. Je crois que la seule chance de la sauver est de lui permettre de se rendre rapidement à l'étranger. Sa mort serait aussi ma mort.

Aujourd'hui, je fonde tous mes espoirs sur votre aide, sur votre intervention auprès des plus hautes autorités pour permettre ce voyage de ma femme.

Je demande cette aide au praesidium de l'Académie des sciences d'URSS et personnellement à vous, en tant que président de l'Académie, vous qui me connaissez depuis longtemps.

Comme ma femme a été condamnée à l'exil, son voyage ne serait vraisemblablement possible que si le Praesidium du Soviet suprême suspendait le verdict par un décret pour la période que durerait le voyage (il y a eu un précédent en Pologne et, tout récemment, en URSS) ; ou bien encore le Praesidium ou quelque autre instance pourrait infirmer le jugement en tenant compte du fait que ma femme est invalide de la Grande Guerre patriotique, qu'elle a eu un infarctus du myocarde, qu'elle n'avait jamais été jugée auparavant, qu'elle a derrière elle trente-deux ans d'activité professionnelle irréprochable. Ces arguments devraient suffire au Praesidium du Soviet suprême ; j'ajoute à votre attention que ma femme a été condamnée de façon inique et illégale, même d'un point de vue purement formel, et qu'elle l'a été en fait parce qu'elle est ma femme et qu'on ne veut pas la laisser aller à l'étranger.

Je répète que ce voyage n'a d'autre but que des soins et une rencontre avec sa famille et qu'en particulier il ne vise pas à modifier ma situation. De son côté, ma femme peut prendre des engagements dans ce sens. Si on l'exige d'elle, elle peut aussi s'engager à ne pas divulguer les circonstances dans lesquelles s'est déroulé mon séjour à l'hôpital.

Je suis le seul académicien dans l'histoire de l'Académie des sciences russe et soviétique dont la femme fasse l'objet d'une condamnation comme si elle était une criminelle de droit commun, dont la femme soit victime de calomnies publiques, massives, provocatrices et scélérates, dont la femme soit pratiquement privée

312

d'aide médicale et de tout lien avec sa mère, ses enfants et ses petits-enfants. Je suis le seul académicien dont la femme soit rendue responsable des actes et des opinions de son mari. La situation qui m'est faite est fausse, elle m'est absolument insupportable. Je compte sur votre aide.

Si ni vous ni le praesidium de l'Académie ne voulez soutenir ma demande concernant le voyage de ma femme, ou bien si vos démarches n'aboutissent pas avant le 1er mars 1985, *je vous prie de considérer cette lettre comme une démission de l'Académie des sciences d'URSS.*

Je renonce au titre de membre actif de l'Académie des sciences, dont je pourrais être fier en d'autres circonstances. Je renonce aux droits et aux possibilités inhérentes à ce titre, y compris à mon salaire d'académicien, ce qui est important, car je n'ai pas d'économies[1].

Je ne puis, au cas où on interdirait à ma femme d'aller à l'étranger, rester membre de l'Académie des sciences, je ne peux ni ne veux participer à ce grand mensonge universel, qui inclut mon appartenance à l'Académie.

Je le répète, je compte sur votre aide.

Avec respect,

A. Sakharov.

P.-S. : Si cette lettre est interceptée par le KGB, *je n'en démissionnerai pas moins de l'Académie des sciences d'URSS.* Le KGB en sera responsable.

J'ajoute que je vous ai déjà (au cours de ma grève de la faim) envoyé quatre télégrammes et une lettre.

P.-P.-S. : Cette lettre est écrite à la main, car mes machines à écrire (tout comme bien d'autres objets : des livres, des journaux intimes, des manuscrits, un appareil photo, une caméra, un magnétophone, un poste de radio) m'ont été confisquées lors d'une perquisition.

P.-P.-P.-S. : Je vous prie d'accuser réception de cette lettre.

1. Selon le *Washington Post* du 10 juin 1985, « des sources proches de l'Académie des sciences d'URSS ont déclaré que les pouvoirs publics ont refusé la démission de Sakharov et qu'ils le considèrent toujours comme un académicien, en conséquence de quoi il touche son salaire normalement » *(NdT).*

9

Andréï Sakharov
Plainte au procureur de la république

Au procureur de la république de Russie,
de la part d'Andréï Dmitrievitch Sakharov, académicien,
avenue Gagarine, nº 214, appart. 3, Gorki 603 137

Gorki, le 29 novembre 1984.

Plainte au procureur de la république au sujet de l'affaire Elena Guéorguiévna Bonner, mon épouse, condamnée en vertu de l'article 190-1 du Code pénal de la république de Russie avec application de l'article 43 à cinq années d'exil par le tribunal régional de Gorki, le 10 août 1984, verdict confirmé par le collège des affaires criminelles de la Cour suprême de la république de Russie (arrêt du 7 septembre 1984).

Le 1ᵉʳ août 1984, j'ai adressé une déclaration au juge d'instruction et au président du tribunal au sujet de l'affaire de mon épouse E. G. Bonner, déclaration dont je joins la copie à cette plainte. J'insiste particulièrement sur le contenu de cette déclaration. Le juge d'instruction, G. P. Kolesnikov, procureur adjoint de la région de Gorki, m'a adressé une réponse selon laquelle ma déclaration avait été transmise au collège des affaires criminelles du tribunal régional de Gorki. Cependant, ma déclaration n'a pas été examinée au cours du procès de ma femme. Tout cela constitue un grave vice de procédure. D'autre part, je n'ai pas été cité comme témoin à ce procès, ni même averti de la date à laquelle il se tiendrait. Ainsi, aucun membre de la famille de ma femme, aucun ami n'a pu y assister, ce qui constitue une violation de la règle sur la publicité des débats. La tenue du procès et (selon moi) de l'instruction à Gorki représente également un vice de procédure, car, avant d'être inculpée et assignée à résidence, ma femme habitait à Moscou, 48 b, rue Tchkalov, appartement 68, et qu'aucun des actes incriminés n'avait de rapport avec la ville de Gorki.

L'acte d'accusation final, le verdict et l'arrêt du procès en cassation sont à mes yeux infondés et contiennent des affirmations et des jugements erronés et partiaux, sur le plan tant factuel que conceptuel. L'un des points principaux de l'acte d'accusation repose, comme je l'affirme, sur un faux témoignage.

Je commencerai par ce point, que les procès en première et seconde instance n'ont pas démontré les faits incriminés et ont évité de prendre en considération les arguments, à mon sens irréfutables, de l'avocat et de l'inculpée.

On reprochait à ma femme d'avoir rédigé avec d'autres personnes et d'avoir diffusé un document du Groupe d'Helsinki de Moscou, intitulé « Rapport-bilan en vue de la conférence de Belgrade ». Sur ce point, l'accusation s'est fondée sur les dépositions de Felix Serebrov et (concernant la rédaction du document) sur la signature de ma femme qui figurait au bas du document tel qu'il a été publié par les éditions Chronica-Press, à New York[1]. Aucune autre preuve n'a été produite par l'accusation. En particulier, le tribunal n'a pas eu la possibilité d'examiner le document original. Il n'a pas été démontré que ce document ait été rédigé avant le départ d'Elena Bonner pour l'Italie (le texte publié n'est pas daté, ce qui déjà le prive de toute valeur juridique). Au cours du procès, E. Bonner a déclaré qu'elle n'avait appris l'existence de ce document qu'en Italie, par téléphone, et que c'est par téléphone qu'elle avait donné son accord pour que sa signature figurât au bas de ce texte. Ni le verdict ni l'arrêt de la Cour suprême n'avancent de contre-argument sur ce point, et ils omettent même de se référer à sa déposition, sauf pour en extraire le passage où ma femme évoque sa signature.

Particulièrement frappante est l'inanité des dépositions de F. Serebrov, qui sont pourtant le seul argument qui prouverait la prétendue participation d'E. Bonner à la diffusion du document incriminé et qui sont d'ailleurs les seules à figurer dans le verdict et

---

1. *Recueil des documents du Groupe d'action pour l'application des Accords d'Helsinki* (en russe), 1977, n° 3, p. 5-20 *(NdT)*.

dans l'arrêt du procès en cassation. Le témoin F. Serebrov a prétendu au procès que Petr G. Grigorenko (un des membres du Groupe d'Helsinki de Moscou) lui aurait dit qu'E. Bonner avait emporté en Italie le « Rapport-bilan en vue de la conférence de Belgrade », à la rédaction duquel elle aurait participé. Or, c'est *manifestement* un faux témoignage, en tout cas en ce qui concerne la diffusion du document. Ma femme est partie en Italie le 5 septembre 1977 pour s'y faire soigner. F. Serebrov a été arrêté le 16 août 1977[1], soit vingt jours avant le départ de ma femme, ce qui est confirmé par les documents figurant au procès. Depuis son arrestation, F. Serebrov n'a jamais revu P. G. Grigorenko, qui avait quitté l'URSS en novembre de la même année. Cette discordance chronologique fut discutée en détail au cours du procès en première instance. Lorsque l'avocate de ma femme, Elena A. Reznikova, demanda au témoin Serebrov de lui expliquer ce hiatus entre les dates, il ne put rien répondre et garda le silence. Le pourvoi en cassation et la plaidoirie de l'avocate au tribunal de seconde instance soulignèrent à nouveau que Grigorenko n'aurait pas pu évoquer avant le 16 août la sortie d'un document le 5 septembre par ma femme. Mais toute cette discussion, orale et écrite, fut entièrement ignorée dans le verdict et l'arrêt de la Cour suprême. Celui-ci ne mentionne même pas que l'avocate Reznikova a réfuté les dépositions de Serebrov concernant la diffusion du document. Pour moi, tout cela prouve la façon non objective et partiale dont ont été conduits les procès en première et en seconde instance, et légitime ma plainte.

L'article 190-1 du Code pénal de la république de Russie incrimine la « diffusion *préméditée* d'assertions fausses, calomniant le système social et politique de l'URSS ». Le législateur ne précise pas si ces assertions sont déjà fausses aux yeux de l'inculpé au moment où il les diffuse ou si cette fausseté doit seulement apparaître au tribunal. Comme les opinions et les jugements des membres du tribunal peuvent grandement différer de ceux de l'accusé (en raison d'informations différentes ou d'opinions opposées), cette question est très importante pour l'application pratique

---

1. Plus exactement, le 22 août 1977. Voir sur ce point *Radio-Liberty, Matériaux du samizdat* (en russe), n° 8, 1986, p. 1-10 *(NdT)*.

de cet article. *Si* l'on part de l'idée que l'article 190-1 n'incrimine pas des opinions, c'est indubitablement la première interprétation qui doit être retenue, et le tribunal *doit* obligatoirement démontrer que l'inculpé a sciemment répandu des mensonges, autrement dit des assertions non pas seulement fausses, mais dont la fausseté était évidente pour lui. Cette interprétation est du reste confirmée par le *Commentaire du Code pénal de la république de Russie* (édité en 1971 par les professeurs G. Z. Anachkine, I. I. Karpets et B. S. Nikiforov, p. 403-404, paragr. 2 et 9a[1]). Cependant, nous pouvons lire dans l'arrêt du tribunal de seconde instance : « La lecture du *contenu* [souligné par moi] des interviews données par la condamnée et des documents qu'elle a signés montre qu'ils contiennent des assertions manifestement fausses, calomniant le système politique et social soviétique. » Autrement dit, la Cour suprême, tout comme le tribunal de première instance, n'a même pas jugé bon de démontrer que ma femme avait sciemment diffusé des mensonges : pratiquement, cela signifie que ces tribunaux ont poursuivi des *délits d'opinions*.

J'attire particulièrement l'attention du procureur de la république de Russie sur ce point. Je considère qu'une interprétation aussi erronée de l'article 190-1 constitue une raison amplement suffisante pour que le verdict soit annulé.

Dans l'arrêt de la Cour suprême, on peut lire que, « contrairement aux assertions d'E. Bonner, il n'y a pas eu de violation des droits de l'homme dans le cas des personnes concrètes qu'elle a citées, car elles ont été condamnées pour des délits poursuivis par la loi ». Cependant, la conviction de ma femme (et la mienne), qui se fonde sur des informations concernant le procès de nombreuses personnes, est que celles-ci ont été condamnées de façon illégale, à savoir pour leurs idées, de sorte que ce sont en fait des prisonniers d'opinion (lesquels n'ont jamais recouru ni appelé à la violence). Pour ma femme comme pour moi, le seul fait d'une condamnation ne peut constituer une preuve de délit, un examen concret est nécessaire dans chaque cas, en particulier parce que les juges usent systématiquement de la mauvaise interprétation de l'article 190-1

1. « [...] la diffusion d'assertions dont la personne qui les diffuse ignorerait la fausseté [...] ne constitue pas un délit visé par l'article 190-1 » *(NdT)*.

que j'ai déjà mise en cause et qu'ils violent non moins systématiquement la règle de la publicité des débats dans tous les procès politiques.

Comme je l'ai déjà indiqué dans ma déclaration du 1ᵉʳ août 1984, la plupart des paroles reprochées à ma femme sont en fait des citations littérales de mes propres textes ou visent à expliciter mes opinions (aux conférences de presse en Italie en 1975, à la cérémonie de la remise du prix Nobel et à la conférence de presse en Norvège la même année, et enfin à la conférence de presse en janvier 1980, après mon exil illégal à Gorki). Conformément à ses convictions, ma femme m'a représenté dans tous les cas cités. Elle a du reste toujours pris soin de préciser qu'elle exposait mon propre point de vue.

Il est parfaitement évident qu'il est illégal de la poursuivre pour ces déclarations si l'on s'abstient de m'inculper aussi et si l'on ne me cite même pas en qualité de témoin. Je suis prêt à répondre de ces déclarations, qui sont tout à fait conformes à mes convictions. Quant à ma femme, elle devrait être dégagée de toute responsabilité en ce domaine !

Les jugements des tribunaux se servent de citations des déclarations de ma femme qui sont inexactes, partiales et sorties de leur contexte. Un exemple typique. On incrimine la phrase suivante attribuée à ma femme : « La presse soviétique ne publie qu'un tissu de mensonges. » Or, la seule preuve produite en l'occurrence est une citation du journal *la Pensée russe* qui relate librement une interview de ma femme, qui plus est retraduite du français. Par ailleurs, le contenu de cet article, dont le sujet est mon séjour à Gorki, n'est absolument pas pris en considération par le tribunal. En réalité, ma femme n'emploie jamais des expressions aussi générales qu' « un tissu de mensonges ». J'attire l'attention du procureur sur l'irrégularité que présente l'utilisation de ce texte non authentifié en guise de preuve du délit.

Particulièrement révoltante du point de vue moral est l'utilisation dans le verdict d'une réponse que ma femme a faite sous l'empire de l'émotion à un journaliste français, trois jours après qu'un infarctus lui eut été diagnostiqué. Ma femme aurait dit, lui reproche-t-on, que « le gouvernement soviétique a créé les conditions pour tuer l'académicien et elle-même ». Cependant, si l'on prend connais-

318

sance du texte exact de cette interview télévisée, on s'aperçoit que ces mots n'y figurent pas. En réalité, à la question : « Que va-t-il se passer pour vous maintenant ? » ma femme avait répondu : « Je ne sais pas, mais j'ai l'impression qu'on est tout simplement en train de nous tuer. » Il ne s'agissait pas d'un assassinat au moyen d'un revolver ! En revanche, c'est un fait que l'on nous tue de façon indirecte, surtout ma femme, nous en sommes convaincus : on la couvre de calomnies dans la presse, en déclenchant une véritable curée (11 millions d'exemplaires pour la seule année 1983) ; on la prive pratiquement de toute aide médicale réelle ; on lui fait subir des perquisitions, des interrogatoires et un procès épuisants pour une personne gravement malade ; on la prive de tout contact normal avec sa mère, ses enfants et ses petits-enfants. Quant à moi, on me tue parce qu'on lui fait subir une mort lente !

Le verdict devrait également être annulé en raison de l'application irrégulière de l'article 43 du Code pénal. Le verdict ne mentionne pas que *ma femme est invalide de la Grande Guerre patriotique et qu'elle a eu un grave infarctus du myocarde* (ce dont le tribunal a été informé), qu'elle souffre d'une uvéite chronique et d'un glaucome, qu'elle a subi trois opérations des yeux et une opération grave de la thyroïde, qu'elle a enfin derrière elle trente-deux ans d'activité professionnelle irréprochable. Seul est indiqué l'âge de ma femme et le fait qu'elle n'a jamais été jugée auparavant. Selon l'article 43 du Code, le verdict doit obligatoirement énumérer les circonstances atténuantes susceptibles d'alléger la peine. En appliquant cet article, le tribunal aurait dû fixer une peine encore plus légère que le minimum prévu par l'article 190-1, autrement dit une peine inférieure à une amende, ce qui n'est pas le cas de l'exil.

Je résume. Le verdict du tribunal de première instance et l'arrêt du tribunal de seconde instance doivent être annulés en l'absence de corps du délit dans les actes de ma femme Elena Bonner, et en particulier en l'absence de déclarations *sciemment* mensongères de sa part ; il ne s'agit au contraire que de ses opinions personnelles. De même, l'annulation du verdict s'impose en raison de l'utilisation qui a été faite du faux témoignage *évident* de F. Serebrov, seul témoin cité dans le verdict, en raison aussi de la violation de la règle de la publicité des débats et de l'application irrégulière de l'article 43 du Code pénal de la république de Russie.

319

En conséquence de quoi, je prie le procureur de la république de Russie d'exercer son pouvoir de surveillance pour annuler le verdict du tribunal régional de Gorki et l'arrêt du collège des affaires criminelles de la Cour suprême de la république.

A. Sakharov.

1° *Copie de la décision du collège des affaires criminelles de la Cour suprême de la république de Russie.*

Je ne peux joindre la copie du verdict du tribunal régional de Gorki, car la copie délivrée à ma femme a été perdue. Le président du tribunal V. N. Vorobiov a refusé de délivrer une nouvelle copie, arguant du fait qu'une plainte au procureur ne doit pas nécessairement contenir une copie du verdict.

2° *Copie de la déclaration d'A. D. Sakharov au procureur adjoint de la région de Gorki G. P. Kolesnikov et au président du procès de l'affaire E. G. Bonner (Vorobiov).*

Ma plainte a été envoyée par lettre recommandée avec accusé de réception le 11 décembre 1984, l'accusé de réception étant daté du 17 décembre 1984.

La copie du verdict délivrée à ma femme a été subtilisée dans mon appartement en août 1984.

Le 6 février 1985, j'ai reçu une réponse du ministère public de la république de Russie datée du 31 janvier 1985, portant le numéro 13-108-84 et signée par le procureur du département de surveillance de l'instruction menée par les organes de la Sécurité d'État, V. M. Yakovlev. Sa réponse ne discute aucun des arguments que j'ai avancés. Ma plainte est laissée sans suite.

10

Efrem Yankélévitch
Au sujet des vidéocassettes

La plupart des vidéocassettes parvenues en Occident ont été achetées et montrées, intégralement ou sous forme d'extraits, par les stations émettrices de télévision européennes et par *ABC News* aux États-Unis.

On trouvera ci-dessous une brève chronologie des éléments diffusés par *Bild*.

15 décembre 1984 : photographies des Sakharov dans un parc et à l'entrée d'un cinéma, probablement prises en octobre. La publication des photos coïncidait avec la venue de Mikhaïl Gorbachev à Londres.

28 juin 1985 : deux bandes vidéo. 1° Sakharov subissant un examen médical, apparemment au printemps 1985 ; 2° Sakharov dans une chambre d'hôpital, montré principalement dans son lit en train de s'alimenter, cette bande étant officiellement datée du début juin. On voit aussi le docteur Natalia Evdokimova niant que Sakharov ait fait une grève de la faim ou qu'on lui ait administré des psychotropes. Elle énumère les divers problèmes de santé dont il souffrirait et qui auraient justifié qu'on le retienne à l'hôpital Semachko.

29 juillet 1985 : bande vidéo où l'on voit Sakharov quittant l'hôpital (le 11 juillet) et retrouvant Elena Bonner, le couple marchant dans les rues de Gorki, etc. Diffusé par *Bild* à la veille de la conférence de haut niveau qui se tenait à Helsinki pour commémorer le dixième anniversaire des Accords du même nom. A cette date, Sakharov avait entamé une nouvelle grève de la faim et se trouvait à l'hôpital.

9 décembre 1985 : Elena Bonner est filmée dans un bureau local

de l'OVIR où elle établit son programme de voyage, puis dans un fauteuil de dentiste. Sakharov, répondant aux questions du médecin-chef, le docteur Oleg Oboukhov, commente la position soviétique sur le contrôle des armements et donne son point de vue personnel à ce sujet ainsi que sur la « guerre des étoiles ». Sakharov fait ses adieux à Elenà Bonner à la gare de Gorki. Elena Bonner est photographiée devant son appartement de Moscou et à l'aéroport de Chérémétiévo, entourée d'amis et de membres de la presse étrangère de Moscou.

24 mars 1986 : Sakharov dans la cabine téléphonique d'une poste locale reçoit un appel de l'étranger d'Elena Bonner. L'enregistrement de la conversation vient ensuite en voix *off* sur des images montrant Sakharov marchant, allant dans un garage, poussant sa voiture dans la neige. Sakharov rend visite à un médecin, le docteur Ariadna Oboukhova, puis on le montre de nouveau, engagé cette fois dans une conversation, considérablement « arrangée », avec le mari de celle-ci, le docteur Oboukhov, sur les problèmes du contrôle des armements. Dans la bande vidéo de décembre 1985 comme dans celle de mars 1986, Sakharov donne l'impression d'appuyer la thèse soviétique.

30 mai 1986 : Sakharov discute de l'accident de Tchernobyl avec un jeune homme qui se présente comme le correspondant d'un quotidien local, et avec des passants. Son opinion sur l'accident semble contredire l'interprétation donnée par Elena Bonner du point de vue de son mari sur l'énergie nucléaire, reproduite dans l'hebdomadaire italien *Il Sabato*.

18 juin 1986 : l'enregistrement d'une conversation entre Elena Bonner et Andréï Sakharov, obtenu, semble-t-il, au moyen de micros dissimulés dans leur appartement, apparaît en surimpression au bas des images montrant les Sakharov se promenant dans les rues de Gorki. Sur la bande, Elena Bonner reproche à Sakharov d'avoir accepté des entretiens dont ont tiré profit les caméras du KGB.

IMPRIMERIE SEPC SAINT-AMAND (CHER)
DÉPÔT LÉGAL : OCTOBRE 1986. N° 9394 (2240-1486)